此专著获得上海视觉艺术学院预研究项目资助

U0653724

潘端伟

著

先秦儒家情本教育思想研究

上海交通大学出版社
SHANGHAI JIAO TONG UNIVERSITY PRESS

内容提要

本书以"情本"为主线,对先秦儒家思想进行再解读,梳理出先秦儒家情本思想体系。该体系表现为现世的宇宙观、系统的情感观、内生的主体观、整体的思维观。它以现实世界为立足点,以内在情感为出发点,以内生的主体为动力源,以整体性为思维模式,全方位阐释了先秦儒家情本思想。此情本思想同时具有率性、境遇、践履的特征。在此基础上,本书建构了先秦儒家情本教育范式。该范式以先秦儒家"兴于诗、立于礼、成于乐"九字真言为基本进路,对"诗""礼""乐"的内涵做了较为详尽的厘清与阐释。在"诗""礼""乐"的进路中,受教育者的情感与现实世界和时代境遇互动互融得以激发、生成、升华,由此,其人格也得到不断提升,并最终达到圆融自由的精神境界。此为中华文化独具特色的教育理念,深深地影响了中华民族的文明进程。

图书在版编目(CIP)数据

先秦儒家情本教育思想研究/ 潘端伟著.—上海:
上海交通大学出版社,2019
ISBN 978 - 7 - 313 - 22668 - 6

Ⅰ.①先⋯　Ⅱ.①潘⋯　Ⅲ.①儒家教育思想—研究—
中国—先秦时代　Ⅳ.①G40 - 092.2

中国版本图书馆 CIP 数据核字(2019)第 289881 号

先秦儒家情本教育思想研究
XIANQIN RUJIA QINGBEN JIAOYU SIXIANG YANJIU

著　　者:潘端伟
出版发行:上海交通大学出版社　　　　　　地　　址:上海市番禺路 951 号
邮政编码:200030　　　　　　　　　　　　电　　话:021 - 64071208
印　　制:江苏凤凰数码印务有限公司　　　经　　销:全国新华书店
开　　本:710 mm×1000 mm　1/16　　　印　　张:14.5
字　　数:242 千字
版　　次:2019 年 12 月第 1 版　　　　　　印　　次:2019 年 12 月第 1 次印刷
书　　号:ISBN 978 - 7 - 313 - 22668 - 6
定　　价:78.00 元

序　一

　　一个人只有死到临头或者看到别人生死挣扎的时候才会大谈生死。在这个令人揪心、焦虑、愤怒，且有不少人以泪洗面的庚子之春，"除却生死无大事"便成了人们反省自己、宽慰他人的口头禅。一时间，好像人人都成了参透生死的哲学家。

　　关于生的欢愉和死的恐怖人人都知道，无须说。所有关于生死的议论都是不知死又未死的生者说的，死人不说话。这既非实践而得的"真理"，当然值得怀疑。古代中国将之归为玄学，现代西方将之冠名哲学。

　　我还是相信孔老夫子，他老老实实地承认"未知生，焉知死"，生死免谈。他只关心"学而时习之"，只关心教育。不扯淡的教育才称得上头等大事，哪怕是在生死攸关疫情吃紧的当下。教育问题值此天赐时机应该大谈特谈。

　　教育是一个庞大的系统工程，如何精准概括是教育部门的事，无需我们"丫鬟来操公主心"。较全面的儒家论述是"博学之、审问之、慎思之、明辨之、笃行之"，孔子将之定格为"学习"。

　　自古以来，教育在老百姓这里就是读书。教育问题就是读书问题。关于教育的重要性，我只记得母亲生前教育我时说的"三代不读书，不如一窝猪"。母亲没有像父亲那样读过几年私塾，说的话也不像读书人。

　　现在把读书的地方称作学校，有大中小之分，承袭的是中西合一的学统。如清华大学原先叫留美预备学校，北京大学则是由京师大学堂衍变而来。古代中国的学校叫"庠序""学宫""太学""国子监"，还有诗社、私塾、书院等作为补充。

　　学校主要由教师和学生两类人构成。教师以身示范、答疑解惑，学生诵经背典、寻章摘句。后来文理分科兼及艺体，再后来文史哲数理化越分越细，连修睫毛、修马桶也入了学府,学校就变成了德智体美劳全面开花之地,逐步发展起来了。

发展归发展,就是忘了学校原本应该是一个读书的地方。

上面几段写得有点乱而且太简率,肯定有人能看出破绽。不妨先交代几句:那些系统的有理论高度的关于"中国教育发展史"的话还是留给"资深教授们"去说吧。我本无心无意无趣无时扯无我的闲淡,一个破绽百出的人生,说几句有破绽的话太正常了!再说我也没有将读书的伟大作用概括为"人生至乐两件事,大登科后小登科"的本事。就这样吧。

乌鸦不会像喜鹊那样报喜,那就只能报忧报丧。因为教育之异化的全民化全球化可能比新冠肺炎病毒的变异更令人忧令人怕。二者皆杀人于无形。一个索命,一个夺魂;一个危害已被重视,一个为患尚未被察觉;一个可分为轻重不等的感染者或疑似感染者、密切接触者、追踪调查者和未感染者,一个一网打尽,世无一遗,人人皆受其毒。

且看:多少老少边穷乡村,失学少儿正变成各界明星助学秀慈善的伴舞;众多城市,父母争夺的教育资源的残羹剩汤中有多少血多少泪;多少家长从小学起就陪着孩子一起苦读,耗得油尽灯枯;多少梦碎留学他乡的表面上的成功人士空欢喜变噩梦。为了教育振兴,人们献了子孙献父母,献了父母献爷奶,能献的都献,不能献的也献。人们就这样义无反顾争先恐后地跳进教育这个永远也填不满的大坑。就像托尔斯泰形容爱情和家庭的那句老话:"幸福的家庭都很相似,不幸的家庭各有各的不幸。"

教育无良的伤心,有时候真不愿多想,不敢多想。想太多,平凡人脑也会如万能电脑般系统紊乱出现蓝屏被迫关机。更何况说得太悲催了也未必有用,还不如说点轻松的。

相信读者朋友都看到过这样一张照片:一大群身穿学士服的毕业生拍毕业照,他们姿态万千地欢跳着,将头上的学士帽抛向天空……是学成后肆无忌惮地宣泄喜悦?是炫耀鲤鱼跳龙门,向父母报喜讯?是摆脱校园牢笼飞向广阔天地的如释重负?我可以断定他们没有深想也不会深想,因为他们压根就没有深想的念头和能力,他们光顾着高兴了。其中有良心的人也许会想到让"可怜天下"的"父母心"也高兴一下。

我原本也应该为孩子们高兴，可是我高兴不起来。因为学校以及学校背后的人早就将这浅薄的高兴，变成教学成果的"锦旗"，变成教育失败的遮羞布，让无良教育变得更无良。不过我现在也怀疑自己的不高兴，也许今天这些莘莘学子抛向天空的学士帽正是将来掷向无良教育的投枪呢？青年是未来，是希望，是我们终将逝去者寄托的希望。再说我所仰止的鲁迅说过，年轻人犯错误，上帝都会原谅。

认为中国式东方教育失败的人往往会用美国式西方教育的成功来反衬自己的高明和见多识广。对于西式教育，我也怀疑。

说到美国式教育的成功就不能不提哈佛、耶鲁、普林斯顿、哥伦比亚等"常春藤"联盟八大名校，美国人如数家珍引以为荣，中国人趋之若鹜流着口水。君不见多少非富即贵的中国家庭，千方百计地想让孩子们去读"藤校"，甚至一些不富不贵的父母也在做"藤校"梦，并为此不惜倾家荡产孤注一掷。因为子女的"藤校"梦就是他们人生辉煌美梦成真的幸福。

我理解中国人对中国教育的不信任，也不一味反对中国人选择优秀的美国教育。孔夫子的教育思想里就包含了"易子而教"的开放性思维。可是当我听到人们用 424 位诺贝尔奖得主和美国 44 位总统中的 41 位出自八大"藤校"来标榜名校的典范性和杰出性时，我的怀疑好像被证实了。这和中国教育中的政治功利、金钱功利又有什么区别呢？但愿这不是"藤校"精神的全部，否则"常春藤"也不可能"常春"。

我心目中理想的教育根本应该是贵族精神和平民思想合二为一的人本教育。

西方教育学将人的思想水准分为智商（EQ）、情商（IQ）和灵商（SQ）。所以教育就围着提升智商、开发情商、追求灵商的三部曲来做文章。灵商多多少少源自基督教教义，中国教育中一般不予讨论。但中国教育中有"家国情怀"这一说。所以敝人一直顽固地认为，只有中国人将中国的优秀文化当作中国人的宗教的那一天，才是中国教育由无良变有良的开端。

我的学生潘端伟博士，其实也是一个称我为师的同事、助手、朋友。潘博士是在上海师范大学教育学院读的学位，他是有资格谈中国教育的。承蒙他的尊重，当他将博士论文《先秦儒家情本教育思想研究》梳理成书即将付梓的时候请我写一篇序文。这给了我一个学习提高,将那些碎片化的野狐禅思想做一点系统表达的机会。潘博士的论文当然可以聚焦情商(EQ),但我的序言可能要涉及情商(EQ)、智商(IQ)、灵商(SQ)。我大学时连《许国璋英语》第二册都没学好,但我认识这个 Q,这不就是扑克牌中那个 Queen 的简写吗?中国人称这张牌为"皮蛋",这样看来我的序言很可能还是"扯蛋(淡)"。请潘博士和读者诸君不要期望太高,在此打个招呼。

刘传铭

2020 年 2 月 29 日

(刘传铭:著名艺术史论家,中国艺术研究院文化艺术高端智库专家委员,中国文化书院(北京大学)导师,中国南社文史馆馆长,丝绸之路(新疆)国际文化传播中心理事长,中国文物保护基金会专家委员,中国中央电视台《百年巨匠》百集大型纪录片撰稿人,中国外文局重点项目大型丛书《丝路百城传》总主编。)

序　二

　　中国自古以来就十分看重道德,古代中国的教育基本上就是德育。儒家作为中国古代影响最大的文化也决定了千百年来中国教育的气质。遗憾的是,如今的学校教育缺少这种气质。我们普遍把德育做成了两种尴尬样式。一种是把德育理解为日常行为规范教育,一种是把德育做成了美德袋教育。前者使德育流于具体行为的表面化管理。一个人的道德可以分成三个层次,最面上的是道德行为,各种行为规范就是管这个的。行为规范一般是明确具体的,但是,正因为明确又具体,它们就失去了普适性。任何规范只管特定的某种行为表现,所以,把德育做成行为规范教育就会流于表面和琐碎。对表面层次的道德行为予以适当抽象,就会形成道德的中层概念,如诚实、责任、勇敢、善良等,它们以德目的样式存在。其特点是把一些德目命名为美德,把另外一些命名为恶德,德育的任务就是培育学生的美德,使学生远离或者摒弃恶德。这种德育被称为美德袋教育。这是我国德育的第二种尴尬样式。在课堂里,师生尽可将德目予以价值分类并且明确地告知学生,可是,在生活里,德目的价值却并不那么固定。一个德目的价值性质并不由德目本身决定,而是由各种条件决定。比如,诚实,很多诚实是缺德的,甚至是违法的,所以,我们就很难简单地把诚实归入美德。美德袋教育是很危险的,因为它容易把道德变成僵化和机械,而人在生活中不是按照美德袋的思路去做的。在生活中,人需要在不同的情境中做境遇的道德分析和推理,然后做出合适的道德判断。一个人在不同的情境中会做出各种不同的判断(比如,对张三诚实,对李四欺骗;今天诚实,明天欺骗),但是,各种貌似无关的判断之中一定有某种"关联性"的逻辑,这种逻辑犹如一篇文学作品中使各种情节保持一致性的"红线"。有了这个"红线",那些貌似混乱的、境遇式的判断内容都可以得到合理的、统一性的解释。这个"红线"就是一个人进行道德判断的标准。一个人是依据什么标准来判断、思考的呢？中国儒家把它叫作"中庸"，西方叫作"公正"，或者亚里士多德的"中道"。西方的伦理学一直把公正看作最根本的或者唯一的道德，儒家一直把中庸看作道德最深沉的基石。中庸可以看作万德基石，也可以看作一种道德思维方式，是指主体与他周遭环境之间的平衡、可逆、合适的思维方式。中庸是最玄乎、最微妙的思维方式，"在乎一心"。如果德育做在这个最深层次上，那就体认到了儒家德育的精髓。在西方，苏格拉底、科尔伯格都是立足于公正思维方式做德育的，所以，他们的境界、地位都很高。

潘端伟的这本书就是立志于探索儒家教育以及德育精髓。经过缜密的思考，潘博士将先秦儒家的教育思想命名为"情本"教育。这里的"情"当然不是心理学意义上那些喜怒哀乐的情感，而是伦理学意义上的态度。情感的"情"是受外物刺激唤起的被动反应，是对外界对象是否满足自己需要的反应；而作为态度的"情"则是自主的、内源的，体现了人的一种伦理性情。先秦儒家以情为本是有依据的。《论语》里著名的"父子互隐"精彩地阐释了儒家从人的真情实感来界定道德的取向。《柏拉图对话集》首篇"欧悌甫戎篇"则讲述了苏格拉底遇到"大义灭亲"的欧悌甫戎，听说欧悌甫戎去法庭告发自己的父亲杀人的案子，苏格拉底感叹只有高度智慧的人才会这样做。真性情与大智慧的比对引出了中国与西方殊途同归的道德文化路径。儒家从"情"中产生了与西方德性伦理学味道不那么一样的情本德性伦理学。"情"是先秦儒家思想的基因，也是解析儒家思想的钥匙。

这本书不仅论证了先秦儒家的"情本"思想，还阐述了执行这种思想的德育模式。"兴于诗，立于礼，成于乐"最经典地描述了儒家德育模式。"诗言志"，志是发自内心的东西，诗歌一定是因内心真情实感的涌动而兴发，所以，"兴于诗"与"父子互隐"具有逻辑一致性，都是对真情实感的忠诚，都是鼓励"率性"。若干个率性的人遭遇在一起，必然需要"规范"各自的性情才能相遇而安。"礼"既造就了社会的我，也造就了社会的你，所谓"己欲立而立人"，社会的人只能"立于礼"。率性产生的"方割"通过相遇之礼得以"文化"。孔子的仁首先是"忠"，它有珍视自己内心的意思，其次是"恕"，即将心比心的体谅。通过"恕"，"仁"外化为致中和的"礼"。礼中有"理"，合适的礼需要对环境、对方、自身，乃至双方的关系都有研磨，方能把握分寸。分寸感体现了中庸思维、公正思维。礼是需要反复实践才能逐步养成中庸道德品质的。"成于乐"首先是对实践的倡导，然后需要积小成为大成。"乐"从其具象形态的音乐看，也是"和而不同"的象征物；从内心感受而言，那是一种愉悦精神的展现。《论语》把"学而时习之，不亦说乎！"置于首句，就是开门见山地提示了孔子的道德思想：学习道德需要合乎时宜的习练，那是一种社会自我得以实现的愉悦感啊！道德是一种自我实现，是一种幸福人生，这与亚里士多德"德福一体"的德性论思想如出一辙。对真情实感的推崇，对中庸思维的历练，对幸福人生的追求，这就是先秦儒家德育思想的精髓。以情立德，代表了人类德育思想的一派，潘博士称之为中国儒家的教育（德育）范式，是讲得通的。

对照儒家道德精髓，今天的学校德育可谓相去甚远。以儒家精髓改造今天我国学校德育大有可为，这本书给了我们很好的指引。儒家无疑是丰富的德育宝藏，是构成我们文化自信的重要源头。儒家德育范式具体如何落地当然还需要大家继续探索，但是，大概不应该是今天盛行于世的那些肤浅做派：简单模仿古人穿戴，拿腔捏调地诵读国学经典，把重心放在招揽儿童读经以谋私利。

在潘端伟博士论文即将出版的时候，我想起了他攻读博士学位的艰难历程。就像他自己说的，他对传统文化很感兴趣，但是，真的钻进去，才发现庭院深深、歧路遍布。他没有在三年内按期毕业，是因为他发现越研究，疑惑越多，需要读的书越多。好在他摆正了心态，不那么急于草就论文、敷衍毕业，而是顺着研究的心路，遇山开路，遇水架桥，一一究其原委，研读与写作交替进行，最后竟然做成了为学与为人相统一的味道。这才是博士论文的最大收获吧。

刘次林

2019 年 10 月 10 日

（刘次林：上海师范大学教授、博导，中国教育学会德育专业委员会常务理事，中国伦理学会教育伦理学专业委员会理事。）

前　言

这本书是在我的博士论文的基础上修改而成的。从选题到现在成书,也有五六年时间了。当时攻读教育学原理的博士,面对国学热、读经热的社会现象,引发了我很多感性的思考。同时,在一些场合,当我们谈起传统文化尤其儒家思想时,往往也会产生截然相反的观点,捧上天的有之,掷于地踏于脚下的也有之。我曾去曲阜的"三孔"考察,发现当地的导游和其他旅游景点的导游没什么区别,基本还是在"讲故事",问及儒家孔子深层思想更是茫然。即便是一些学者,口若悬河讲孔子讲儒家,但也往往浮在表面。这是什么原因呢? 是近百年现代化的问题,还是孔子之后的儒家思想出了问题,抑或儒家思想在现代社会教授、传播的方式出了问题? 这也说明了儒家思想的复杂性。

于是我决心以儒家教育思想为切入口。这既是完成学业的需要,也是为了解决自身困惑,更是为了给自己一个在学问中寻找安身立命之路的机会。本来仗着自己是中文系出身,同时也在学校教授传统思想史和儒家经典课程,选择这个题目是近水楼台。可是真的钻进去才发现,做好这个课题并不容易。三千年的历史积淀,浮浮沉沉,清浊并流,曾惊涛骇浪,也曾腐如死水。多少学者皓首穷经,往往也只是涉足一二。浅薄如我,如何入手啊? 我决心溯本清源,就从源头先秦开始。

之后,虽然论文完成、答辩通过,但我还是一直留心相关问题的思考和资料的收集。而现实的种种问题,更加深了我对儒家思想、儒家"情本"思维的理解。利用去新加坡访学的机会,我决意深入了解一下在这个远离中华本土且未受本土动荡侵蚀的华人社会,儒家思想到底如何存在,如何发挥作用。而新加坡二十世纪八十年代进行的"儒家伦理"教育是一个非常好的案例。二十世纪八十年代，有感于西方个人主义文化对新加坡青年人思想的冲击，影响了新加坡的稳定和社会凝聚力，新加坡政府决定加强道德教育，开设了包含"儒家伦理"在内的六门课程，供学生必选，并列入升学考试。为了保证课程以及教材的科学合理性，时任新加坡副总理吴庆瑞亲自领导，邀请了国际上一流的儒家学者如杜维明、余英时等，来新加坡论证、编写教材。但该课程推行到 1990 年时戛然而止，并未达到预期效果。"儒家伦理"的选课率非常低，其中原因很多。儒家是一种世俗思想，儒家思想教育的特点可能跟其他文化，如佛教、基督教文化有很大不同。这是一个非常值得解剖的事件，有助于我们认真思考儒家思想教育和儒家教育思想的特点到底是什么。

真正的学术研究，不应该仅仅是工作、进阶的手段，而是生命本身。所谓"古之学者为己"。记得大一时读《文化苦旅》，余秋雨的一句话很让我震撼："如果每宗学问的弘扬都要以生命的枯萎为代价，那么世间学问的最终目的又是为了什么呢？"如果学问只是生存的工具，而不能滋养生命，那做学问就太痛苦了。这本就不是儒家思想的应有之义。很幸运，我觉得我选对了。研究、写作的过程，就是我精神洗礼的过程。我认识到中华民族注重"现世实情"的务实精神，也体会到个体"真情""至诚"的人格意义，进而引发我对民族文化和经历过的种种人与事的情感体认，也引发我对人生、社会更多的思考和同情。

家事、国事、天下事，亲情、族情、天地情。博士论文答辩过后，我就随考察队去了新疆天山古道考察丝绸之路。考察队大本营设在天山南麓库尔勒市焉耆天塞酒庄。这里是西域三十六国之焉耆古国所在。现代人硬是在这个茫茫戈壁之上用现代技术种出了品种优良的葡萄，一家家葡萄酒酒庄落地生根，形成了一个庞大的葡萄酒种植、生产基地。在装修豪华的酒庄里，主人热情地将所产的各种葡萄酒一杯杯地请我们品尝，并讲解喝酒的方法和酒的口味。我本俗人，不懂品酒，只会豪饮，但也被这种西方文明塑造出的酒文化所感染。不同的文化，塑造出不同的审美方式，各有各的韵味，都是人类追求美好生活的表现。酒后，走出酒庄高高严密的围墙，在周边的葡萄园里转悠。这里除了葡萄园和坐落在葡萄园中的酒庄，没有住宅区，没有集市。葡萄园之间修得还不错的柏油路空空荡荡，远山遮蔽住夕阳最后一道耀眼的余晖，山影如黛，天已蒙蒙黑。在葡萄园边，我看到一排平房，没有院落，门口搭着一排棚子，一户户人家在棚子里煮饭。我走进比较热闹的一户,祖孙三代,爷爷奶奶、儿子女儿、小孙女,很朴实的人家,他们邀我坐下。他们已吃过晚饭,但奶奶很热情地把锅里剩下的菜盛了一盘,放在我面前,请我吃。我看不出是土豆炖什么。经过简短的交流,我了解到,这家人姓马,甘肃人。爷爷老马带着一家人在此管理这片葡萄园,葡萄园约五十亩,一年收入四万。小女孩是老人的孙女,但是孩子的母亲生完孩子后一个月就走了,再也没回来。很明显,孩子母亲嫌弃这里太穷了。老人说,在甘肃老家,种庄稼不赚钱,一家人一年也赚不了两万,这里比老家好。

老马的儿子坐在地上,靠在门旁。这个跑了媳妇的大小伙子很平静,没有任何抱怨和戾气,和我说着一些我没怎么听懂现在也忘了的话语。现在想起来,小伙很像《驴得水》里的"觉醒"之前的铜匠,憨厚朴实。老马的女儿倒很开朗,问我各种问题,让我去天山后拍点照片回来给他们看看。后来我食言了,回来后匆匆又离开,没有再去他们那里,很是过意不去。这女孩也到了婚配的年龄,这个人烟稀少的地方不是她的长久之地。将来又如何呢?我又想起了我在社会上遇到过的形形色色的女孩子。多少人就是不甘于这样的物质上的贫困与精神上的贫乏,来到了灯红酒绿的大城市……人,一旦成年了,就很少有人怜惜,稍有不当还会引起他人的批评和厌弃。一则成人应该对自己的命运负责,今天的你是过去的你造成的;二则怜惜也没用,成人很难有机会再改变。但是,如果是个孩子,就会引起我们更多的怜惜和思考。孩子还有希望,只是我们能不能给她创造实现希望的条件。教育,唯有教育,是最后一根稻草。老马的孙女应该是上幼儿园的年纪,很明显那里没有这个条件。有人连这最后一根稻草都没有。其实,酒庄对这些工人还是不错的。在葡萄园的东边,有一片很现代化的平房,排列有序,干净整洁。我问老马的儿子,为什么不去那里住,他说,住在这边每月能补贴一百块钱,住在那边就没有了。

两千多年来,科学技术的进步不断刷新着我们的想象力,甚至很多有识之士一直担心,人类的智慧会跟不上人工智能发展的速度。就拿这古焉耆的茫茫戈壁来说,人类虽可在本来荒草难生的戈壁滩上种出上好的葡萄,酿造出一流的葡萄酒,但贫穷和不公依旧存在。我们到底进步了多少?这可能就是"现代性的悲剧"吧!人类如何在悲剧中获得新生呢?

北上越过天山南麓,进入巴音布鲁克草原,我见到东归英雄土尔扈特部的后人,男人的普遍特征是有大肚腩。他们朴实勤劳,热心考古与历史文化的发掘。二百多年前,他们的祖先为摆脱沙俄的压迫,从伏尔加河畔举族东迁。他们冲破哥萨克骑兵一次次围剿屠杀,历经千辛万苦,付出整个族群伤亡过半的代价,就是为了回到东方,回到"太阳升起的地方"。对美好生活的向往,是每一个民族的共同愿望。虽冰河险峰、箭雨重重,亦不能阻挡。每个人都有追求幸福美好生活的权利。

孔子说"四海之内皆兄弟",张载说"民吾同胞,物吾与也"。年龄越大,对这些话体会越深。同为兄弟姐妹,如何让每一个华夏儿女都能有尊严地活着? 其实这就是中华文化的精髓之一。这是中华文化能够提供给全人类的宝贵的价值观。从教育角度讲,以人为目的,以人的内心为出发点,让每个孩子都能找到自己的心灵,培养自己的性情,永远跟着自己的真心、真情走,让每个人都能找到自己的人生、生活,这才是教育的精髓。如何在教育中贯彻这一思想精髓,如何在今天进行时代的转换,依然任重而道远。

写这篇文字的过程中,我的脑海中不断浮现出一位位致力于中华文化和中国教育研究的学者、前辈。2019 年年初,我在新加坡访学,旅居新加坡的华人尤其是老一代华人对祖国文化和祖国发展的关心和担忧的那份拳拳之心,深深地感染了我。新加坡南洋孔教会会长郭金龙先生,是一位地产商人、投资人,最近二十年,他将自己大量的精力、金钱,投入到儒家文化、中华文明的研究和传播上,并思考着儒家思想可能为中国的现代化建设提供的精神资源,着实让我感动。孔教会在他手上得以再一次振兴,有了属于自己的独立办公场所,定期举办活动,成立了青年团,扩大在青年人中的影响。孔教会是民间的,没有政府拨款,全赖华人自己筹资。虽然我们对儒家思想的具体理解可能有所不同,但对中华情感的那份赤诚是共通的。身居海外的中华儿女尚且如此,我们身处祖国大地,有什么理由对自己的传统视而不见,甚至数典忘祖呢?

本书的研究课题严格划分应属于教育思想史,而在"教育"和"思想"之间,无疑"思想"又占上风。本书研究的是儒家教育思想,但根基是儒家思想的研究。研究思想史是需要极深功底的,何况是先秦的思想史。记得余英时先生在《余英时访谈录》里谈治学方法,涉及思想史,他说不能仅仅列举当时的著作和其中的思想内容,而是要把思想放在当时的生活脉络中去了解。既要重构古人的生活方式、价值系统,也要注重社会、经济、政治变化等,这也是本书所遵奉的思想。

先秦历史久远、博大精深,而我对经典以及考古等成果学习也有限。所以,我不知道对那段历史的认知是否足够鲜活,是否足够贴近,是否不自觉被一些片面的认识所绑架。有的地方还停留在对概念、理论的粗浅解析,有待血肉的补充。个中不足,还需通过研读弥补,更需方家指正,以求后续学习提升。本书给我的研究工作开了一个好头,将先秦儒家以至整个儒家的大门打开,有待我进去取经探宝。我努力往先秦思想的大门缝里挤,虽看到了一线光景,但尚未能畅游漫步。时间荏苒,岁月匆匆,也有一种一入"儒门"深似海的感觉……

感谢浙江大学林如女士为本书题写书名和封底字样。这是对我莫大的鼓励。

潘端伟

2019 年 4 月 6 日

目　　录

第一章　绪　　论

　　先秦是中华文明开始彰显于世界文明之林的辉煌时期。以孔孟为代表的先哲们创造的先秦儒家思想,在历史的长河中不断发展、积淀,多种类多层次的思想元素不断交错、依存、组构,最终成为中华民族文化心理结构中最重要的组成部分。经过两千多年的继承、拓展、演绎,这种文化心理结构已经形成了庞大的思想体系,从庙堂到江湖,从知识分子到芸芸大众,无不见其身影。而教育和儒家是如影随形的。教育在儒家思想及其实践活动中处于极其重要的地位,可以说,儒家与教育水乳交融,难以剥离。教育是儒家实现其社会理想、成圣人格的必由路径,教育也是儒家文化渗入中华民族心灵,成为一种文化心理的重要手段。先秦儒家的教育思想,奠定了中华民族教育的基本理念和理路,也成为中华文化的一部分。一定程度上说,中华文化就是教育的文化。

　　儒家教育活动与由此形成的儒家教育思想,绵延至少 2 500 年,但把儒家教育思想作为一门学术对象来研究,却是近代的事情。而在这一过程中,人们对儒家教育思想的态度又是和儒家的命运紧密联系在一起的。可悲的是,当教育成为一门独立学科时,在儒家教育思想成为研究对象伊始,儒家的教育思想几乎同时就处于被批评的地位。儒家教育思想好像是带着"原罪"出现的。近一个世纪以来,在中华民族命运的波动中,在中国现代化的进程中,人们对儒学以及儒家教育思想的地位和价值的怀疑和批评一直就没有停息过。有人对之嗤之以鼻,依然将其作为落后思想,认为其不适合今天和未来的中国;也有人对之顶礼膜拜,称之为"儒教",将其作为中华民族的宗教来对待。尤其是二十世纪一二十年代,蔡元培、陈独秀、李大钊、康有为、辜鸿铭等人关于儒家思想的争辩,既是学术争论,也是关涉民族发展之路的争论。最终,挺儒派处于下风,以至于近现代甚至当代,把儒家粗暴地概括为"吃人的礼教"的认识依然存在,儒家教育思想自然也成为不值一提的腐朽之物。

这样的心理所形成的民族文化虚无论甚嚣尘上，使我们没有也不愿对儒家思想、儒家教育思想做深入客观的研究。而对历史久远的滥觞时期的儒家思想的认识更是流于表面，或者简单地用某一时期、某一方面的儒家思想去概括整个儒家。其实纵观历史，我们很容易发现这一学派的漫长和复杂。

春秋末期由孔子所开创的儒学，是在殷商宗教观念被突破和西周宗法观念蜕变基础上形成的，有其先进性和高明性。这是原始的却鲜活而充满生气的儒家。汉代以后，经过董仲舒的改造，儒学逐渐演变为依附于皇权的国家意识形态。儒学的社会功能除了心性道德，也扩展为法律性和宗教性的功能。南宋以后，程朱理学强化了儒学的国家意识形态性质。明清时期，统治者为维护其统治，进一步加强儒家的意识形态化，使其愈发保守而失去活力。十九世纪二十世纪之交，当中华民族在西方工业文明面前屡遭挫败，甚至国运岌岌可危之时，儒学被视为民族衰亡的根源，受到严厉的责难，甚至被全盘否定。经过新文化运动和"五四"运动，这种认识到达高潮。

"五四"运动是鸦片战争以来的总结和转向。经过一次次惨痛的教训，人们对儒学的价值基本形成两个总结性的批判：一，儒学基本的甚至全部的思想内容就是"三纲五常"，是完全为等级制的君主专制的封建社会服务的；二，儒学尊奉等级，尊奉"君权神授"，与中国追求的现代化目标——民主与科学是不相容的，与现代化方向是相悖的。这两个总结判断非常具有代表性，几乎是一百年来的定论，基本奠定了儒学学术价值的评价基调。今天再回顾这两个判断，笔者认为第一个判断有以偏概全之嫌。当我们讨论"儒学"或"儒家思想"的时候，我们每个人的着眼点往往是不同的，得出的结论也就差别巨大，甚至截然相反。出现这种情况，也不奇怪。一是儒家的历史实在太漫长，也太丰富，看你选取哪一部分。回顾儒学思想史，可以发现先秦儒学思想和汉之后儒学思想有很大不同。先秦儒家在后世的发展中，必须不断适应社会政治、经济、文化发展的要求，其思想不可避免会发生转变。这种转变，有进步和建设，也有曲解和僵化。比如先秦儒学提倡的五伦（"君仁臣忠，父慈子孝，夫义妇听"，《礼记·礼运》），和汉代的"三纲"（"君为臣纲，父为子纲，夫为妻纲"）并非完全一回事。前者规定好各自的职责，在各自的义务职责内，彼此尊重，各安其位。而后者，在人际关系中注入宗法、政治的因素，把相对应的身份扭曲成单方面的权力屈从的不平等的关系，以至于后人用"礼教"来完全代表儒家思想。所以，如果把汉之后的儒家思想等同于整个儒家，尤其是先秦时期儒家先贤的思想，那是不公平的，而以此批评、否定整个儒家更是不合逻辑的。二是每个人对人生、对社会有各自的诉求,也自然会根据各自的理念从儒家思想中截取能为其用的部分。可以说,中国历史上有两个儒家,一个是受压迫的儒家,一个是压迫人的儒家。儒学犹如一棵大树,种籽于沂水之畔,二百年扎根成长,茁壮于两汉,之后不断分支,开花结果,再经历风风雨雨,花果飘零,由曲阜到中原大地,再到大江南北长城内外,甚至漂洋过海散落东南亚。无论从时间还是空间上看,儒学思想都是极其深邃和复杂的。

哪怕是主管教育时废掉读经课程的蔡元培先生对此也有清楚认识。1912年,他在《对于教育之意见》中说:"孔子之学术,与后世所谓儒教、孔教当分别论之。"他肯定孔子在中国教育史上的伟大贡献,但并不迷信孔子,他反对现代学校祭拜孔子。他说:"孔子并非宗教家,尊之自有其道。""教育与宗教各有目的,不宜强合为一,今以似是而非之宗教仪式行于学校,即悖尊孔之义,尤乖教育之目的。"(《学校不应拜孔子案》,1912年七八月间全国临时教育会议)蔡元培先生的认识是中肯的。一百年后,蔡元培此言依然有价值,对当今一些传统文化教育现状依然有警醒作用。这也是本研究所持之立场。

第二个判断涉及儒家与现代化的关系问题。十九世纪二十世纪之交,儒家内外交困。除了自身的原因之外,还有世界大环境的变化。近二百年来,源于西方的现代化进程高歌猛进,成为世界潮流。中华文明和西方文明的关系如何处理?儒学和现代化是什么关系?儒学促进还是阻碍现代化?儒学是否与现代化背道而驰?儒家能否自我革新转化,为现代化提供精神力量?在中国大陆,儒家阻碍了现代化进程的声音似乎占主流,甚至不少人认为儒家也是当今社会种种弊病的根源之一。这一点,二十世纪初的新儒家是不认同的,近几十年来大陆崛起的儒家学者也是不认同的。的确,这些根源性、前提性的概念确实需要我们反思。"现代性""民主""科学"的内涵是什么?西方的标准是不是唯一的、正确的?时代发展到今天,儒学是否需要转化?这是一个宏大的课题,不是本书的方向。但,无论如何,我们首先要把自己的家底、源头搞清楚。教育领域亦如此。不然的话,吾辈心有不甘。我们不相信2500年前和世界其他文化比肩的先贤们就这么不堪,起码我们不愿意相信。"不相信"是一种判断,需要论证,"不愿意相信"是一种情感,需要合理化。我们希望对此有一个深入的理性的认识。其实关于儒家与现代化的关系,哲学领域也一直有人在研究,但在教育领域研究得不够多,不够深。

二十世纪末以来,随着考古的发掘,先秦文献不断出现,我们有了更多资料去贴近先秦儒家思想,包括教育思想。虽然先秦儒家没有"教育学"以及"教育学"这个概念下的教育思想体系,但"成人"之道恰恰就是先秦儒家思想的要义,其中充满着丰富的教育思想,这正是我们可以发掘的资源。正如学者李零先生在评价郭店楚简时所言:"郭店楚简的重要性在于,它不但出土了战国写本的《老子》,还出土了多种记载孔子和孔门弟子言行的简文,把我们和这两大圣人的距离拉得很近。如果我们把古书比作一条藏在云端里的龙,宋元以来的古书是它的尾巴,敦煌的发现是它的身子,那么,现在的发现就是它的脖子,我们离看到龙头的日子已不太远了。"①本书希望能探寻这个龙头教育思想的源头活水。

一、缘起与意义

在今天这个蒸蒸日上又纷繁复杂的新时代,很多时代性的课题摆在我们面前,我们必须给出答案,不然的话,我们既解决不了自己的问题,也不能向世界贡献有益方案,谈何走向世界?基于以上的总体认识,也基于这个时代特征,本书对以下几个问题的解决有抛砖之意义。

(一) 传统文化复兴的时代需要

民族文化是一个民族之所以成为这个民族的基因。民族文化决定了一个民族的形态,对民族文化的认同,是这个民族凝聚力的表现。随着中国经济实力的强大,中国文化在世界上的地位也日益突显,国家也日益重视传统文化在增强民族凝聚力和国家软实力方面的重要作用。2011 年 10 月 15 日至 18 日举行的中国共产党第十七届六中全会通过了《中共中央关于深化文化体制改革推动社会主义文化大发展大繁荣若干重大问题的决定》。《决定》第五大点"大力发展公益性文化事业,保障人民基本文化权益"中专门讲到有关传统文化的问题:"(三) 建设优秀传统文化传承体系。优秀传统文化凝聚着中华民族自强不息的精神追求和历久弥新的精神财富,是发展社会主义先进文化的深厚基础,是建设中华民族共有精神家园的重要支撑。要全面认识祖国传统文化,取其精华、去其糟粕,古为今用、推陈出新,坚持保护利用、普及弘扬并重,加强对优秀传统文化思想价值的挖掘和阐发,维护民族文化基本元素,使优秀传统文化成为新时代鼓

---

① 李零.郭店楚简校读记[M].北京:中国人民大学出版社,2012:25.

舞人民前进的精神力量。"

十二届全国人大一次会议以后,习近平总书记更是不断强调中华文化对中华民族"根"和"魂"作用。他说:"抛弃传统、丢掉根本就等于割断了自己的精神命脉。"2013年11月26日,习近平总书记视察山东曲阜考察孔子研究院时强调:"要讲清楚每个国家和民族的历史传统、文化积淀、基本国情不同,其发展道路必然有着自己的特色;讲清楚中华文化积淀着中华民族最深沉的精神追求,是中华民族生生不息、发展壮大的丰厚滋养;讲清楚中华优秀传统文化是中华民族的突出优势,是我们最深厚的文化软实力;讲清楚中国特色社会主义植根于中华文化沃土、反映中国人民意愿、适应中国和时代发展进步要求,有着深厚历史渊源和广泛现实基础。"这四个"讲清楚"高度概括了传统文化的价值,也为我们研究传统文化指明了大方向。2014年3月26日,教育部做出部署,制定并颁布了《完善中华优秀传统文化教育指导纲要》。《纲要》强调加强中华优秀传统文化教育的重要性和紧迫性,并就如何加强传统文化教育提出了一系列指导方略。2014年11月21日,中共上海市教育卫生工作委员会、上海市教育委员会联合发布《关于完善中华优秀传统文化教育长效机制的实施意见》。《意见》在基本要求中提出:"深入挖掘各学科蕴含的中华优秀传统文化教育资源,探索学科教学与中华优秀传统文化教育深度结合的方式方法,增强中华优秀传统文化教育的针对性与有效性。""加强中华优秀传统文化教育机制的传承创新……深入总结中华优秀传统文化教育实施过程中的典型经验和成功做法,根据社会发展需求和时代要求,不断创新教育途径和方法,体现中华优秀传统文化教育的传承性与发展性。"二十一世纪,中国真正的强大应该体现在文化上,真正的复兴也应该体现在文化上。一个不能输出文化、输出价值的国家,其经济体量再大都不能算强国。国家所提正是时代之急、民族之要。溯源先秦,认清儒家思想和儒家教育思想,弘扬其优秀成果,也是时代之急、民族之要。

(二)传统教育思想的再发掘与利用

中国古代思想的一大特点是注重伦理。先秦儒家教育思想的主旨就是人格教育,整个思想充满道德伦理色彩。先秦儒家没有专门的道德教育教材和课程,但无论是被称为"六书"的"诗、书、礼、乐、易、春秋",还是被称为"六艺"的"礼、乐、射、御、书、数",都直接指向对人的德性的规范和培养以及对完善人格的追求与呵护。这套体系,让个体自觉不自觉地处在一种自在构成的道德关系之中,只要稍稍心有所动,就会将自己与外部关系的合理性要求反求诸己,在内心建立起一个评价尺度,而这种评价是伴随着深刻的情感体验的。

这种道德教育的特点,西方人也是认同的。苏联伦理学家德罗布尼斯在其《道德的概念》中认为,"道德现象不是区别于社会生活中其他现象的特殊现象,不能限定道德空间范围。道德渗透在社会生活的一切领域,如政治、阶级关系、国际关系、生态关系、人际关系、家庭关系以及私生活,进入到物质生活、经济生活、精神创造、科学认识中,同时也发生在于周围事物的接触中和个人对自身的态度上。道德是行为的、关系的、价值的、心理的、思维的和语言的等多层次的构成物。它有着极其复杂的结构,不能仅仅简化为一种现象。"[①]这恰恰符合中国古代先贤尤其是先秦儒家的教育思想和实践。

如何在市场经济条件下加强道德建设以实现个体心性的道德纯正和社会生活的有序化? 目前学界有一种普遍认可的呼声,就是道德的制度化和法律化。这是一种道德理性主义。但如其他领域一样,将"理性"称为一种主义会趋于另一种狭隘。目前我们必须从反思道德的理性主义入手,汲取道德情感主义、价值情感主义的有益成分,充分认识和发挥情感在道德教育中的意义和作用。

在教育学领域,自赫尔巴特的《普通教育学》产生以来,道德教育基本有两种范式,一种是以赫尔巴特为代表的"美德传授性"道德教育范式,一种是以科尔伯格为代表的"认知发展性"道德教育范式。前者是基于传统的以德目为内容的道德教育,美国德育心理学家科尔伯格称之为"美德袋"教育,意即教育者代表社会把那些被社会认为重要的德目装入一个"布袋",然后从中"摸"出特定的德目教给学生。德目,即道德条目,它是一定社会对道德文化发展过程中道德经验的抽象和概括,如智、仁、勇、孝、公正、诚信、敬畏、宽恕、责任等。同时代的不同文化,在德目的选择上可能存在一些差异,但是有些核心德目则被认为是共同的、亘古不变的。道德教育则是将人类或者特定人群认可的美德编成学习材料,让教师逐一讲解,学生依序学习。后者对道德教育的发展有着里程碑式的意义,为我们揭示了德育的认知发展阶段,使我们对人类的道德认知规律的认识更加科学,但这种认知发展性范式,强调冷冰冰的推理、分析,把道德情感和道德行为归属于道德认知结构中,使道德情感处于从属地位,甚至被忽略。对于如何将道德认知转化为道德行为依然乏力。由此,众多学者转向对"道德情感"的研究。中国先

---

① 朱小蔓.情感德育论[M].北京:人民教育出版社,2005:64.

秦儒家的伦理思想有"主情"的特点,必然有丰富的道德情感资源,值得我们去发掘利用。本书欲还原那个轴心时代充满温情的人文色彩,进而为建构一种中国文化语境之下的教育及道德教育做出一点探索和努力。

俄国学者别尔嘉耶夫曾说:"现代哲学的疾病就是营养疾病,营养源已丧失,所以哲学思想陷于营养不良,因而无力同存在奥秘,同自己力求达到的永恒目的联合起来……摆脱哲学危机的出路,就在于寻找营养,与源头和根源重新结合。"①我们要想知道"到哪里去",首先必须知道"从哪里来"。中国人的道德伦理的源头在先秦,尤其是先秦儒家思想家们。他们的典籍中有丰富的教育、德育思想,值得我们再次发掘。儒家先贤的主要目标就是"成人"教育、人格教育。吸收其丰富养料,使教育以及德育"本土化",在传统思想中发掘可用资源,"建新鲜概念与踏实的经验研究"(费孝通语),并付诸实践检验,从而发挥其对今天的文化和生活的解释与塑造功能。也许,发掘传统的目的不是要证明它在国际学术界的地位,也不必在意它能否在国际上登场,而是向国人揭示经典与现代生活的关联,让传统文化中那些优雅和智慧的光彩照亮我们今天的精神生活。

(三) 对当前国学(读经)教育的反思

事情往往会从一个极端走向另一个极端。我们从忽视、蔑视传统到极端重视传统,形成了一种传统文化热潮。传统文化热促使国学教育遍地开花。一时间,诵读先秦经典成为时尚,以《论语》《道德经》为代表的经典成为主要教材。但也乱象丛生,甚至过于狂热,失去理性。教学目标不明,教学方法单一,各种仪式活动花样百出。读经的目标多指向人格教育,但教学方法多为传统的语文教学法。其实新加坡的儒家伦理教育可以给我们提供一定的经验教训。二十世纪八十年代初,新加坡曾力推包括"儒家伦理"在内的六门宗教选修课。新加坡的华人占全国人口 70% 以上,同比例应该有 70% 的学生选读"儒家伦理",但事实并非如此,只有 20% 左右的学生选了这门课。在和其他宗教及道德教育的竞争中,儒家并不占优势。1990 年,新加坡取消了这六门选修课。其中原因很多,但没有抓住儒家思想和儒家教育思想的精髓,可能是最主要的原因。

这里面有很多问题需要再厘清。"国学"到底是什么?包容儒家经典在内的中华传统经典的真谛到底是什么?中华传统文化的思想、思维、情感跟西方文化

---

① 〔俄〕别尔嘉耶夫.自由的哲学[M].董友,译.桂林:广西师范大学出版社,2001:7.

有什么区别？有哪些特色？对于这些问题的挖掘和认识还不够。由于历史上的种种变迁，先秦的思想经过两千年的转述、阐释和演绎，今天我们了解的经典，有多少还是先哲们的原意呢？钱穆先生曾说，中国的学术分为"心性之学"和"治平实践之学"，"若要真在修齐治平上作真贡献，总须对过去历史有一了解；更贵能穷源竟委，窥其变迁，然后才能针对现实有所作为。"①但并不那么容易。正如当代学者刘士林教授所说："国学教育尽管在理念上十分重视中国文化知识，但由于其遵循的文史哲框架来自现代学术，或者说来自受现代西方学术文化影响巨大的中国现代学术，因而在文学、历史学、哲学研究中，随处可见的都是经过西方理论语境过滤、解释和修正之后的中国文学、历史、哲学经验，而它们能否真正揭示和澄明中国文化的真实历史经验与内在精神本质，是很值得怀疑的。"②要更好地利用开发传统的教育、德育资源，有必要回到中国文化的土壤，从中国文化的视角看中国，讲中国，以正本清源。研究先秦儒家思想中基于情感的思想、思维特征，发掘中国情感教育的源头脉络，才能更好地实施符合中国文化和中国人心性的教育及经典教育。

想认清这些问题，首先需要我们在思维上有所突破，突破现代西方哲学思维，回归中国思维，用中国的脑子思考中国问题。有研究者认为："先秦哲学家们在他们浩繁的著述中，虽然常常涉及、探讨人的问题，但是，他们并不把人从其他问题中分离、独立出来，作为专门对象进行研究，并不以人为出发点和最终目的，更不把人置于中心地位。相反，对人的问题的探讨从属于、服务于一定的政治学说、道德学说。人是实现哲学家政治、伦理理想的一个环节、一种工具，人不是人。"③这的确概括出来儒家的一部分特征，没有独立出来分析人，也的确是中国传统哲学思维的特点。但如果真是这样，先哲们又何以创作出一个轴心时代的东方文明？研究者还是从独立的抽象的理性西方思维模式认识先秦先哲。其实，如果我们了解先秦儒家的"性""情"的内涵，我们恰恰能看到，其思想就是以人为出发点和最终目的的。先秦儒家"脉脉含情"的一面被掩盖了，他们的思想中有着有血有肉的人生，有丰富的人性、人情，而且这种思想贯穿在先秦儒家思想的方方面面，包括教育思想。研究先秦儒家"情本"教育思想，旨在填补、恢复、丰富儒家的"情本"重地。

---

① 钱穆.中国历史研究法[M].北京：九州出版社，2012：82.
② 刘士林.中国诗性文化的理论探索及其传承创新路径[J].河南大学学报，2011，(11).
③ 包临轩，张奎志.论先秦哲学对人的认识[J].齐齐哈尔社会科学，1985，(4).

（四）中国本土教育话语建构的需要

在近代西方军事、经济和文明入侵之前,中国文明对自身的认识自成体系,甚至蔑视其他文明。中国的思想和哲学是在古代漫长的历史长河中流淌而成的,但作为一门学科的中国的思想或哲学,是受近代西方学科体系的启发,通过对古代思想观念的重新叙述而建立起来的。这种重新叙述不过是从西方哲学的概念、命题和框架出发,套用于中国古代思想。也就是把中国传统学术放在西方文化体系的框架中来理解。其基本套路就是格义①式的"中国的 X 相当于西方的 Y",既肢解了古代经典的整体意义,也很难揭示原典的思想内涵。

长此以往,中国的学术领域成了西方思想理论的跑马场。自然科学无可厚非,其有学理共同性,但人文社会科学绝难如此。人文社会科学不可能具有数学和物理学那样的普适性和绝对理论性。西方的人文社会科学理论固有其先进可取之处,但它们毕竟是在西方的政治经济、社会文化的环境下产生的,不可避免地带有其地方性和意识形态性。而且,西方的思想有其学理渊源和历史实践脉络,其针对的问题也有特定性。而这种渊源和脉络以及特定性的问题,可能是中国的土壤中所没有的,所以也不一定适合中国。人文社会科学的理论都有一定的历史和社会背景,都要结合它产生的环境来理解。我们容易把产生于特殊历史背景下的理论形式化、科学化、普适化。我们甚至已经习惯用西方的理论来论证、建构中国的学术。虽说今天已经是一个非常开放的、民主的全球化时代,我们可以放心大胆地吸收一切在国际上有影响力的优秀的东西,但是这个世界上的利益冲突依然不断,强权力量从未消失,甚至更严重。黄宗智先生曾说:"学术研究的首要要求是把意识形态置于一旁。后者一向是历史上一个主要动力,而现今世界更是个高度意识形态化的世界,其实比过去冷战时期有过之而无不及。在过去的两个超级大国针锋相对的世界之中,知识意识形态化的事实显而易见,无须赘述。同时,两个超级大国相互制衡,不容许向单方的意识形态一面倒。苏联解体之后,美国成为唯一超级大国,其权威压倒所有其他国家,而其新保守主义统治集团又十分有意识地试图建立美国一国在全世界的霸权,不仅在军事和经济上,也是意识形态和文化上的霸权。"②中国的学术有意无意也受这种霸权

---

① 格义:一种类比理解的方法,是个哲学概念。"格"有"比较"或"度量"的意思,"义"的含义是"名称""项目"或"概念"。顾名思义,就是用比较和类比的方法来解释和理解跨文化背景的概念。
② 黄宗智.连接经验与理论:建立中国的现代学术[J].开放时代,2007,(4).

的影响。如果我们因此而在各领域失去自己独立的学术理论体系，实为遗憾。

而不论是从中国的纵向还是从跨区域的横向，我们都能发现中国的人文社会科学有着庞大的历史积淀，也有其特殊性。哈佛大学张光直教授曾预言：人文社会科学的二十一世纪应该是中国的世纪。这个预言是否能实现，有待验证。但张教授的一个依据却是有道理的。他说："中国文明积累了一笔最庞大的文化本钱，全球没有哪个民族像中华民族那样对自己过去的历史做庞大的记录。两千五百年的正史里所记录下来的个别事件的总额是无法计算的。而这笔庞大的文化资本，尚未被现代中国人好好利用，因为近百年来的中国人基本是用西方一时一地的理论和观点去看世界，甚至想当然地以为西方的理论观点都具有普遍性。如果能倒转过来以中国文明的历史视野去看世界，那么中国文明累积的这笔庞大的文化资本将会发挥巨大的潜力。"①而中国的先秦时期是后世各种思想流派的起点，和其他文明共同构成了世界文明的轴心时期。

脱胎于西方哲学思想大背景的教育学，也不可避免地被不同时期的西方自然科学、人文社科思想所裹挟。而更为严重的是，源于西方的现代教育已经出现种种危机。例如现代教育体制提倡"以学生为本"，最后总结出"三个一切"，即"为了一切孩子""一切为了孩子""为了孩子的一切"。这是多么温馨而振奋人心的口号，相信我们的教育工作者也确实希望如此去践行。但，如果对这个"一切"是什么缺乏理性的思考，可能适得其反。所谓的"为了孩子的一切"，"孩子的一切"是什么？分数就是一切吗？如果对这个问题的理解有偏差，那么"一切为了孩子""为了一切孩子"，等于动用一切手段害了一切孩子。

现代教育普遍充斥着功利主义、工具主义、技术主义。知识学习、技术训练与人的内心精神割裂。学生被当成一种"客体"对待和研究，师生家长苦不堪言。国家的发展最根本的是人的发展，如果我们依然不反思、不改革，中华民族的复兴可能真的是"梦"了。可喜的是，各界学者已经意识到这种现状并进行了反思。只是，如何去梳理建构一种适合中国的文化、历史和现状的教育理论体系，目前还在路上。当代学者叶澜先生曾感慨："一个偌大的中国，一个拥有最多教育人口的中国，一个进入了二十一世纪的中国，不能没有原创的教育理论。"②而中国学术以及中国教育思想，传统上就有注重体验，注重经验和概念紧密联系的特

---

① 甘阳·文化：中国与世界新论(丛书)·缘起[M]//陈少明.做中国哲学：一些方法论的思考.北京：生活·读书·新知三联书店，2007：2.
② 叶澜.世纪初中国教育理论发展的断想[J].华东师范大学学报(教育科学版)，2001,(1).

征,如何从中国的实践历史中提炼分析概念,摆脱现代主义、后现代主义等水土不服的认识论的影响,是我们可以有所为的方向。从历史经验来看,"进步的文化与教育相为表里,因为一个进步的文化必然要经过相当时间的孕育滋长,才能灿然有成;其间有不可或缺的世代传承、繁衍并进步;而在世代传承的过程中,教育活动即存在于其中,至于教育活动的方式,则因每个时间阶段的状况而异"①。先秦时期是中华思想的第一个辉煌时期,儒家学派同时也是教育家辈出的学派。他们在长期的教育活动中积累了丰富的教育理念和经验。我们回到源头,回到元典,去汲取先哲的思想精髓。这是历史的经验,任何一次文化的复兴,都要重新认识根源,从根源汲取营养再上路,教育学也一样。钱穆在《孔子思想与世界文化新生》中指出:"今天的世界大问题,正本清源,首应着重于教育问题。"钱穆先生认为,人类应该建立一种超越古今之争、种族之别、职业差异,以全人类为共同教育对象的教育。他说:"求之人类以往教育宗旨与方法,能符合此一理想者,则惟有孔子思想。"②孔子思想是否有如此强大的力量,有待讨论,更有待现代人去研究转化。但我相信,如果我们好好发掘中国古代先进的教育理念,并结合今天丰富而庞大的教育实践工作,就一定能建立一套教育理论和话语体系,为人类教育的进步贡献一分力量。

二、现实与历史

本书的研究对象是先秦儒家情本教育思想。"情本"和"教育"是两个领域的结合。"教育"是门成熟的现代学科。但"情本"这一概念,尚未成为专有的学术范畴。和它相近的有"尚情""重情""主情"等概念,现代学者李泽厚又提出"情本体"一词。我们研究的视角是以中国古典哲学思想为基础,以教育学为指向。而本书的"情本"是一个综合范畴,"情感"固然是其最重要的因素,但还包含先秦儒家思想和思维中的其他因素。因此,先秦儒家情本教育思想涉及哲学、教育学、心理学等多个领域。这就需要我们本着一种开放的胸怀,关注多学科的研究成果,这样才能比较全面地观照本课题。所以,我们既要扎根古典哲学研究,又要深入分析现代教育学、心理学等学科的研究成果。

---

① 贾馥茗.先秦教育史:中华文化与教育的源流[J].台北:五南图书出版公司,2001:1.
② 钱穆.孔子与论语·孔子传[M].台北:联经出版事业公司,1985:384-385.

(一) 教育学心理学领域的研究

我们在前期收集资料时发现,在中国知网中以"先秦儒家情感教育""先秦情本教育"为篇名检索,均无文献。以"儒家情感教育"为篇名,查到的文章也只有几篇。而以"儒家道德情感"为篇名,所得文章较多。但将时段限定在"先秦"的研究又不多,直接论述该主题的论文有:邓旭阳《试论先秦儒家仁爱道德情感培养机制》、汤宽新《先秦儒家道德情感消解当代科技负面作用的可能性》、张咪咪硕士论文《〈论语〉的道德情感教育研究》等。这说明以先秦儒家为对象,以其情本思想以及情本教育思想为出发点的课题还没有引起足够重视。上述文献对"情感"或"道德情感"如此定义:"所谓情感教育,是一个与认知教育相对而言的概念,它是指把情感作为人的发展的重要领域之一,对其施以教育的力量。"[①]"孔子道德情感就是通过'学、思、行'及《诗》、礼、乐'的共同作用,依靠对'和'的道德标准认可程度,道德主体对家庭、君臣、朋友、师生关系及个人或他人的道德行为,所表现出的'爱憎好恶'的情绪体验。简单地说,'仁'是孔子的道德情感,孔子的道德情感是'仁'。"[②]"道德情感"是现代学术概念,中国古代自无此类专著。这些研究多依据现代心理学理路来解释"情"。

而脱离了先秦儒家范围直接研究"情感"的就比较多了。近些年来,教育学领域的国内学者在引介国外研究成果基础上,多方面对情感展开研究。这方面的研究多以心理学为学科基础,取得的成果也较多。其中上海师范大学卢家楣教授从教育心理领域对情感教育的研究成果特别突出。他立足于心理学,长期研究教育中的情感心理,开拓了情感教学心理学领域,提出了"以情优教"思想,研究相应的情感教学原则、情感教学模式、情感教学策略、情感教学目标和情感教学评价等,著有《以情优教的理论与实证研究》(上海人民出版社,2002年)等相关著作。

教育心理学领域还有将情感作为道德情感来研究的。李建华著的《道德情感论——当代中国道德建设的一种视角》,着重从理论的角度研究了人类道德情感的规范和历史发展,对中外道德情感概念的异同进行了比较分析,并在此基础上提出了反思传统道德、理解现代人性、注重道德建设的主张。四川师范大学刘

---

① 黄权飚.《论语》情感教育的现实意义解读[J].语文学刊,2012,(11).
② 张咪咪.《论语》的道德情感教育研究[D].华中科技大学,2012.

海燕主持的"小学道德情感教育序列化的实验研究"课题所收获的成果《情感的力量》一书,共分四个部分:道德情感教育的由来、道德情感教育的研究思路、道德情感教育述评和道德情感教育成果的特点。

这种心理学角度的研究,根据其定义的落脚点不同又可分为三类。一类定义的特点是"道德范畴""道德原则""道德规范"是道德情感产生的依托。没有既定的社会道德规范、原则,就无所谓道德情感。我国德育心理学专家李伯黍在其主编的《教育心理学》中的"德育心理"部分把道德情感理解为"人们根据社会的道德规范评价自己和别人的思想、意图和举止行为时所产生的一种情绪状态"①。《心理学百科全书》如是定义:"道德情感(moral feeling)是人们根据社会的道德规范评价自己和别人的举止、行为、思想、意图时所产生的一种情感。"②《教育大辞典》的定义是:"道德情感(moral feeling)亦称道德感。根据一定道德需要、道德原则感知、理解、评价现实时所产生的一切情绪体验。思想品德的心理要素之一。"③这些定义都是这种思维。

另一类定义是围绕"道德认识"展开的。比如"道德情感是基于一定的道德认识,对现实道德关系和道德行为的一种爱憎或好恶的情绪态度体验"④"道德情感是伴随道德认识产生的对事物及社会生活喜好、厌恶的情绪体验"⑤等。这类定义中,道德情感是道德认知或道德学习过程中附带衍生出的情感,是人对道德原则的一种肯定性的情感。这是"知情意行"心理认知过程在道德领域的简单对应和分割。

中央教育科学研究所所长兼党委书记、北京师范大学教授朱小蔓对此类定义有深刻的反思:其一,这种分割式的界定容易切断道德认知、道德情感、道德意志和道德行为四者之间的内在联系;其二,它对道德情感的理解过于理性化,容易将道德情感蜕变为道德认知的衍生物;其三,它割断了道德情感与其他情感的联系,使道德情感失去了来自情绪、情感系统本身的发育基础。这样,所谓的"道德情感"就脱离了来自人的生命的情绪、情感系统本身,而被封闭、割裂在道德和理性的范畴内,使道德情感变得高高在上、自命清高,变得好像与一般的社会性情感、日常生活情感以及原始自然的社会性情感无关,而忽视了道德实践者

① 李伯黍等.教育心理学(第二版)[M].上海:华东师范大学出版社,2001:41.
② 心理学百科全书(下)[M].杭州:浙江教育出版社,1995:1883.
③ 顾明远主编.教育大辞典[M].上海:上海教育出版社,1998:238.
④ 曾钊新,李建华,等.道德心理学[M].长沙:中南大学出版社,2002:135.
⑤ 戚万学.儿童道德情感培养刍议[J].道德与文明,1986,(3).

的主体性内涵。其实,道德情感恰恰就是从这些一般社会性日常性的情感中孕育而来的,而不仅仅是从道德认知的理性活动中来。

还有的学者将道德情感定义得相对宽泛一些:"道德情感是人类在探索其正当行为的过程中伴生的主观体验,包括道德良心、道德动机、道德意志、道德体验、道德信念、道德理性、道德理想等,渗透于道德选择、道德行为、道德评价等活动中。"①还有的学者将道德情感等同于情绪:"道德情感是人们对于社会现象的真假、美丑、善恶所表示的喜怒、哀乐、爱憎、好恶的情绪体验。"②这些理解要么过分扩大了"情感"的外延,要么将"情感"简单化了。

鉴于以上情感研究的情况,朱小蔓教授将情感上升到教育本体地位。朱小蔓教授从1985年开始涉入情感教育研究,已经历时三十年,出版多部专著,培养的学生遍布全国各地。朱小蔓教授情感教育方面的代表作有:《情感教育论纲》(1993年)、《儿童情感发展与教育》(与梅仲荪合作,1998年)、《情感德育论》(2005年)。朱教授对"情感"的界定是:"可以把它看作标志人的情感发展的连续体,包含着以人的情绪基调、情绪表达方式、情趣爱好、情感体验性质与水平、价值倾向,乃至人格特征、精神情操等。"由此,1992年,朱教授在《情感教育论纲》中进一步提出"情感能力"概念。情感能力包括情绪辨认能力、移情能力、情感控制能力、体验理解能力、自我愿望能力等。1995年,朱教授正式提出"情感性道德教育范式"。这一范式强调对人的情感需求的引导,可以运用两种机制,一是中国传统文化历来主张的情意感通机制,二是需求冲突机制。后来明确表述为积累正面情感、澄清负面情感。2001年,为实践界使用方便,朱教授又给出了一个操作性的界定:"情感教育是指在学校教育、教学中关注学生的情绪、情感状态,对那些关涉学生身体、智力、道德、审美、精神成长的情绪与情感品质予以正向的引导和教育。"

总体而言,朱教授的研究"更多地考察教育目的性,反思教育学的伦理立场,追问我们对于儿童是怎样的一种认识、怎样的一种概念,构成一个怎样的教学过程中的师生关系","更多地考察生活史,考察文化环境,更关注教育目的,更关注对儿童的理解,更关注师生关系,更关注教师的情感情绪的表现背后的历史文化、地域文化、管理文化以及本人内在的人文素养是如何起作用的"③。朱教授

① 杨岚.情感世界解析——兼论大学情感教育理念[M].北京:人民出版社,2013:213.

② 朱永新.中国古代教育家论道德情感与道德意志[J].苏州大学学报,1989,(2-3).

③ 朱小蔓,丁锦宏.情感教育与情感文明[C].第六届国际情感教育高层论坛交流材料,2015:11.

完全从教育学的角度出发,同时也借助了心理学研究情感,同时关注历史文化因素,关注教师的价值倾向,值得借鉴,但这和本书从哲学、思想史角度研究先秦儒家情感还是有区别的。

以上这些研究多从心理学角度研究"情",就算是教育学领域的研究,也多以心理学理论为依据。虽然这些研究极大地丰富了我国情感教育的研究,但是,这些研究都不是站在中国传统思想的视角,虽然对我们研究先秦儒家情本教育思想有一定的借鉴意义,但无论内容还是思维依然不是一回事。

(二) 哲学领域的研究

本书主要立足于中国古典哲学。"情"是中国传统哲学中的重要概念,古老而深邃。很多学者认为,中国儒家思想就是"心性"思想。从古至今关于"性""情"以及"性""情"关系的研究是相当多的。所以,我们有必要从中国传统哲学角度梳理一下其研究成果。主要从以下几个方面着手:一,如何认识"情"在儒家尤其是先秦儒家思想中的地位;二,如何界定"情本";三,"情本"思想在教育领域的价值意义。

1. "情"在儒家思想中的地位

当古代学者有意识地去反思、总结儒家思想以及中华文明的一些特征的时候,就有了"主情""重情""尚情"说。古人对"情"的关注由来已久。清代戴震对于"情"的意义说得更为明确透彻:"理也者,情之不爽失也,未有情不得而理得者也。"任何"理"(道理、知识、认识),如果没有愉快的道德情感悦纳之,终不能为人所接受,"情得"是"理得"的前提条件。

近代,梁启超先生也认识到情感的价值和地位。梁先生曾说:"天下最神圣的莫过于情感。用理解来引导人,顶多能叫人知道哪件事应该做,哪件事怎样做法,却是被引导的人到底去做不去做,没有什么关系……用情感来激发人,好像磁力吸铁一般……丝毫容不得躲闪。"所以"情感"是"人类一切动作的原动力"。梁启超说:"情感的性质是现在的,但它的力量,能引人到超现在的境界。我们想入到生命之奥,把我们的思想行为和我们的生命并合为一,把我们的生命和宇宙和众生并合为一,除却通过情感这一个关门,别无他路。"①戴震和梁启超此处言说,多把情感当成认识、行动的起点,并没有赋予"情"以本体、根源的意义,也没

---

① 梁启超. 饮冰室文集·卷三十七[M].北京:中华书局,1989:25.

有进行形而上的"情本"思维的提炼。

现代学者冯友兰、钱穆,也极其重视儒家的情感思想。儒家的思想主题是"仁",而"仁"不是外在的规范与强加,而是源于内在的生发。朱熹在注"当仁不让于师"时,对"仁"的解释是"盖仁者,人所自有而自为之"。"仁"是人本有的,想得到也只有诉诸内求。可"内"是什么?冯友兰在其《中国哲学史新编》中进一步阐释:"孔丘认为,人必须有真性情,有真情实感。这就是'仁'的主要基础。"钱穆在《孔子与〈论语〉》中说:"在全部人生中,中国儒家思想,则更着重此心之情感部分,尤胜于其着重理智的部分。"

当代学者中对儒家情感思想论述最多、观点最明确的当属蒙培元先生、李泽厚先生,但二人观点又有不同。蒙培元著有《情感与理性》一书,并在其《人是情感的存在——儒家哲学再阐释》开篇语中说:"儒家哲学有一个显著特点,就是重视人的情感,如果同西方哲学进行比较,这一点显得十分突出。所谓'重视',就是把情感放在人的存在问题的中心地位,舍此不能谈论人的存在问题;反过来,要讨论人的存在及其意义、价值等重要问题,必须从情感出发,从情感开始。对于人的存在而言,情感具有基本的性质。正是在这个意义上,我们称儒家哲学为情感哲学。"①

蒙培元先生将"情"界定为"情感"。他认为,情感具有直接性、内在性和首要性,以及最初的原始性,因此"人是情感的存在"。的确,儒家经典中确实充斥着大量的和情感有关的词汇,如"仁""爱""忠""恕""恭""宽""信""敏""惠"。传统"情"诸观念在先秦史籍和诸子书中已经有了初步的展开,如主节情的中和情感论、主气的性善情感论、主教化的性恶情感论和无情而实有情的自然情感论。

李泽厚先生从二十世纪八十年代起就注重对儒家"情"思想的阐释,并提出"情本体"概念。他对"情"的解释,有时指情感,有时也认为是实情。"这是什么样的'情'呢?'情'有许多种类,中国古代讲'喜、怒、哀、惧、爱、恶、欲'等所谓'七情'。其中,无论中西,'情'与'爱'经常联系在一起,是'情'的基本形态。"②这里的"情"明显指的是情感。而此处"先秦孔孟和郭店竹简原典儒学对'情'有理论话语和哲学的关切。'逝者如斯夫''汝安乎''道始于情''恻隐之心',都将'情'作为某种根本或出发点。此'情',是情感,也是'情境'。它们作为人间关系和人

---

① 郭齐勇.儒家伦理争鸣集——以"亲亲互隐"为中心[C].武汉:湖北教育出版社,2004:35.
② 李泽厚.人类学历史本体论[M].青岛:青岛出版社,2016:73.

生活动的具体状态,被儒家认为是人道甚至天道之所发生。"①这里的"情",李泽厚又解释为"情境"。

二十世纪八十年代,李泽厚在《论实用理性与乐感文化》中认为,中国文化是乐感文化,而"情本体"是乐感文化的核心。对于这个"本体"概念,李泽厚将其与西方哲学的代表人物康德所说的本体相区别,而强调其中国特色。康德所说的"本体"是与现象界相区别的"noumenon"。李泽厚的本体,是"本根""根本""最后实在"的意思。所谓"情本体"是以"情"为人生的最终实在、根本。李泽厚在《论语今读》里再次说明:"孔学特别重视人性情感的培育,重视动物性(欲)与社会(理)的交融统一。我以为这实际是以'情'作为人性和人生的基础、实体和本源。"②"世俗中有高远,平凡中见伟大,这就是以孔子为代表的中国文化精神。这种文化精神以'既世间又超世间'的情感为根源、为基础、为实在、为本体。"③

李泽厚反对以康德的伦常道德本体论解释中国文化,也反对牟宗三先生"道德秩序即宇宙秩序"的道德形而上学说,更反对理性统治一切,他主张回到感性存在的真实的人。乐感文化的根本含义是"以人为本","它不是自然人性论的欲(动物)本体,也不是道德形而上学的理(神)本体,而是情(人)本体"④。情本体也就是人本体。

李泽厚认为:"不是'性'('理'),而是'情',不是'性(理)本体',而是'情本体',不是道德形而上学,而是审美形而上学,才是近日改弦更张的方向……'情'与'欲'相连而非'欲','情'与'性'相通而非'性'。'情'是'性'(道德)与'欲'(本能)多种多样不同比例的配置组合,从而不可能构成某种固定的框架、体系或超越的本体(不管是外在超越还是内在超越)。可见,这个'情本体'即无本体,它已不再是传统意义上的'本体'。这个形而上学即没有形而上学。它的'形而上'即在'形而下'之中。"⑤在《论语今读》中,李泽厚进一步说:"孔学特别重视人性情感的培育,重视动物性(欲)与社会(理)的交融统一。我以为这实际是以'情'作为人性和人生的基础、实体和本源。"

连续出土的一系列文献似乎更加证实了学者们的观点。而这些文献多被认

① 李泽厚.人类学历史本体论[M].青岛:青岛出版社,2016:58.
② 李泽厚.论语今读[M].合肥:安徽文艺出版社,1998:18.
③ 李泽厚.论语今读[M].合肥:安徽文艺出版社,1998:29.
④ 李泽厚.实用理性与乐感文化[M].北京:生活·读书·新知三联出版社,2008:70.
⑤ 李泽厚.哲学探寻录[M]//实用理性与乐感文化.北京:生活·读书·新知三联书店,2008:25.

为是先秦时期儒家思想的记载。1993 年,湖北荆州郭店楚墓发掘出土了一批 13 000 余字的竹简。据推断,该墓的年代为战国中期偏晚,距今约 2 300 年,属于孔子以后到孟子以前这段时期。文献整理为《郭店楚墓竹简》出版①。这部文献中关于"性情"的部分,编者命名为《性自命出》(也有命名为《性情论》)。该部分就有"道始于情,情生于性"的著名论断。就《性自命出》部分,据统计,共出现 21 个"情"字。一时间,学者们以此为论述儒家"情"论的重要依据。该文献中还有《礼生于情》篇。笔者根据文本统计(根据涂宗流、刘祖信的《郭店楚简先秦儒学佚书校释》),"情"字只出现 2 次,"性"却出现了 11 次。但文献中,大量出现"爱""喜""惧""悲""怒""怨""忧"等表示情感的词。该部分主要在论述"性"与"情"的关系。

紧接着,1994 年,上海博物馆自香港抢救入藏一批楚简,2001 年 11 月整理成《上海博物馆藏战国楚竹书(一)》出版②。其中一部分和郭店楚简中的《性自命出》内容基本一样,命名为《性情论》。同时,该著还有一部分是孔子论诗的记录。马承源先生将其命名《诗论》,学者普遍接受,且大家普遍认为《诗论》是孔子授《诗》的记录。《诗论》中,孔子总论诗、乐、文。孔子对诗的特性进行概述,除了传统的"诗言志"观点,还极其强调诗"重情"的特点。孔子在《诗论》中多次以"情"解诗,重视阐发诗中蕴涵的情感因素。在第十简中,用"改""时""智""归""褒""思""情"等表达情绪情感的词语概括各篇的主旨。这又成为学者们确认先秦儒家重情的依据。海内外众多学者投入到对该部分楚简的校释和研究中来。大陆学者涂宗流、刘祖信著有《郭店楚简先秦儒学佚书校释》③,在台湾出版。很多海外学者也以此文献为蓝本,直接指向先秦儒家"性情"思想,自然也少不了对"情"的研究。

台湾辅仁大学哲学研究所丁原植先生著有《楚简儒家性情说研究》。该著以《郭店楚墓竹简》中的《性自命出》、《上海博物馆藏战国楚竹书(一)》中的《性情论》为研究对象,分析"楚简性情说"。作者对两种文献内容进行比较校对,然后对内容分别进行"辨析"和"解义",再进一步"申论",阐释自己的观点。该著的"情"的内容还是"喜怒哀乐"等情感范围,这没有错,毕竟是就文本分析文本。但该著依据传统思路,在"性""情"关系中研究"情","强调以'性'为人所本有之自

① 荆门市博物馆.郭店楚墓竹简[Z].北京:文物出版社,1998.
② 马承源.上海博物馆藏战国楚竹书(一)[Z].上海:上海古籍出版社,2002.
③ 涂宗流,刘祖信.郭店楚简先秦儒学佚书校释[M].台北:万卷楼图书有限公司,2001.

然本质,以'情'作为这种本质显发的情状,并由此构成'性情'的论述,以作为人道建构的始源"①。这种研究方法很有代表性,值得我们关注。

汤一介先生在《释"道始于情"》一文中认识到了"情"在儒家思想中的地位:"有一种看法认为,儒家对'情'不重视,甚至对'情'采取否定的态度,我认为这是一种误解,特别是对先秦儒家的误解。郭店竹简《性自命出》,其中有一句'道始于情',这句话对我们了解先秦儒家对于'情'的看法很重要。"他在该文中将着重讨论先秦儒家之"情论",并及道家之"情论"。② 从清代到当代,学者们对于儒家"重情"这一认识,已经是一个不刊之论。

这里需要介绍的还有一位对儒家教育思想的传播和实施作出重要贡献的学者——霍韬晦先生(1940—2018)。霍韬晦先生是唐君毅的学生,在香港大学工作二十年,曾任香港东方人文学院院长、新加坡东亚人文研究所所长。霍教授多年来研究宣传"性情文化",倡导并实践"性情教育",著有《新教育·新文化》《国学与教育》《从反传统到回归传统》等多部著作。他针对当前教育和社会的危机,以及西方文化主导带来的问题,提出以"性情教育"应对,霍教授同时在中国和新加坡开办了几家基础教育学校,实践他的性情教育理念。霍先生认为,性情学是中国传统文化最核心的学问,是我们化解危机、抵御西方文化侵蚀的有力思想武器。性情教育是对儒家生命教育的继续,主张开放性情以成长生命。但就如他自己所说:"性情教育,我揭橥二十年,推动二十年,从事二十年,钻研二十年,但从未写过一本有关性情教育的体系性的书……是我暂时不想将性情教育理论化、概念化。立理限事,是很多教育专家的毛病。"③霍先生的理论还有待梳理和建构,本书的方向和霍先生是一致的,只是路径有别,也算是从某个角度对霍先生等前辈思想的丰富。

2. 先秦儒家思想中"情"的含义

通过前文所做分析可见,现代相关学科研究"情""情感""道德情感",多缺乏对中华传统哲学尤其是先秦哲学的特殊背景的深入观照。所以,相关论述在现代教育心理学意义上虽有一定的价值,但并没有抓住中国传统哲学尤其是先秦哲学特有的意蕴。"情"是研究儒家思想甚至中华文明的一个极其重要的概念。

传统"情"诸观念在先秦史籍和诸子书中已经有了初步的展开。有人总结为

① 丁原植.楚简儒家性情说研究[M].台北:万卷楼图书有限公司,2002:5.
② 汤一介.瞩望新轴心时代——新世纪的哲学思考[C].北京:中央编译出版社,2014:183.
③ 霍韬晦.国学与教育[M].香港:法住出版社,2017:125.

主节情的中和情感论、主气的性善情感论、主教化的性恶情感论和无情而实有情的自然情感论等。这都是后人根据文献分析整理出来的。以中国传统哲学的视角研究先秦儒家"情"的专著不少,如黄意明的《道始于情——先秦儒家情感论》(2009)、马育良的《中国性情论史》(2010)、郭振香的《先秦儒家情论研究》(2010)、叶青春的《儒家性情思想研究》(2010)、杨少涵的《中庸原论——儒家情感形而上学之创发与潜变》(2015)等。

从原典中梳理"情"字的本义,是很多学者惯用的研究方法。如张节末的《先秦的情感观念》发现,在较早的先秦文献中,"情"这个词的含义与指称情感所用的词的含义是不同的,仅是"实情"的意思。只是到了后来,在庄子、屈原和荀子那里,"情"字才比较明确地有了情感的含义①。虽然先秦的"情"未必是"情感",但表示情感的词语却有很多。孔子人道思想中的"仁"包含着情感的内容:"爱人";为仁应具有恭、宽、信、敏、惠五种品格;忠恕也是仁。这些都是以道德内涵为其本质的情感类型。

《孟子》用"情"有两义:一指情实,实际情况,如《离娄下》"故声闻过情,君子耻之";二指性,本性,如《告子上》"乃若其情则可以为善矣"。从性为内在本性的意义上讲,显然包含了情感,但其指涉很宽泛。孟子基本是将"情"与"性"混用。对应于人的仁、义、理、智四种德性品格的"恻隐""羞恶""辞让""是非"这四个善端,是人本初所具有的四种道德情感的萌芽,是人之为人的根本标志。这些情感的核心,即是它们的道德本质,须臾不分。

上海戏剧学院黄意明教授的专著《道始于情——先秦儒家情感论》认为,先秦的"尚情"思想对后世哲学和文艺等都产生了深远的影响。黄著通过对郭店楚简及《论语》《孟子》《荀子》《礼记》《左传》等先秦典籍的考察,对"欲""性""情""气""知"等几大重要概念进行了准确的定位与解析,揭示出它们之间的内在联系与含义的演变,进而指出"情感"在先秦儒家思想中的重要地位②。

郭振香的《先秦儒家情论研究》也是通过对《论语》、郭店楚简儒家简、《孟子》《中庸》《易传》以及《荀子》等先秦儒家代表性著作中情论的探讨,全面、动态地呈现"情"在先秦时期具有代表性的各个儒家之间的交会与流转,揭示"情"在先秦儒学中不可忽视的理论价值,探索"情"所蕴含的本真实在、至诚无欺、真诚无伪

---

① 张节末.先秦的情感观念[J].文艺研究,1998,(7).
② 参见:黄易明.道始于情——先秦儒家情感论[M].上海:上海交通大学出版社,2009.

等义素对于解决时下社会人生问题、建构新的人类生活范式的现实意义①。

马育良在《中国性情论史》中认为，从原始宗教神雾中逐渐步出的中华先民的原初情感，经由孔子，流转为人伦日用的道德情感。二十世纪九十年代，郭店楚简《性自命出》等先秦儒家文献重见天日，使性情论思想第一次向世人揭开了自己的神秘面纱。嗣后经荀子到汉代以后，性情论从性情相生相因逐步流转为性情二元对应或对立的状态。而宇宙阴阳论、佛学、理学和西方哲学也以直接的或颇为曲折的方式在性情论思想的演变或诠释过程中发挥着影响。中国哲学思想史上围绕性情论话题展开的思考，一方面以"情"激活了传统思想中某些已失去活力的部分，一方面又十分警惕非理性的情、欲可能走向自由无限性的倾向。《中国性情论史》特别拈出"道始于情""情生于性"以及由此引申出的先秦与秦汉以后性情论的基本形态，尝试对它们作出学术流变史的会通贯释。这种努力可能有助于促动学者重新检视传统人性论内部结构的变化，为传统儒家思想的伦理基础重新定位，并包孕了平衡当代新儒家学者过度集中在心、性等概念上的诠释策略②。

叶青春的《儒家性情思想研究》③以儒家性情论史为主线，以孔子、孟子、荀子、董仲舒、朱熹、王阳明等儒学史上重要的思想家和重要文献为聚焦点，力求从影响国人性情两千多年的儒家性情理论的视域重新审视儒学史上这些重要的思想家和重要文献的伦理价值。《儒家性情思想研究》同时力图通过对儒学史上的这些重要思想家和重要文献所体现的性情思想的分析，重新估量儒家性情理论的历史贡献和固有缺陷，以期对当代中国现代性伦理的构建乃至民族精神家园的营造有所助益。

以上前辈学者，一是都一致发掘出了儒家尤其是先秦儒家"重情"的特点，二是把"情"放在了先秦哲学的相关概念的关系中认识，三是多数学者将先秦典籍中的"情"分门别类地爬梳出来，或总结其意思，或分析其演变路径。梳理之功不可没，这是我们进一步研究的基础。但多没有把"情"上升到本体的意识进行综合性的结构性的认识。

对先秦典籍"郭店楚简"中"情"字的分析，是我们研究先秦"情本"思想不能忽视的。放在先秦语境之下分析，"情"有"七情"（喜、怒、哀、惧、爱、恶、欲）或"六

———————
① 郭振香.先秦儒家情论研究[M].合肥：安徽大学出版社，2011.
② 马育良.中国性情论史[M].北京：人民出版社，2010.
③ 叶青春.儒家性情思想研究[M].成都：西南交通大学出版社，2011.

情"(喜、怒、哀、乐、好、恶)或"五情"(喜、怒、哀、乐、怨)之说。汤一介先生在其《释"道始于情"》中,就将"情"界定为情感。汤先生进一步阐释了"情"与"性"的关系。《性自命出》中说"喜怒哀悲之气,性也""好恶,性也"。这就是对性情关系的表述。汤先生进一步联系荀子观点。《荀子·天论》中说:"好恶喜怒哀乐臧焉,夫是谓之天情。""臧"者"藏也",好、恶、喜、怒、哀、乐是内在于人的天生的情感,"情"是内在于人的天性,"感物而动"而发之于外的表现出来的人的感情。《荀子·正名》中说:"性之好、恶、喜、怒、哀、乐,谓之情。"人性中的喜、怒、哀、乐就是情。汤先生又从《语丛一》《语丛二》等典籍中总结出"情生于性""性静情动"说①。

但也有学者认为郭店楚简《性自命出》等篇中的"情"的内涵,仍然是"真实",而不是"情感"之义。持此观点的刘悦笛先生认为,《性自命出》最著名的提法就是:"性自命出,命自天降,道始于情,情生于性。"按照这种宇宙模式,儒家的这个支派就形成了"天—命—性—情—道"的生成图式和发展逻辑。作为连通"性"与"道"的中介环节,"情"的意义往往被解释为"实情"②。"情"在不同语境中虽有多种分析的含义,但在先秦思想体系中,皆在性情论中讨论、界定"情"③。

哲学领域对儒家及先秦儒家情的思想的研究,为我们研究先秦儒家情本教育思想提供了丰富的思想材料。但从哲学角度,尤其是从西方哲学的角度,"情感"是被摒弃在哲学之外的,甚至是与理性、思辨对立的。只是在伦理学和美学领域,情感才进入他们的视野。在心理学领域,"情"皆等同于"情感",且有着丰富细腻的研究。但这些"情"的含义和我们研究的先秦儒家的"情本"思想,有本质不同。本书所探讨的"情",是在先秦中国传统哲学语境下的"情"。这个"情"不同于现代心理学的情感,而是一个哲学概念。这个"情"是中华文化背景下的特有词汇,存在于由先秦"道""心""性""天""诗""礼""乐"等概念共同支撑的哲学体系中。先秦时期,"情"和"性"的关系是争论的焦点。儒家经典中充斥着大量的和情感有关的词汇,如"仁""爱""忠""恕""恭""宽""信""敏""惠"。当然这些词汇只是"情"的外延。

需要说明一点,关于情感,西方有一个"情感主义"哲学流派,确切地说,它是伦理学的一个流派。情感主义伦理学认为,道德出于情感。道德是由个人的兴

① 汤一介.瞩望新轴心时代——新世纪的哲学思考[C].北京:中央编译出版社,2014:184-187.
② 刘悦笛.儒家生活美学当中的"情":郭店楚简的启示[J].人文杂志,2009,(4).
③ 丁四新.论郭店楚简"情"的内涵[J].现代哲学,2003,(4).

趣、爱好所决定的,情感是纯粹个人的、主观的,因此道德是主观的、相对的、非科学的。它是一种价值相对主义思想,它将"真"和"善","真理"和"价值"对立起来。在对情感的重要性的认识上,这种思想与先秦儒家是一致的,但其"情感"与先秦儒家的"情本"思想,在内容和逻辑思维上都有所不同。就情感与价值和真理的关系而言,儒家追求的是真善美的统一,其"真"不是逻辑上的真,而是真实无妄,是"真情实感"。

　　从以上研究分析可以看出,从现代心理学角度论述儒家情感教育以及道德情感教育的研究不少,从传统哲学和思想的角度研究先秦"情"的论述也较多。而且,这些研究多把"情"限定为"情感",虽然也注意它的思想背景,但这种"情"不是本书的"情本"的含义。另外,从传统哲学的角度研究先秦儒家"情本"教育思想的几乎没有,而从该角度提出先秦儒家"情本"教育思想课题的研究更是未见。可见,这个领域是一片有待发掘和开垦的处女地。也说明,站在中国思想、思维的立场,研究中国教育思想的特点,是一个多么迫切的课题。本书旨在从先秦儒家思想原典出发,通过对先秦儒家情本教育的发掘,梳理出先秦儒家情本教育思想基本范式,为今天的教育及道德教育探索一个新的角度,也为当代教育提供借鉴。

三、概念解析

　　儒家所谓"名不正则言不顺,言不顺则事不成"(《论语·子路》),荀子有《正名》篇,也说"王者之制名,定而实变,行而志通"(《荀子·正名》)。在儒家思想中,"正名"是社会秩序正常进行的前提。那么,一项研究工作,研究的核心对象也需要厘清。

(一)"先秦儒家"

　　"先秦"这个概念,首先是中国历史学名词,指的是"先秦时期"。《现代汉语词典》中的相关界定是:"指秦统一以前的历史时期,从远古起(公元前二十一世纪),到公元前221年秦始皇统一全国为止。一般指春秋战国时期(公元前770年—公元前221年)。"[①]学界一般将秦统一以前的历史时期称为广义的先秦,将

　　①　现代汉语词典(第5版)[Z].北京:商务印书馆,2005:1472.

春秋战国时期称为狭义的先秦。本书定位于狭义的先秦,即春秋战国时期。这个时期被雅斯贝尔斯视为中华文明史上的轴心时期①。这个时期,中华大地上出现了一批批内涵丰富、影响深远的原创性哲学及教育思想,奠定了中华民族独特的精神取向,后世思想以此为源头延续。"轴心突破以后的独特精神取向在该文明的发展中起着长期的引导作用……中国和印度在突破后一直顺着以往的方式生活下来,与传统没有中断过。"②当然,春秋战国时期的思想也是植根和发源于前面漫长的三代时期,研究中不可避免会前溯三代,尤其是西周时期。而春秋战国时期也是个大变革时期。春秋时期,周代礼乐文化下移,战国时期,诸侯耕战文化崛起。这两个阶段,思想家们的思想还是有明显的时代差异的,但也有承接顺延性,要解释一个学派的思想,割裂开来是说不清的。

为什么是"先秦儒家"? 先秦时期是中国学术的原创期。孔子对先秦文献与文化有整理融汇之功。孔子整理"六经",传"六艺",都是集周代优秀文化于一炉。孔子将"仁"注入"礼",对周代文化作了创造性的改造,形成了稳定的儒学思想滥觞。《孔子世家》概括得明白:"孔子之时,周室微而礼乐废,诗书缺。"孔子整理文献,使文脉得以传承,孔子自诩"文王既没,文不在兹乎?"(《论语·子罕》)。

战国时期,孟子、荀子都是沿着孔子脉络发展的。而后世诸儒无非是依托孔孟荀的儒学框架,根据时代侧重某一方面要素并加以阐发而已。但也正因为如此,形成不同面目的儒学和孔子。所以,本书选择"先秦儒家"也是为了从源头着手,从元典真义出发,以还原儒家原初的真实的本来面目。朱光潜在评价维柯《新科学》的"历史方法"时指出:"事物的本质应从事物产生的原因和发展的过程来研究。"③事物的起源决定了事物的本质。先秦哲学思想是人类进入文明时代之后的精神形态,其起源和过程决定了整个中华文明的特质。关于那个时代的特征,王国维先生在《静安文集·论近年之学术界》作了如下描述:"自周之衰,文王、周公势力之瓦解也,国民之智力成熟于内,政治之纷乱乘之于外,上无统一之制度,下迫于社会之要求,于是诸子九流各创其学说,于道德政治文学上,灿然放

---

① "轴心时代"的概念由雅思贝尔斯在《历史的起源与目标》中提出。该书德文原本成书于1949年,但其实类似的提法早就有。去世于1920年的马克斯·韦伯有"先知时代"的提法,去世于1946年的我国学者闻一多先生在《文学的历史动向》(该文作于1943年,收录于《神话与诗》一书中)一文中也有类似的表述。

② 余英时.论天人之际——中国古代思想起源试探[M].北京:中华书局,2014:11.

③ 朱光潜.西方美学史(上卷)[M].南京:江苏人民出版社,2016:281.

万丈之光焰,此为中国思想之能动时代。"①所以,本书的"先秦儒家"思想,主要以孔子、子思、孟子、荀子思想为根本依据。

后世儒家在各自的历史环境中取得了辉煌的成就。汉代,儒学成为官学,"经学"也由此形成。中国历史上形成了汉、宋两个儒学学术高峰。但也由于历史的原因,其学术思想史也有其时代的缺陷。汉代经学繁盛,《论语》等经典均设有博士。但儒生司仪改造发展,夹杂着一部分阴阳五行学说,最后陷入谶纬迷信的泥淖,逐渐疏离了传统儒学人本主义精神,儒学也渐渐失去生命力。而为统一经义的解释,汉代皇帝先后主持召开了石渠阁会议和白虎观会议。尤其白虎观会议,参加者包括将、大夫、太常以及下属博士及博士子弟,有议郎、郎官等,历时数月而形成了《白虎通义》。《白虎通义》不仅包括谥号、祭礼、致仕、考黜、纲常等制度性问题,且包括天道性命问题,且很多问题的解读由汉宣帝亲自裁决。"上亲称制临决焉"(《汉书·宣帝纪》)的结果是皇帝主导了经义的最终解释,使得儒学的独立性和对于社会现实的批判性都大大降低。儒家虽由诸子百家中的一家而跻身于百家之上,社会影响进一步扩大,但精神生命层面的独立性的损失却是无法避免的。即使被称为儒学的第二个高峰的宋明理学也同样如此。近代大儒熊十力先生肯定宋明理学诸子在推进儒学方面的贡献,但也不无遗憾地指出:"宋儒已失却孔子广大与活泼的意思。"②

秦汉以降,儒学变迁,情性分裂,情善性恶。宋明"存天理灭人欲",一定程度上"理"超过"情"占了上风。明中叶以及清末,康有为、谭嗣同一直到五四运动,虽有自然人性论对情欲的高度肯定和昂扬,却仍然缺乏哲学论证。其后,它又很快被革命中的修养理论、阶级斗争的意识形态所压倒、摧毁。现代新儒家的研究形成了道德形而上学的理路,这在实践上和理论上忽视了对情本思维的发掘与建构。本书就是重拾先秦儒家情感思想、思维的一次努力。这种努力不是凭空建构,而是立足于先秦儒家所处的实实在在的历史基础。所以,我们要回到起点,回到先秦。

需要说明的是,儒家不是纯粹的思辨的哲学流派。他们的思想是对当时社会的应对和反馈。春秋战国百家争鸣,有争鸣就有批评。先秦儒家推崇周制,提倡克己复礼。但其他门派不一定这么认为,比如墨、法、道各家,不同门派甚至提

① 王国维.静庵文集[M].上海:商务印书馆,1940:94.
② 熊十力.熊十力全集·附卷(下)[M].武汉:湖北教育出版社,2001:1358.

出了截然相反的学说。他们的哲学思想也是对当时重大的社会变革做出反应并提出方案的一种表现。如《周易》所言："是故形而上者谓之道,形而下者谓之器。化而裁之谓之变,推而行之谓之通,举而错之天下之民谓之事业。"(《周易·系辞上》)对"道""器"的思考和关注,目的是最终回应关切人生的紧迫问题。

在我国春秋战国之际创造的辉煌灿烂的原创性学说谱系中,蕴涵着十分丰富的原创性教育学说。研究春秋战国之际原创性教育学说,特别是儒家的教育学说产生的历史动因,揭示其原创精神的特质,纠正千百年来僵化的偏颇认识,发掘其固有的学术精华、闪光的精神境界,将对在新的历史条件下教育理论创新和教育实践的革命性变革具有重要的启发与借鉴意义[①]。

(二)"儒家思想教育"与"儒家教育思想"

这两个概念我们要稍作厘清。"儒家思想教育"是如何传播、教学儒家思想。"儒家思想"是教育的内容。从儒家的经典到儒家的仁义礼智信等伦理,都是教育的内容。今天的读经热、国学热,其目的基本都是传播儒家思想,都属于"儒家思想教育"。"儒家教育思想"是儒家思想中关于教育的部分,是儒家的教育活动以及教育理念、内容、方法等思想的总结。当然,将儒家教育思想作为研究对象单独列出来是近代的事情。原初的先秦儒家思想和儒家教育思想是整合在一起的。二者也有密切的联系。儒家思想是儒家对人生、社会、人与自然的关系等问题的看法,从内容到内在的思维理路必然会影响儒家的教育活动,并形成教育思想。本书的研究对象是"儒家教育思想",但依托于"儒家思想",最终目的有二:一是梳理、建构儒家的教育思想,二是在理解儒家的教育思想后以求更好地认识和传播儒家思想,也就是进行儒家思想教育。

(三)"情本"初释

综上所述,众多研究都认为中华民族的文明是"重情""尚情"的文明。但是,中华民族的"情"不同于现代心理学的情感,它是一个情理结合、性情相生的结合多种传统因素的综合体。它存在于由先秦"道""心""性""天""诗""礼""乐"等概念共同支撑的思想体系中。

"本"即中文"本体"一词的简称。"本"指本根、本来,"体"指实体、状态等。

---

① 杨冰.回眸与超越[D].东北师范大学博士论文,2010.

中国文化中的本体即指最根本最真实的存在、最后的存在,是生生不已、有生命性的。这和西方哲学的"本体论"思想的"本体"概念不同(第三章再述)。这一点,李泽厚、陈来、成中英等学者有基本共识。只是,到底什么才是中国思想体系的"本体",各有不同认识。本书借助李泽厚的说法,认为以"情感"为主要内容的人的内心世界为出发点,立足于人的现实世界的"实情",是儒家建立其思想体系的根本,故称"情本"思想。这是我们研究先秦儒家思想的一个角度和脉络。关于中国思想的本体有不同说法,甚至有"多本体"的说法。本书中的"情本","情"是内容,更是一种思维方法和思维体系。本书就是分析、建构以"情"统领、贯穿其中的这样一种思维体系,此所谓"情本"是也。这是一种分析、认识先秦儒家教育思想的视角和思维,并不是排他的唯一的界定,更不是要将中华文化或教育思想的特征定于一尊。

四、研究方法

　　任何一个课题的研究,研究方法至关重要。研究方法是指在研究中发现新现象、新事物,或提出新理论、新观点,揭示事物内在规律的工具和手段。教育学作为一门社会科学,是不断地随着一般科学研究方法的演进而发展的。但是教育研究的对象往往是复杂的,很难用自然科学的某种技术性方法解决问题。采用什么样的方法,首先要认清研究对象的特征,然后采取相应的方法。教育研究方法论在纵向上由三个部分构成,即教育哲学、教育科学和教育技术。本书主要从教育哲学层面展开研究,但又不是单一的哲学思辨。本书涉及思想史、教育原理、教育史等多个领域。本书的基点是先秦的历史。基于历史的研究,史学界的方法值得我们借鉴。刘学照先生曾有指导:"至于拨开史学规范方面的迷惘,我以为根本之法在于正确地把握'一导多元'。所谓'一导',就是史学研究中的马克思主义指导。所谓'多元',就是多方吸取和运用传统史学和现代各社会科学的研究方法。中国现代史学的成长之路表明,不讲'一导'只讲'多元',史学就会汗漫而迷惘;只讲'一导'不讲'多元',史学就会孤蔽而偏枯。"①所谓"一导",就是用马克思主义的辩证唯物主义和历史唯物主义为指导。"多元",指研究视角、

---

① 刘学照.走出困境,把握机遇[N].光明日报,1997 - 04 - 22(5).

基本研究原则和具体研究方法应多样化①。所以,科学的历史主义原则是本研究的根本指导思想。任何一种思想都是一定社会历史条件的产物,先秦儒家思想也是在当时的历史环境下产生的,应将其放入当时的时间、地点和条件下,放在其赖以生存的政治、经济、文化等基础上去研究,以考察其来龙去脉,以及其在历史长河中的作用和地位,而不能用今天的观点、甚至西方的标准和观点简单评价。

(一) 文献分析法

文献分析是研究古代思想最基本的方法。我们研究两千多年前的历史、思想,主要依据就是古籍文献。同时考古界新发现的成果也需要我们时时关注。王国维先生提出历史研究二重证据思想:"纸上之材料"与"地下之新材料",即把发现的考古史料与古籍记载结合起来以考证古史的方法。对于本书来说,主要还是依据古籍文献。所以,我们尽可能大力占有先秦文献资料,尤其是和先秦儒家经典直接相关的资料,同时要关注近些年新发掘的文献、实物资料。之后根据历史的逻辑与相应的方法分门别类加以整理。从历史文本本身出发,可以避免先入为主的理论预设和理论套用。本书所分析的文献如下:

(1) 儒家经典,如《诗》《书》《礼》《易》《春秋》《论语》《孟子》《荀子》《孝经》《左传》等。

(2) 关于儒家思想的文献。全面了解儒家思想当然不仅限于儒家经典,还有《韩诗外传》《说苑》《新序》《孔子家语》《孔子集语》,以及近些年新发掘的《郭店楚简·性自命出》《郭店楚简·语丛一》《郭店楚简·语丛三》《上博楚简》《五行》等。

(3) 后世研究儒家思想的相关著作,如《史记》《汉书》《四书章句》《十三经注疏》等。

在文献分析方法上,本书采用纵横分析的思维。

(1) 纵向分析:先秦儒家思想有一定的时间继承性,本书以著名人物或重要著作为中心,按照历史顺序依次探讨,以便对各个著名人物或重要著作的情感思想有一个全面而深入的了解。

(2) 横向分析:先秦儒家虽在孔子的贡献下成为一个学派,但孔子、曾子、子思、孟子、荀子关注和讨论的问题又各有偏重。本书以情本思想的问题意识为中

---

① 汪凤炎.中国心理学思想史[M].上海:上海教育出版社,2008:26.

心,以逻辑为进路,不拘泥于人物和著作的先后,打破历史顺序,一个问题一个问题地探讨。这样可以把一个个与情本相关的材料集中起来,联系、对比、分析、综合,搞清楚它们的来龙去脉和演变路径。

纵向横向两种研究方式并非截然分开,而是有内在联系的。做纵向梳理时,不忘横向联系,做横向分析时,不忘纵向演变。

同时也要注意当前学界(主要以叶舒宪先生为代表)提出的"四重证据法"[①]。该方法将历史分为"大传统""小传统"。以文字诞生为节点,按历史纵向发展,将文字诞生以前的文化定义为"大传统",将文字诞生以后的历史定义为"小传统"。在没有文字的历史时期,文化是通过口耳相传和仪式得以表现和延续的,这是"第三重证据",即口传与非物质文化遗产,图像实物为第四重证据。这种研究方法是对王国维"二重证据法"的补充和完善,对我们的研究也有借鉴意义。

(二) 系统比较法

儒家思想不是孤立地产生和发展的,它根植于时代,也受同时代其他文化的影响。而要认清儒家思想,将其与其他文化语境中的思想进行比较是必要的手段。因此我们研究先秦儒家情本教育思想,不能就先秦看先秦,就儒家看儒家,而要把先秦儒家放在中外哲学思想的大系统中,比较分析,综合对照。我们将先秦儒家和后世儒家比较,将先秦儒家和当今儒家比较,也将先秦儒家和西方哲学及教育思想比较,以求对先秦儒家情本教育思想有一个全面的认识。

1. 外部系统比较法

人类文化和思想在整体上有很多相通的地方,否则不同文化间很难互相了解。所以西方的有些概念、思想,本书也将参照并引入研究中。但,我们依然保持警惕,西方文化传统中一些特有的概念、观念,在中国文化、学术中找不到相对应的东西;反过来,中国文化中的许多概念、观念,在西方文化中也完全找不到踪迹。所以我们也要避免拿西方的观念来穿凿附会。余英时先生曾说:"二十世纪以来,中国学人有关中国学术的著作,其最有价值的都是最少以西方观念作比附的……如果治中国史者先有外国框框,则势必不能细心体会中国史籍的'本意',而是把它当报纸一样的翻检,从字面上找自己所需要的东西。"[②]这是本书要极

---

①　杨骊,叶舒宪.四重证据法研究[M].上海:复旦大学出版社,2019.
②　何俊.余英时学术思想文选[M].上海:上海古籍出版社,2010:103.

力避免的。

2. 内部系统比较法

中国古代思想是一种整体性思想,其特点就在于它内在要素的结构性构成了其特有的运作机制。就先秦学术思想以及先秦儒家思想内部而言,我们先分解要素,再系统比较分析,找出各要素间的内在联系。内部有两个层面:先秦学术思想内部、先秦儒家内部。就先秦思想内部,儒、墨有别,儒、道也有别。参照比较可更清楚地看出先秦儒家思想的情本特征。而虽同属于先秦儒家,从孔子到荀子,其儒家思想有一个成立、发展、发挥的过程。子思、孟子、荀子皆对孔子创立的思想有发展、发挥之功。包括情本思想,发端于孔子,发展于孟子,荀子再有总结、发挥之功。

(三)语义分析法

语义分析法是西方结构语义学家参照音位学中关于音位区别性特征的描述而提出的一种分析方法,认为单词不是不可分割的整体,而是由一些更小的基本意义要素组成,不同基本意义要素的组合形成了不同单词的意思,这是语义分析法的核心思想。中西方文字有别,我们虽不能采用西方语义分析法的具体方法,但其思路是可以借鉴的。本书的语义分析法结合了中国传统的训诂法,又用本学科的理路进行分析关照,具体是指:从纵的方向剖析某一关键术语的原始含义及其后的变化义,从而澄清此关键术语的本来面目,然后再用教育学的眼光进行关照,界定此关键术语在本研究对象中的准确内涵。汉语是象形文字,历史又极其悠久,从甲骨文算起距今也有三千多年。在漫长的汉字使用、演化史中,汉字在字形和字义上都发生了诸多变化,以至于今天很多汉字已经完全脱离了它最初的含义。这就需要我们用语义分析法去还原这些文字及其含义。比如"情",以及围绕着"情"的"礼"等的概念。

五、研究难点

研究思想史,我们都希望"回到古人的世界去理解古人",这样才能尽可能贴近古人,但这又何其难也。历史场景移步换形,相应的思想载体(从文言到白话)、技术符号术语(从篆隶到简体,乐舞谱式从工尺谱到五线简谱)等都发生了变化,给我们理解古人思想带来了阻碍。

(一) 文献的问题

先秦时代久远,历史文献保留困难,所留文献有限。现有文献也经后世整理、编撰,多有演变,甚至真伪不定,不断有学者怀疑其可靠性,对我们研究先秦儒家情本思想有一定的影响。我们的研究既需要在已有的历史经典中爬梳,又要关注学界考古的最新发现。研究需要多方参照,披沙沥金,方能抽丝剥茧,把握先秦儒家情本思想要旨。除了文献之外,还有其他材料的使用问题,比如前文提到的"四重证据"。本研究属于教育思想研究,并非历史考古、考据研究,如何在很多尚存争议的考古、考据的研究成果中,判断、分别、汲取正确而有益的材料、思想,是对研究者视野和洞察力的考验。

(二) 语言的问题

中国哲学思想是由先哲们所使用的特有的词语表征出来的。中国思想史的研究也可以说是对这些重要词汇的研究。但是,由于古今语言的隔阂,也由于中国哲学的特点,先哲们阐述哲学思想时并没有严格下定义的习惯和规范,所以后人对哲学名词的理解和体认往往会有些混乱。正如张岱年先生所言:"对于过去哲学中的根本概念之确切意谓,更须加以精密的解析。古人的名词,常一家一谊。其字同,其意谓则大不同。"①同一抽象名词的内涵,不仅随时代之演变而演变;即使在同一时代,也因个人思想的不同而其内涵亦不同。所以,如何以发展的观点,整体地、动态地探索这些名词的内涵在历史中的演变轨迹及其演变的条件,是本研究的难点。在涉及一些概念的解释时,我们也尽可能采用"以经注经""以史证经"的方法,力求贴近概念本义。

(三) 参照系的问题

本研究的研究对象是"先秦儒家情本教育思想",并试图梳理出一套思想范式和体系。研究问题少不了借鉴参照其他已有思想体系。但是,无论从哲学领域还是从心理学以及教育学领域,都很难找到一个对应的参照体系。因为哲学、心理学、教育学都是在西方的概念和体系下建立的。而先秦儒家的思想和整个先秦思想,是不同于建立在近代科学基础上的西方学术体系的。长期以来,研究

---

① 张岱年.中国哲学大纲[M].南京:江苏教育出版社,2005:18.

中国哲学、中国心理学、中国教育学的学者们一直都在尝试根据中国古代思想的特点建立一套中国人自己的思想的学术体系,但总是不能令人满意。儒家思想,包括本书所称的"先秦儒家的情本思想",以及先秦儒家提出的很多概念,都和今天人们普遍认为的不同。比如"情"和今天心理学中的"情感"是有区别的,还有很多概念如"性""义"也是西方哲学所没有的,其思想体系、思维方式都是独特的。在缺乏参照系的情况下,用先秦固有的概念和系统去挖掘和整理先秦儒家情本思想,并合理、科学而又真实地还原先秦儒家情本教育范式,是本书要极力解决的问题。当然,即便没有直接的正向的参照系,反向的参照系也是可以寻找的。西方具体指基督教文化背景下的西方哲学体系。如果与西方思想参照、比较,更难看出中国先秦思想的特点。西方的汉学家对此也有清楚的认识:"大多数孔子诠释者(无论是来自盎格鲁—欧洲传统,还是借助于西方哲学范畴进行诠释的中国学者)的缺失,根本可归因于一直以来都没能找到能阐明那些主导中国文化传统的独特的理论前提。我们所认识到的中国文化传统的这些理论前提恰恰不是那些能与我们自己文化传统主流思想家所共享的认识。"①我们可以借鉴西方哲学的科学精神,但不能参照其理论前提和科学体系。连这些西方学者都想帮我们正本清源:"我们也告诫深受新儒家思想侵染的中国学者,我们这里试图要诠释的是展现在《论语》中的孔子的形象,而非他的新儒家弟子们所发展的孔子思想,尽管那些思想名气很大。"②这一点,笔者也深有同感,笔者读了很多所谓的新儒家阐释的所谓的"儒家思想""孔子思想",其实是夹杂了他们自己私货的思想,有的甚至可以说是打着儒家和孔子的名义借尸还魂。

(四) 场域的问题

教育是一种特定的活动,当我们研究教育的时候,往往着眼于有实际痕迹或形式的教育,比如课堂、学校,然后归纳总结提炼。中国的教育有着漫长的历史,《尚书·舜典》中已记述舜命契为司徒教化人民:"帝曰:契,百姓不亲,五品不逊,汝作司徒,敬敷五教,在宽。"《孟子》载:"夏曰庠,殷曰序,学则三代共之。"夏就已经有学校了,后代亦如此。但是,历史太久远,整个先秦我们也很难找到一个具体的教学实录的记载,而儒家的教育活动也并不同于我们今天的教育模式。

---

① [美] 郝大维,安乐哲.通过孔子而思[M].何金俐,译.北京:北京大学出版社,2005:12.
② [美] 郝大维,安乐哲.通过孔子而思[M].何金俐,译.北京:北京大学出版社,2005:13.

所以当我们讨论先秦教育、先秦儒家教育的时候,我们不是在一个具体的教育场域里谈,而是立足于那个时代的文化。而儒家教育的特点恰恰就在于它是由其文化精神孕育出来的育人之道。这种精神和育人之道,不仅仅是靠学校完成的,几乎无时无地不在发挥教育作用。说到底,先秦教育是建立在当时的宇宙观、天道观基础上的一种人道观。但是,当我们做研究时,就要条分缕析地抽取开来讲。如何从教育文化的角度抽取教育思想,而又不被文化、思想、历史所淹没,这也是对本研究的一个考验。

第二章　先秦儒家情本思想产生的基础

　　孔孟所在的春秋战国时期,是中华文化百花齐放的灿烂时期,但任何一次辉煌就如任何一次衰败一样,一定是经历了一定的历史积淀才形成的。先秦儒家思想之所以能成为人类轴心文明的一极,虽说离不开孔孟等人天才般的资质,但也不可能是他们仅仅靠着天资凭空创造的。它必然立足于这个民族创造的物质和精神财富的土壤之上,甚至那个大时代的整个人类文明智慧的土壤。今天的考古已证实,《山海经》《穆天子传》等典籍中的神话传说并非完全杜撰。在孔子之前,中西就开始了贸易、文化的交流。西方尤其是中亚的文化已经开始影响中原。钱穆先生曾说:"孔子亦由中国文化所孕育,孔子仅乃发扬光大了中国文化。换言之,因其在中国社会中,才始有孔子。"①"在孔子之前,中国历史文化当已有两千五百年以上之累积,而孔子集其大成。"②

　　中华文明从有文字(甲骨文)开始算起,也有四千年的历史。以汉字为载体的中华文明在几千年中得以传承,并不断出现高峰,与中华民族注重教育有直接关系。在先秦百家中,儒家一直以教书育人为己任,教育是儒家的传统。孔子、曾子、子思、孟子、荀子都是伟大的教育家,他们都把教育与政治、经济、伦理看作辩证统一的关系,教育既是手段也是目的。《礼记·学记》的概括最清楚:"建国君民,教学为先。"孔子的教育活动漫长而卓著,首开私学,弟子三千,贤人七十二,各有所长,在各自的领取取得成绩。孟子曾游学于稷下学宫,"后车数十乘,从者数百人"(《孟子》),自称人生有三乐,其中之一即教育:"君子有三乐,而王天下者不与存焉。父母俱存,兄弟无故,一乐也;仰不愧于天,俯不怍于人,二乐也;得天下英才而教育之,三乐也。君子有三乐,而王天下者不与存焉。"(《孟子·尽

---

① 钱穆.中国学术思想史论丛(卷一)[M].合肥:安徽教育出版社,2004:176.
② 钱穆.孔子传[M].北京:生活·读书·新知三联书店,2002:1.

心上》）

孟子继承和发挥孔子的教育思想。孟子说："善政者不如善教之得民也。善政，民畏之；善教，民爱之。善政得民财，善教得民心。"（《孟子·尽心上》）一方面，主张"设为庠序学校以教之"（《孟子·滕文公上》），加强学校教育；另一方面，要求当政者身体力行，率先垂范，以榜样的力量，教化百姓："君仁，莫不仁；君义，莫不义；君正，莫不正。"（《孟子·离娄上》）教化的目的，就是要百姓"明人伦"，以建立一个"人伦明于上，小民亲于下"（《孟子·滕文公上》）的和谐融洽的有人伦秩序的理想社会。

荀子在稷下学宫"三为祭酒"。他主张："不教诲，不调一，则人不可以守，出不可以战；教诲之，调一之，则兵劲城固，敌国不敢婴也。"（《荀子·强国》）因此，"国将兴，必贵师而重傅……国将衰，必贱师而轻傅"（《荀子·大略》）。"君师者，治之本也。"（《荀子·礼论》）这种以教育国君扶助社稷的精神是儒家一脉相承的思想。唐代的杜甫依然深受影响，所谓"致君尧舜上，再使风俗纯"是也。

教育当然是创造、传播、传承思想和文化的手段。但是教育思想也是在一定的文化环境中产生的。先秦儒家的教育思想不是孤立的，而是和当时的政治、经济、伦理等整个社会结合在一起的。教育和文化之间形成了一种互动关系。什么样的文化形成什么样的教育，而教育活动在进行的过程中，也塑造了文化。文化与教育是互为表里的。要了解先秦儒家的情本思想，我们首先需要尽可能回到历史，回到现场。

一、历史基础：人文主义的滥觞

首先我们必须以一种历史唯物主义态度还原那个时代的历史基础。孔子推崇礼乐文化，而礼乐文化产生的西周已经具有了浓厚的人文主义色彩。"人文主义"一词虽由近代西方而来，但不等于人文主义思想唯西方独有。人文主义一般指的是欧洲文艺复兴时期与神本主义相对立的社会思潮。这个时期的特点是"人本"对"神本"的去魅。后来社会发展赋予人文主义不同内涵，比如现代社会的人文主义，其内涵往往相对于科学主义而提出。人文主义的含义及其演变有一个复杂的历史过程，本研究无意赘述。但它将人从神和宗教的束缚中解放出来，承认人的自然本性，肯定人的价值，与中国的周代有相似之处。故，本研究用这个词描述周代的思想特征。

周朝是中国社会形态、政治思想奠基的关键时期。王国维在《殷周制度论》中说:"中国政治与文化之变革,莫剧于殷周之际⋯⋯殷周间大变革,自其表言之,不过一姓一家之兴亡与都邑之移转;自其里言之,则旧制度废而新制度兴,旧文化废而新文化兴。"[①]虽然有学者认为王国维的论断有夸大之虞。但殷周更迭,较夏殷更迭的变革程度之大是大家公认的[②]。周代的变革的一个特点就是人本主义思想的产生。"殷人尊神,率民以事鬼,先鬼而后礼。"(《礼记·表记》)殷商统治者重鬼神而轻人事,是其灭亡的直接原因。殷鉴不远,以周武王、周公旦、召公为代表的西周贵族统治者产生了深深的忧患意识。周公告诫武王:"我受命无疆惟休,亦大惟艰。告君,乃猷裕我,不以后人迷。"(《尚书·周书·君奭》)天命授予了周人,是莫大的喜庆,但也有无尽的艰难。要告诫后人,不能再犯错误! 召公也告诫武王:"惟王受命,无疆惟休,亦无疆惟恤。呜呼! 曷其奈何弗敬?"(《尚书·周书·召诰》)提醒武王要谨慎对待天命。《尚书·周书》中这样的告诫比比皆是。

周人吸取殷亡之训,最后总结道:"皇天无亲,惟德是辅。民心无常,惟惠之怀。"(《尚书·周书·蔡仲之命》)"德"与"民心"成为他们施政的中心问题,于是形成了两个施政理念:"敬德"与"保民"。

(一) 敬德

"德"字在周代金文中多次出现,并且加了"心"字符(见图 1),而该字在《尚书·周书》中出现 128 次,在《诗经》中出现 73 次。[③]李泽厚认为,它是由原始巫术礼仪的规范转化而来的氏族的习惯法规。当时的国家主要有两件事:祭祀与战争,所谓"国之大事,在祀与戎,祀有执膰,戎有受脤,神之大节也"(《春秋左传·成公十三年》)。"德"可能就是在这些氏族重大活动中所形成的不成文的法规。对这些法规的遵守,逐渐转化为对君王行为、品格的要求,最终才转变为个体心性道德的含义。

周公称赞文王之德:"惟乃丕显考文王,克明德慎罚,不敢侮鳏寡,庸庸,祗祗,威威,显民,用肇造我区夏。"(《尚书·康诰》)至于"敬德"的具体要求,则有

---

① 王国维.观堂集林·第十卷[M].北京:中华书局,1984:25.
② 沈长云.论殷周之际的社会变革——为王国维诞辰 120 周年及逝世 70 周年而作[J].历史研究,1997,(6).
③ 刘成纪.中国艺术批评史·先秦两汉[M].合肥:安徽教育出版社,2015:70.

"无逸""无康好逸豫""孝友""不腆于酒""知稼穑之艰难""克自抑畏"之类。在这样的道德修养规范下所施行的政治,便可称得上是"德治"。而召公对成王劝勉曰:"王其疾敬德,王其德之用,祈天永命。"(《尚书·召诰》)"我不可不监于有夏,亦不可不监于有殷。我不敢知曰,有夏服天命,惟有历年;我不敢知曰,不其延。惟不敬厥德,乃早坠厥命。我不敢知曰,有殷受天命,惟有历年;我不敢知曰,不其延。惟不敬厥德,乃早坠厥命。今王嗣受厥命,我亦惟兹二国命,嗣若功。"(《尚书·周书·召诰》)召公总结,夏和殷都是因为不重视行德,才遭到了灭亡的命运。我们也该思考他们的命运,继承其功业,汲取其教训。

　　这是西周统治者极其重要的精神觉醒,只有"敬德"才能保持国运长久。"德"成了他们行事的准则。"先君周公制周礼曰:'则以观德,德以处事,事以度功,功以食民。'"(《左传·文公十八年》)"德"字在西周的金文中增加了"心"符(见图1),这时候"德"不是外在的道路的选择,也不是外物的"得"到,而是伴随着心灵的情感的体悟和精神性的内涵。周人从关注人的自然属性,开始关注人内在的美德和人的心灵世界的价值。由此,周代把"德"放在极其重要的地位,"明德配天","德"成了天与人之间的中介,也成为人与人的中介,进而成为人的一种属性。

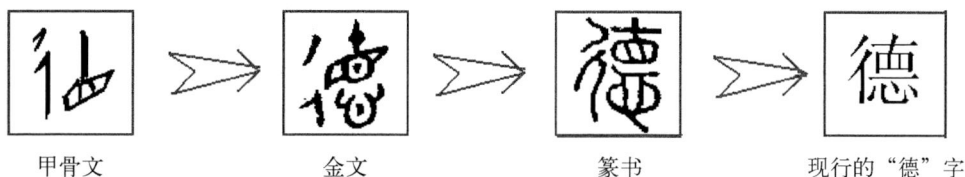

甲骨文　　　　金文　　　　篆书　　　　现行的"德"字

图1　"德"字的演变过程

(二) 保民

　　殷商的覆灭使周人意识到人民的力量,人心向背才是一个国家命运的决定性因素。战国时期孟子对此的总结很到位:"桀纣之失天下也,失其民也;失其民者,失其心也。得天下有道:得其民,斯得天下矣;得其民有道:得其心,斯得民矣;得其心有道:所欲与之聚之,所恶勿施尔也。"(《孟子·离娄上》)所以,他们开始重视民众。周成王曾经告诫将被封到殷地的弟弟康叔,到了殷地要学习殷朝曾经的贤明君主管理百姓的方法,保护好当地百姓:"往敷求于殷先哲王用保乂民,汝丕远惟商耈成人宅心知训。别求闻由古先哲王用康保民。"(《尚书·周

书·康诰》）

为了周代基业的长治久安,周统治者消除殷商的鬼神色彩,否定其神权政治,开始了中国文化人本主义特色的滥觞。周代主张明德慎罚,敬天保民。为此"制礼作乐",建立了一套以"礼乐"为特征的制度。这套制度分"敬"与"礼"两个方面。"敬"是内心,"礼"是外显。先秦儒家就是在这样的背景下,继承和发展了周人的人文主义思想。这种思想使其视野从天帝转移到生民,更加注重民生现实。孔子是完全认可并希望继承周代的保民、民本思想的。

《论语》中哀公问政于孔子门生有若:

> 哀公问于有若曰:"年饥,用不足,如之何?"有若对曰:"盍彻乎?"曰:"二,吾犹不足,如之何其彻也?"对曰:"百姓足,君孰与不足? 百姓不足,君孰与足?"(《论语·颜渊》)

这是一种重民、富民的思想,减轻税负,藏富于民,国家便不可能贫穷。先秦儒家已深深认同这种思想,并将其发展为自身的学术主张。

但,周代的政治以及"礼乐"制度,也有其历史局限性。它毕竟代表氏族贵族阶层的利益。周公保民,但也只是把民当成其"臣民",等级之间相对封闭。

"礼"在周代的作用,《左传·隐公十一年》如是概括:"经国家,定社稷,序民人,利后嗣。"可见周礼在周朝是天纲大法,有至高无上的地位,也是周朝统治和管理社会的主要手段。具体如孔子所言:"丘闻之,之所由生礼为大,礼无以节事天地之神也,礼无以辨君臣上下长幼之位也,礼无以别男女父子兄弟之亲、昏姻疏数之交也。"(《礼记·哀公问》)礼就是要把已分化了的不同等级差异合理化、制度化、仪式化,做到"贵贱有等"(《荀子·礼论》)、"长幼有序"(《孟子·滕文公上》)、"男女有别"(《礼记·大传》)、"贫富轻重皆有称"(《荀子·礼论》)。所以,礼是以"一套象征意义的行为及程序结构来规范、调整个人与他人、宗族、群体的关系,由此使得交往关系'文'化,社会生活高度仪式化"[1]。"礼"更多的作用体现在其外在于人内心的规范。而所谓"保民",其最终目的只是保周朝统治"永命","王其德之用,祈天永命"(《尚书·召诰》),并非真正为了人民的福祉,并非真正的以民为本。

---

[1]　陈来.古代宗教与伦理:儒家思想的根源[M].北京:生活·读书·新知三联书店,1996:248.

到了春秋时期,随着周王室统治力量的衰弱,诸侯强大,维持其统治的这种"礼乐"已难存在。礼崩乐坏的时代来临。《汉书·礼乐志》云:"周道始缺,怨刺之诗起。"一时间诸子纷起,百家争鸣,各自表达自己的不满和治国理念。

儒家孔子的贡献在于主张恢复秩序,但同时对周礼进行时代性的改革。他不像墨子,"作为《非乐》,命之曰《节用》,生不歌,死不服……毁掉古之礼乐"(《庄子·天下》)。也就是说,孔子秉承并发扬了周代的人本主义精神,一是继承,二是改革。所以,孔子是保守派,但更多的是改革。孔子对周朝以及周礼的超越和贡献在于:第一,他打破"礼不下庶人"的传统。礼本来主要是氏族贵族的特权,但孔子以人道主义精神,认为每个人都应该依礼而生才能算是个人。第二,他"以仁释礼"。他给礼以精神内涵,且让礼有了心灵根源和依据,礼乐依天,更是以人的内心为出发点的。这是以"情感"为中心的各情本要素得以发生的思想基础。这是本研究的历史和思想基础。

二、思维基础:原始思维的肌理

史学界往往认为"轴心时代"是人类理性时代的来临。与中国老子、孔子并举的巴门尼德、赫拉克利特、苏格拉底、柏拉图等西方先哲,都怀着对本体论的浓厚兴趣,孜孜追求一种普遍性的概念,努力构建绝对真理的模式。西方哲学的脉络也就沿着这条理性之路延伸。此处,我们看到了东西方哲学的分野。在东方的中国,就孔子、《论语》来讲,我们看不到孔子对抽象的理论和思维的兴趣。儒家的众多经典,如《春秋》《论语》,或当时被称为"春秋外传"的《国语》等,基本上都是"微言大义"式的话语构建模式。它们不具有真理认知的特征,而是通过指示性的陈述,将事实置于各种实际关系之中,从而表达对事实的态度,也因而显示出个别性、即时性的特点。中国哲学思维的核心是关于人的存在、本质和价值的问题,即人生的意义问题,而不是关于自然界的存在以及如何认识自然界的问题。这种思维方式是迥异于西方的。

这种思想和思维无疑影响了先秦儒家的教育活动。就像《论语》所体现出来的,孔子往往通过形象化的语言、事例鼓励、启发学生接近真理,并指示路径,但从不直接表白最终真理,或直接以神圣权威、绝对命令的形式强行要求学生接受。孔子往往把主体的内在心理意识作为根本出发点,把内在意识的自我觉悟和自我实现作为根本目的,强调完成自我人格,实现自我价值。那么这种思维是如何而来的,具有什么具体特征呢? 我们借助"原始思维"理论一一分析。

"原始思维"是西方人类学对人类最初思维状态的一种表述,这一术语和思想可以帮助我们理解中国上古社会的文化起源和特征。不能将"原始思维"理解为"落后思维",原始思维是不同于现代理性化、科学化思维的一种原初而又最贴近民族本源特征的思维。"原始思维"不是对思维等级和地位的描述,而是对思维特征的表述。

(一) 人类原始思维的特征

先民最初的原始思维活动是混沌一体的。当时人们情理不分,知情意不分,思维方式具有整体性的特点。这种最初的思维状态,就被称为"原始思维"。原始思维是不是一种等级性的概念? 是不是一种落后的、低级的思维? 对此,文化人类学者早就展开过争论。从 1871 年英国人类学家爱德华·泰勒的《原始文化》,到法国社会学奠基人涂尔干的《宗教生活的基本形式》,再到法国资产阶级社会学家列维-布留尔(Levy-Bruhl,1857—1939),不一而足。列维-布留尔于1910 年发表了他的《低级社会中的智力机能》一书(二十世纪三十年代,苏联学者将此书以及列维-布留尔的其他关于原始人的论著一起翻译出版,取名《原始思维》)。列维-布留尔在这本书中把"地中海文明"所属民族的思维与不属于"地中海文明"的民族的思维进行了比较,实际上是把近代西欧发达的资本主义社会的所谓的"白种成年文明人"的思维与被他叫作"原始人""野蛮人""不发达民族""低等民族"的亚洲、非洲、大洋洲、南北美洲的有色人种民族的思维进行了比较。他得出的结论是,原始人的智力过程,与西方资本主义社会的所谓文明人的智力过程是不一致的。

列维-布留尔认为,"原始人"的思维是具体的思维,他们不知道因而也不会应用抽象概念的思维,尤其是这种思维完全不关心矛盾。它不追究矛盾,也不回避矛盾,它可以容许同一实体在同一时间存在于两个或几个地方,容许单数与复数同一、部分与整体同一,等等。从表象关联的性质上看,列维-布留尔又把这种思维叫作"原逻辑的"思维。总体来说,"原始人"的思维就是以受互渗律支配的集体表象为基础的、神秘的、原逻辑的思维。这就是列维-布留尔给"原始人"的思维下的定义。

列维-布留尔从一开始就站在"欧洲文明中心论"立场,其观点抱有明显的偏见。二十年后他有所更正,他在《作者给俄文版的序》中说:"'原始思维'一语是某个时期以来十分常用的术语……在人类中间,不存在为铜墙铁壁所隔开的两种思维形式——一种是原逻辑思维,另一种是逻辑思维。但是,在同一社会里,常常(也可能是始终)在同一意识中存在着不同的思维结构。"这又显然是指的全人类,其中也包括"地中海文明"。原逻辑思维或原始思维和逻辑思维,并不是区分思维优劣的标准①。

符号学也认为,早在科学世界产生之前,人们就已经生活在一个客观的世界中了。人们给予这种世界以综合统一性的概念,它们是神话的或语音的概念。卡希尔也称原始思维为"神话思维"。我国著名神话学者袁柯也说:"这种(原始)思维活动的特征,乃是以好奇为基因,把外界的一切东西,不管是生物或无生物,自然力或自然现象,都看做是和自己一样有生命、有意志的活物。而在物我之间,更有一种看不见的东西做自己和群体的连锁。这种物我混同的思维状态,法国学者列维-布留尔称之为原始思维;我们从神话研究的角度出发,可以叫它做神话思维。"

这与我们后来的科学概念不是同一种类型,也不处在同一层次上。而这种语言(如诗歌)与神话本身恰好构成了人类智慧的基础与起点。这是每个民族都有的类似的起点。现今的文化人类学学者都认为,原始思维不是一种低级思维,恰恰是人类最初时期一种伟大的思维方式,孕育出了各种伟大的文明。

概括起来,原始思维有如下特点,而中国古代思维也具有这些特点:

第一,直觉思维。诗是直觉思维最好的表现。意大利著名法学家詹巴斯塔·维柯在《新科学》中谈到,"在所有民族的历史上,诗是最新的或最原始的表达方式",是原始人对世界的本能的、独特的反应,是"富有诗意"的反应,他们生来就有"诗性智慧","这些先民,都是地地道道的诗人"。中国人从先秦开始就善于用《诗经》表达情感。

第二,具象思维。被称为"中华文化 DNA"的汉字就是代表,汉字是象形文字,就是这种思维的表现。许慎《说文解字·叙》:"仓颉之初作书,盖依类象形。"汉字就是在对客观事物观察体验的认识上,然后形成于图画,固之于文字的结果。这是典型的原始思维的具象思维特点。

第三,整体思维。这种整体性在中国思维中也可以叫做"天人合一""天人同构"。它表现为各要素之间一定的结构性和系统性。"天地与我并生,万物

---

① ［法］列维-布留尔.原始思维[M].丁由,译.北京:商务印书馆,2010:25.

与我为一。"(《庄子·齐物论》)自然界并不是作为认识的对象而存在,而是转化为人的内部存在。这种主客观的统一,是人与自然合一意义上的主体思维方式。

刘士林教授在谈中国哲学思维的特点时说:"中国哲学思维一贯重视系统性和结构关系,从汉儒的宇宙有机图式论,到宋儒的太极图,显示的正是中国民族特有的那种'非对象性'思维。它不是把对象当作一个独立存在的东西加以对待,亦即不把事物与其存在背景割裂开来的前提下去认识,而总是在其与相关事物的相互联系、限定与作用,亦即互为对象的角度去认识其存在的本体。"①列维-布留尔在看到司马迁的《史记》后,了解到中国先民的天人合一思维,而这种思维就具有原始未分化状态的特征。

这种相依相伴、相互关联、相辅相成的思维,在中国文明里相当典型。《易·系辞》云:"物相杂,故曰文。"《国语》:"物一无文。"《朱子语录》解释:"两物相对待,故有文,若相离去,便不成文矣。"事物是在相伴相生中存在的。

(二) 先秦儒家原始思维特征

事物的本质应通过事物产生的原因和发展的过程来研究。事物的起源决定了事物的本质。同样,认识中华文化也该通过其产生的原因和发展的过程来认识。原始情感思维的整体性、全息性特征,以一种特质的方式,在华夏先民的文化传统中,包括先秦儒家思想中保存、延续了下来。这种思维特征得到了中国学者的普遍认可。这是中华民族非常伟大的思维,它孕育了这个民族几千年的文明繁衍。"在早期文化实体中,理性的、感情的、想象的和神秘的成分都混杂交织在共时统一体中。神话部分是科学,部分是艺术,部分是宗教。"②

1. 有机整体思维

关于中国古代文明的特点,美籍华裔学者张光直先生在其《美术·神话与祭祀》一书中,有详细论述:"中国古代文明的一个可以说是最令人注目的特征,是从意识形态上说来它是在一个整体性的宇宙形成论的框架里面创造出来的。"而牟复礼(F. W. Mote)、杜维明先生和他的观点是一致的。牟复礼认为:"中国真正的宇宙起源论是一种有机物性的程序的起源论,就是说整个宇宙的所有的组

---

① 刘士林.中国诗学原理[M].海口:海南出版社,2006:7.
② 马育良."出神入化":关于先秦儒家性情观之源流的思考[J].皖西学院学报,2001,(6).

成部分都属于同一个有机的整体,而且它们全部都以参与者的身份在一个自发自生的生命程序之中互相作用。"杜维明先生进一步指出,这个有机性的程序"呈现三个基本的主题:连续性、整体性、动力性。存在的所有形式从一个石子到天,都是一个连续体的组成部分……既然在这连续体之外一无所有,存在的链子便从不破断。在宇宙之中任何一对物事之间永远可以找到连锁关系"①。这样的连续性的形态,决定了中国古代文化自身的分化性就不会太强,而形成了有机整体性思维。

所谓整体性思维,就是先秦儒家认为,宇宙是一种整体环境,它既构成一切,又由构成它的因素所构成。世界上每一个事物都是相互联系、相互依存的。一个事物通过其他事物才能得到解释。这也是一种情境主义思维,即认为世界上的一切事物都是在一定的情境场中互相依赖而存在。这种思维深深地影响了先秦儒家认识事物、体悟世界的方式。

2.原始情感思维

康德对文明人的主体心理机能及其结构进行了划分,即知、情、意三要素,且可分别分析。而在原始人的生命结构中,这三者则是混沌一体的。原始先民的心理和思维自然包括知、理性,但"情"在其中的地位亦如知、理性在现代人心中的地位一样强势。对于这种原始思维,近现代人类学、考古学等方面的研究,为我们提供了丰富的资料和成果,说明在古代先民最初的原始思维活动中,情感因素曾经占据着非常重要的地位。所以情感因素构成了所谓的原始思维的重要组成部分。而作为个体的人,进行原始思维活动以及现实活动时也是依赖于情感因素的。在先民的心目中,涉及人类自身生命过程的重大事件,本质上是一种情感的过程。而在涉及人与自然的关系时,先民们也多借助于情感的方式来沟通二者。

情感因素构成了原始神性思维的重要基础,情感因素以混沌的状态灌注于同样处于混沌状态的原始思维之中。原始情感既是整体性的、难以分析的,同时又以全息的方式存在于神、物、人的精神中。西方文明在发展过程中,打破了原始思维的混沌状态,它内在地要求西方文化走一条发散的、分工的道路。原始思维中蕴含的多种思维因素和成分逐步分化并获得独立。在这种"分析思维"的支配下,在西方文化史上,情感至多只是被当作哲学中的一个部分或分支,而只有伦理学、美学领域才对情感有所重视。

---

① ［美］张光直.美术、神话与祭祀[M].郭净,译.沈阳:辽宁教育出版社,1988:25.

今天,理性的过于强势使人类尤其西方世界陷入一定的危机。这种危机不仅是社会的、经济的和技术的问题,更关涉到我们对人的定义和对人的真正的理解。我们生活在一个我们自豪地称之为"文明"的社会中,但是当我们的法律和机器都强大到具有了压倒一切、压倒人性的力量的时候,它们似乎拥有了自己的生命,以至于同人类自身的精神和生理的生存逐渐对立起来。于是,用来解放我们的科学把我们关进了抽象的牢房;以学术为志业的学者把概念变成了痴迷、欺人甚至自欺的对象,却偏偏埋葬了激情。人类试图通过抽象的模式去捕捉快速流动着的人类现实,而各种关于人的学问也变成了政策科学,即控制人的学问,完全背离了人的本性。

情感源于人的内心,但离不开外在的环境。人类的思想情感是从社会群体的精神生活中产生出来的。这是一种"社会性的起源"。原始宗教中的泛灵论、自然崇拜、图腾信仰,无一不是以社会和集体为生长土壤的。涂尔干认为,以往的思想家误将个体看作终极自然,未能从个体之外和之上把握更高的存在。"然而,只要我们认识到在个体之上还有社会,而且社会不是理性创造出来的唯名存在,而是作用力的体系,那么我们就有可能通过一种新的方式来解释人类。"[1]这和先秦儒家的思想很相近,先秦儒家在强调人的主体性的同时,更强调这一主体的社会性,并把人放在社会关系中来认识。

先秦儒家的思维活动不是抽象的概念认知、分析理性活动,本质上是一种操作、一种实践活动,它直接产生相应的实际效果。它重体验、体认,融理于情、情中有理,导向一种人性情感、人生境界,即所谓的"成于乐"。这种思维也可称作"诗性"思维。这种思维不重逻辑推论,不重演绎、归纳,不重文法句法(语言),而重直观联想、类比关系,重情感体悟,而这种思维本源于原始巫术[2]。先秦儒家的思维不仅仅是对周代文化的继承和发展,在思维方法上也发挥了开创和奠基的作用。这就是本书所分析的"情本"思维的特征之一。

三、思想基础:宇宙生命观的确立

中华民族经过三代的教育实践和积累,到春秋战国时期已经形成了自身的

---

① [法]爱弥尔·涂尔干.宗教生活的基本形式[M].渠东,等,译.北京:商务印书馆,2016:613.
② 李泽厚.论语今读[M].北京:生活·读书·新知三联书店,2008:231.

思想特征。这些思想特征体现在儒、道、墨等各家的教育活动里,尤其是儒家的教育内容,就是那个时代哲学思想的整理、提炼和传播。那么儒家又是在怎样的思想背景下进行教育活动的呢？也就是说,当时的宇宙生命意识如何呢？总体来说,西周政治上"敬德""保民",文化上"制礼作乐",经过五百年的发展,到了春秋时期,中华文明已经实现了从"三代"宗教到人文理性、自然理性的转化。儒家倾向于人文理性,道家倾向于自然理性。当然他们并非泾渭分明,而是互相吸收融合的。关于中华文明宇宙观、宇宙生成观形成的时期,一直有争议,这源于对《老子》等文献形成年代的争议。但学者们根据近几年出土的郭店楚简文献,认为《老子》思想至少形成于春秋晚期。此处不做详述,读者可参照相关文献①。总之,我们相信,在孔子时期,儒家就已经形成了一定的宇宙生命观。

如此,我们依然回归文本,通过当时的儒家经典如"六经"来进行分析,这种研究方法是可靠的。先秦儒家教育思想的形成,不是从孔子才开始的。孔子是当时文献的整理者和传授者,这些文献对他及儒家肯定产生了重大影响,不然他不会苦心孤诣地整理、传承。现在看来,"六经"中的《易》是当时的哲学思想的总结,代表了当时的生命宇宙观。《易》为其他五经的根本,是哲学基础。虽然现存《周易》是经过一段时间,由若干作者包括孔子累积而成的,但最初版本出现在孔子之前应该是没有问题的。孔子韦编三绝,"加我数年,五十以学《易》,可以无大过矣"(《论语·述而》)。《易》是由自然现象推测到宇宙本源,推演出天道观,由天道观衍生出人道观,再推演出人的根本精神。《汉书·艺文志》说:"五者盖五常之道,相须而备,而《易》为之原,故曰:《易》不可见,则乾坤或几乎息矣,言与天地为终始也。"另外,《左传》《尚书》《吕氏春秋》《管子》等都有对自然宇宙规律的认识。包括孔孟在内的先秦诸子们,既是这些思想的继承者、阐释者,也是建设者、发展者。他们由此形成了对人的看法、对天人关系的看法、对人应该如何存在的看法。宇宙观是生命观的基础,生命观是教育观的基础,宇宙观和生命观决定着教育的理念。

(一) 宇宙观

屈原在《天问》中喊出了心中的困惑:"逆古之初,谁传道之？上下未形,何由

---

① 参见:郭沂.从郭店楚简《老子》看老子其人其书[J].哲学研究,1998,(7);王中江.出土文献与先秦自然宇宙观重审[J].中国社会科学,2013,(5).

考之？冥昭瞢暗，谁能极之？冯翼唯象，何以识之？"宇宙何来？道又何来？在无限的时空面前，人充满了对宇宙自然起源和特性的困惑。而人树立自己的主体意识，也就意味着人与自然的割裂。人类脱离动物状态后，便开始主动地认识和规划自己所处的环境，以求对时空进行认识和规划。对于宇宙，古人做了这样的概括："往古来今谓之宙，四方上下谓之宇。"（《文子·自然》）宇宙观就是人们对自己所处的时空及其与自身的关系的认识。

中华文明首先来源于先民们对自然空间和时间的审美体认和超越，借此实现对自然、人文、社会、艺术等诸多问题的整体贯通。1946 年，宗白华先生在《中国文化的美丽精神往哪里去？》一文中引用了印度诗人泰戈尔的话："世界上还有什么事情比中国文化的美丽精神更值得宝贵的？中国文化使人民喜爱现实世界，爱护备至，却又不致陷于现实得不近情理！他们已本能地找到了事物的旋律的秘密。不是科学权力的秘密，是表现方法的秘密。这是极其伟大的一种天赋。"[1]这种"事物的旋律的秘密"就是中国人的时空观。这种时空观在先秦时期已经形成，而这种时空观从一开始就具有极强的审美性，这一点也表现在了先秦儒家的教育思想中。

1. 先秦空间观

中国先民的空间观是怎样的？中国先民是如何认识自己所处环境的？我们可以在先秦的典籍中找到线索。《尚书·虞书·尧典》有言：

> 乃命羲和，钦若昊天，历象日月星辰，敬授民时。分命羲仲，宅嵎夷，曰旸谷。寅宾出日，平秩东作。日中，星鸟，以殷仲春。厥民析，鸟兽孳尾。申命羲叔，宅南交。平秩南为，敬致。日永，星火，以正仲夏。厥民因，鸟兽希革。分命和仲，宅西，曰昧谷。寅饯纳日，平秩西成。宵中，星虚，以殷仲秋。厥民夷，鸟兽毛毨。申命和叔，宅朔方，曰幽都。平在朔易。日短，星昴，以正仲冬。厥民隩，鸟兽鹬毛。

《尧典》此部分中，尧命令他的大臣羲和制定历法，命令羲仲、羲叔、和仲、和叔分管四方。羲和根据现象，即日月星辰的变化，掌握时间的变化，授名以时，这是对时间的把握。羲仲、羲叔、和仲、和叔四人分别管理东南西北四方，并同时勘

---

[1]　宗白华.美学的境界[M].北京：文化发展出版社，2018：31.

定四时变化的时间节点。这里我们可以看到,先民很早就开始对我们所处的时空进行有秩序的规划。当这些秩序确定了,尧就有了管理天下的依据。

《尚书·虞书·尧典》又言:

> 岁二月,东巡守,至于岱宗,柴;望秩于山川,肆觐东后。协时、月,正日;同律、度、量、衡。修五礼、五玉、三帛、二生、一死贽。如五器,卒乃复。五月,南巡守,至于南岳,如岱礼。八月,西巡守,至于西岳,如初。十有一月,朔巡守,至于北岳,如西礼。归,格于艺祖,用特。五载一巡守,群后四朝;敷奏以言,明试以功,车服以庸。

尧按时间顺序巡视东西南北各地,并相应地实施各种仪式。这仪式就是"礼"的起源,就是一种审美化的活动,这是中国先民艺术地规范自己的行为,也就是审美地展现自己的活动的开始。这种管理天下的依据,也成为中国先民开展生活以及开展审美活动的依据。

大禹时期,先民们对空间有了进一步的拓展和规划,九州之说产生。"禹别九州,随山浚川,任土作贡。禹敷土,随山刊木,奠高山大川。"(《尚书·夏书·禹贡》)禹首先以中邦为中心,将天下排列为九州——冀州、兖州、青州、徐州、扬州、荆州、豫州、梁州、雍州,此作为本土的中国。然后,"五百里甸服:百里赋纳总,二百里纳铚,三百里纳秸服,四百里粟,五百里米。五百里侯服:百里采,二百里男邦,三百里诸侯。五百里绥服:三百里揆文教,二百里奋武卫。五百里要服:三百里夷,二百里蔡。五百里荒服:三百里蛮,二百里流。东渐于海,西被于流沙,朔南暨声教讫于四海。禹锡玄圭,告厥成功"。

大禹把天下分为九州,进而以九州为中心,五百里一服,以同心圆的方式往外拓展。越往中心,文明程度越高,越往外,文明程度越低。"夷""蔡""蛮""流"都是对文明程度不高的区域的称呼。这是典型的"文明中心观",是一种由中心到四方、由王城向边地无限蔓延的天下观念。

由此,中国先民形成了东西南北中的空间观,这是对天地宇宙、时空秩序的审美规划。这种空间观很明显具有美化的想象性,并非客观事实,但这是中国人从"混乱"走向"有序"的追求,这是按美的规律的想象,表明先民的思维已经开始具有诗性和审美特性。

在此五方观的基础上,人们进一步将其他各种属性都附着在此五方上,五行、色彩、音乐、味道都相应地附着其上。东方对应于五行中的木、五色中的青、五音中的角、五味中的酸;南方对应于五行中的火、五色中的赤、五音中的徵、五味中的苦;西方对应于五行中的金、五色中的白、五音中的商、五味中的辛;北方对应于五行中的水、五色中的黑、五音中的羽、五味中的咸;中央对应于五行中的土、五色中的黄、五音中的宫、五味中的甘。这五行、五色、五音、五味就是中国人对自身生活以及外在世界的美好规划,这深深地影响了后世中国人的审美活动。独立的审美活动逐渐从其空间观中分离出来,这是中华文化的重大特点,刘次林教授将其概括为"诗性文化"。

2. 先秦时间观

时间是无形的,看不见、摸不着。怎么把这个无形的东西有形化?人们通过外物的变化来感受时间的变化。中华文明起源于农耕。农耕文明尤其跟时间有关,因为作物的生长是根据四季的轮回循环的。人们在农耕的过程当中,看到作物生长与时间的对应性,也就感受到了时间的变化。于是中国先民们对季节、气候、节气的变化形成了极其灵敏的洞察力。为了更好地生存,人们必须按照时间来安排活动。先民们对时间进行了记录和细致的规划。先民们很早就采用岁星纪年法、太岁纪年法和干支纪年法等方法记录时间。中华传统除了四季之外,还有十二个月、二十四节气,甚至对每一天的时辰都做了细分。我们从中国现存最早的历书《夏小正》中可见中国先民对时间、四季变换的细微体悟。《礼记·礼运》:"孔子曰:我欲观夏道,是故之杞,而不足征也,吾得夏时焉。"《史记·夏本纪》说:"孔子正夏时,学者多传《夏小正》云。"按《史记》所说,"夏时"就是《夏小正》。孔子极其看重《夏小正》对了解"夏道"的价值。《夏小正》按十二月的时序详细记载上古先民所观察体验到的天象、气象、物象的变化,形象地反映出上古先民对时令气候的朴素认识,实是华夏民族数千年天文学史的初始阶段——观象授时的结集。

我们摘录部分以窥一斑。比如《夏小正》中先民对大雁活动的观察:"雁北乡:先言雁而后言乡者,何也?见雁而后数其乡也。乡者,何也?乡其居也,雁以北方为居。何以谓之居?生且长焉尔。九月遰鸿雁,先言遰而后言鸿雁,何也?见遰而后数之,则鸿雁也。何不谓南乡也?曰:非其居也,故不谓南乡。记鸿雁之遰也,如不记其乡,何也?曰:鸿不必当小正之遰者也。"再如先民对风的体察:"时有俊风:俊者,大也。大风,南风也。何大于南风也?曰:合冰必于南风,解冰必于南风;生必于南风,收必于南风,故大之也。"《吕氏春秋·十二纪》

《淮南子·时则训》《逸周书·月令解》中都有类似的记载。《吕氏春秋·十二纪》中的"十二纪"就是详细记载了一年十二个季节所对应的事物,包括人的生活状态。也就是说,先民对时间的意识不再仅仅局限于外在的、客观对象化的农业时令,而是进入了人的社会活动之中,记录了人的活动的时间,就成了人类的历史,时间就历史化了。人们也会把自己的社会活动反向附和于时间。比如古人把时间和音律结合起来,形成律历。《礼记·月令》直接把时间和十二律对应起来:

　　孟春之月,律中太簇;仲春之月,律中夹钟;

　　季春之月,律中姑洗;孟夏之月,律中中吕;

　　仲夏之月,律中蕤宾;季夏之月,律中林钟;

　　孟秋之月,律中夷则;仲秋之月,律中南吕;

　　季秋之月,律中无射;孟冬之月,律中应钟;

　　仲冬之月,律中黄钟;季冬之月,律中大吕。

　　太簇、夹钟等皆为音律。人类很早就在弦上、管上发现音乐规律里的数的比例关系。而中国人很早"就把律、度、量、衡结合,从时间性的音律来规定空间性的度量,又从音律来测量气候,把音律和时间结合起来"。音乐在各个民族中都具有一定的神秘性,人们认为音乐和宇宙有某种暗合的联系。《史记》有言:"阴阳之施化,万物之终始,既类旅于律吕,又经历于日辰,而变化之情可见矣。"音乐和时间是有内在对应关系的,音乐可以表现时间的变化。这是对时间的审美化认识,或者说是对时间的审美性规划。

　　生活中与那些关键点的时间相对应,就产生了很多节日,比如春节、清明节、中秋节,进而产生了与节日配套的活动和仪式,而节日和仪式就是审美活动。我们不断地对这些节日进行艺术化的附会和美化,附会上美丽的传说、开发出美味的食物:中秋附会上嫦娥,吃月饼;端午附会上屈原,吃粽子;清明附会上介子推,吃寒食;等等。审美活动附会在时间上的同时,也就从这些有关时间的生命体验中独立开来。中华文明以时间为轴线,在空间中不断弥漫开来。法国汉学家克洛德·拉尔总结道:"中国人的时间概念体现在语言和生活方式中。他们具有异常丰富的时间表达方式和某种渗透其言语及整个生活的时间概念和时间体系的逻辑。"

　　随着艺术表现形式的发展,中国人对自然生命在时间中的变化产生了情感性的体悟,并用艺术的形式表现出来,这种情感性的体悟就是审美活动。孔子感叹"逝者如斯夫,不舍昼夜"(《论语》),犹如一声巨响,开启了儒家审美情感的滥觞。后世的文学经常表现自然生命与时间的互动,比如诗歌,像南朝乐府《子夜四时歌》、李白《子夜吴歌》等"四季歌"。南朝乐府《子夜四时歌》现存七十五首,其中春歌二十首,夏歌二十首,秋歌十八首,冬歌十七首。我们以春歌六首为例:

> 春风动春心,流目瞩山林。山林多奇采,阳鸟吐清音。
> 绿荑带长路,丹椒重紫茎。流吹出郊外,共欢弄春英。
> 光风流月初,新林锦花舒。情人戏春月,窈窕曳罗裾。
> 妖冶颜荡骀,景色复多媚。温风入南牖,织妇怀春意。
> 碧楼冥初月,罗绮垂新风。含春未及歌,桂酒发清容。
> 杜鹃竹里鸣,梅花落满道。燕女游春月,罗裳曳芳草。

"春风动春心","春风"是自然事物,"春心"就是蓬勃激荡的人心。春风成为人的审美对象。春天穿什么样的衣服,喝什么样的酒,春天的生物,比如杜鹃、梅花,相对应的"人"是什么样的。人的生活方式、生活习性,包括衣食住行,完全跟季节也跟该季节产生的事物一一对应起来。中国人的活动以时间为主线一一展开。

同时,中华文化也形成一种"观物"的审美兴趣和思维。这是一种"对象化思维",但这种对象化不是科学的认识,而是诗性的审美的体悟,由此,先民们将万物对象化地纳入审美范围,使其成为审美对象。宇宙自然也成为中国人的审美对象,所以清人叶燮说"天地之大文,风云雨雷是也"(《原诗·内篇》)。我们观察天地万物,就如审视一幅天地大图画。

3. 先秦时空一体观

中国古人在意识到时空的存在后,开始对时空进行理性的思考和总结。《文子·自然》概括:"往古来今谓之宙,四方上下谓之宇。"《庄子·庚桑楚》中进一步说明了"宇"与"宙"的特点:"有实而无乎处者,宇也。有长而无本剽者,宙也。"所谓"有实而无乎处",指的是真实存在却看不见的地方,就是空间;所谓"有长而无本剽",指的是有长度却没有起点和终点,增长变化却没有始末过程的足迹,就是时间。

时空二者是什么关系呢? 时间是线性流动的,空间在人们的直觉上是静止的。流动的时间带动了空间万物的变化,时间流动的节奏规定着空间的内容。由此,时间也决定着人对万物感受的变化。《周易·系辞》有言:"日往则月来,月往则日来,日月相推而明生焉。寒往则暑来,暑往则寒来,寒暑相推而岁成焉。"日月在空间的运行,寒暑在空间中的变动,生成了这空间的冷暖、阴阳、明暗的变动节奏。时间带动了空间,空间丰富了时间。时间的节奏(一岁,十二个月,二十四节)率领着空间方位(东南西北等)构成了宇宙。万事万物都在宇宙中随着这种节奏以回环形式运动着,这形成了中华文化的周期性特征,形成了中国人四季轮替的审美体验。中华文化就是这样以时间为主线,安排着空间里的活动以及人与万物的关系。时间和空间一体,春夏秋冬配合着东南西北。这合成一体的时空观,安顿着中国人的生产、生活与精神。

先秦时期形成的这种时空观直接影响了后世的艺术活动,比如书法。中国书法,也就是字的结构,就是由点线连贯穿插而成,点线的空白处也是字的组成部分,也是书法艺术的创作手法,所谓"虚实相生,计白当黑"。而书写的过程由静到动,线条的流转节奏就是时间的节奏,这是书法由空间性存在向时间性存在转化的过程。线条流动的同时,线条间又形成空间。中国人的空间感随着时间感而节奏化、音乐化了。书法、绘画皆如此。

不管是人生还是艺术,中国人慢慢地在一体的时空中建立了一种和谐的存在。我们看看几百年后一位大诗人对这种和谐的表现,即李白的《日出入行》:

> 日出东方隈,似从地底来。历天又复入西海,六龙所舍安在哉?其始与终古不息,人非元气安得与之久徘徊;草不谢荣于春风,木不怨落于秋天。谁挥鞭策驱四运,万物兴歇皆自然。

太阳每天东升西落,是谁在掌管着它呢?传说有六条龙拉着太阳车在跑。这句话是从《周易》中来:"大明终始,六位时成,时乘六龙以御天。"六龙在哪里呢?我们不知道。但是太阳就这么起起落落,万古不息。人之所以能够存在,就是因为人通过"元气"与时空及万物相通,与之共生同在。"气"是中华传统思想的一个重要范畴,影响了中华文化的各个方面,也包括绘画艺术。古代绘画的第一要义是"气韵生动"(谢赫《古画品录》)。"谁挥鞭策驱四运?万物兴歇皆自然。"谁在驱使一年四季的运转和时间的变换呢?"万物兴歇皆自然",世间万物就随着这个自然兴起、衰败。在李白的诗里面,人已经与时空融为一体,和谐共在。

怎么认识、表述自然宇宙存在和运转的状态和规律？古人用一套综合又辩证的体系来建构。现存的《周易》就是对这种建构体系的表述。《周易·易传·系辞上传》说："是故，易有太极，是生两仪，两仪生四象。"两仪就是阴阳。阴阳思维在《左传》中已有记载。中国古人建立了"六气""阴阳"的概念，"六气曰阴阳风雨晦明也，分为四时，序为五节"（《左传·昭公元年》）。人们将宇宙万物分为阴阳两种属性，又分为天、地、山、水、风、雷、火、泽八类。天地被看作最根本的存在。天即是阳，地即是阴，阴阳相生万物。天，高不可及；地，深远莫测，其他六项都在天地之间。同时，《尚书·洪范》有了"五行"的说法："五行：一曰水，二曰火，三曰木，四曰金，五曰土。水曰润下，火曰炎上，木曰曲直，金曰从革，土爰稼穑。润下作咸，炎上作苦，曲直作酸，从革作辛，稼穑作甘。"

中国古人认为，宇宙就是由一而多逐渐创生的过程，这样就形成了一个阴阳五行宇宙体系。前文已表述，先民们将之用于对时空的规划中，从现象到义理，"天地感而万物化生"，"天地之大德曰生"，形成了一种"生生之谓易"的宇宙观。同时，先民们给予宇宙体系以道德精神属性，"大哉乾乎，刚健中正，纯粹精也"（《周易》），孔子就深受此"道"的影响。

有一点我们要注意，先贤们形成的宇宙观，不仅是如何看待宇宙的存在、运行状态，由此也形成了一种思维方式。他们在相互关联的视域中，把包括人在内的世间万物纳入"自然循环过程之中"，把文化与社会视为与自然宇宙相统一的概念。"中国人把瞬息万变的一切事件都纳入自然过程的反复循环中去理解。"西方学者把这一特点概括为互系性思维[①]。

（二）生命观

当人从自然中站起来时，必然会思考自身的存在，由此会产生对自我生命的反观，这种反观体现为死亡意识的觉醒，也就是人开始认识到自身的局限性。在无限广阔的时空之中，人的个体实在太过渺小。孔子感叹"逝者如斯夫，不舍昼夜"（《论语·子罕》），源于此；屈原感叹"惟天地之无穷兮，哀人生之长勤。往者余弗及兮，来者吾不闻"（《远游》），也源于此。人不得不去思考生命的存在及其意义。

---

① ［美］安乐哲.儒家角色伦理学——一套特色伦理学词汇［M］.孟巍隆，译.济南：山东人民出版社，2017：51.

1. 生命的根源

中国先民通过对生存环境的观察,认识到了自然宇宙的规律,也认识到生命变化的规律。日升日降,月圆月缺,一年四季轮回,万物生老病死,周而复始。似乎有某种动力在推动着自然的运转,致使整个宇宙"生生不息"。宇宙本身就是一个普遍生命流行的境界,而不是一个机械的物质场。人的生命是自然宇宙所孕育的,人和万物具有一致性。这里需要对儒家"性""命"观、"天命观"做以解释。《中庸》说"天命之谓性",人的生命本性自然也得之于天。朱熹解释:"天以阴阳五行化生万物,气以成形,而理亦赋焉,犹命令也。于是人物之生,因各得其所赋之理,以为健顺五常之德,所谓性也。"[①]人性来源于宇宙自然。人性与天道相通,人道也与天道相通。人的生命又是自然宇宙间最尊贵的。《礼记·礼运》:"人者,其天地之德,阴阳之交,鬼神之会,五行之秀气也。"《尚书·泰誓》:"惟天地,万物之母;惟人,万物之灵。""天地之精,所以生物者,莫贵于人。"

2. 生命的属性

先秦各家总体上都高扬生命意识,给予生命的存在、人的存在以极高的地位。"生生之谓易",儒家将生命放在一种本体性的地位。儒家赋予了生命以特殊的属性。人不同于其他万物,人应该承担认识自己作为万物灵长的特殊性和使命,这是对人的主体性的彰显。《大戴礼记·易本命》云:"子曰:夫易之生,人、禽、兽、万物昆虫,各有以生,或奇或偶,或飞或行,而莫知其情。惟达道者,能原本之矣。"人虽然和其他生物一样也是自然宇宙所孕化,但人要反思,要认识具有本源意义的"道",只有这样才能称之为人,这是人和禽兽万物的重大区别。

但儒家并不将人的生命凌驾于万物之上。人是天地万物之一种,而且将万物运化的历程作为人获取生命教化的来源,因此人的生物属性和道德属性天然地融为一体。《礼记·孔子闲居》云:"天有四时,春秋冬夏,风雨霜露,无非教也。地载神气,神气风霆,风霆流形,庶物露生,无非教也。"《易经·乾卦》:"夫大人者,与天地合其德,与日月合其明,与四时合其序,与鬼神合其吉凶。先天而天弗违,后天而奉天时。天切弗违,而况于人乎,而况于鬼神乎!"儒家将人伦教化融入自然宇宙的现世之中。先秦儒家虽然具有极强的人文精神,但又不是人类中心主义。当然人也不是被动地融入自然等待教化,人要不断发挥主观能动性。人可以"反求诸己","尽心知性","至诚不息",尽己之性,尽物之性,尽天之性,人

---

① 朱熹.四书章句集注[M].北京:中华书局,2014:19.

能参与宇宙生成的过程，"参天地之化育"，立天地之道。所以圣人可以通神明之德，类万物之情，"万物皆备于我矣"（《孟子·尽心上》）。这也是后面我们分析"情本"的基础。

四、由天到人：先秦儒家的突破

先秦的宇宙生命观是先秦学术的思想基础。紧跟这种思想基础，往下要追问的就是"天人关系"问题。有什么样的宇宙生命观就会有什么样的天人关系。到了孔子时期，孔子进一步创造性地发展了这种关系，完善了"天人合一"的思维模式。1989年9月，钱穆先生口述《中国文化对人类未来可有之贡献》一文，认为"天人合一"观是整个中国传统文化思想之归宿。对天人关系的不同认识，形成了各家学派的分野，而先秦诸子的天人观是建立在漫长的远古天帝崇拜的基础上的。这是先秦儒家对传统天人观的突破，也是儒家自身的突破。

（一）先秦天人观的演变

1. 由"帝"到"天"——周对殷的突破

考察殷周文献，先民并不是一开始就把"天"作为对至高无上的权威的称呼。殷商人崇拜的是"上帝鬼神"。《礼记·表记》："殷人尊神，率民以事神，先鬼而后礼，先罚而后赏。"当时的宗教信仰具有原始的自然崇拜的印记。殷商的卜辞中经常出现"帝"，"帝"可以令风雨，可以福王、佐王，也可以作王祸，还可以干涉战争等人世间的种种事件。这就是殷人心中的那个"至上神"。据学者考证，"帝"作为至上神出现在卜辞和殷末金文中就有二百多次，而在众多的甲骨文字中，作为至上神称谓的"天"字一次也没有出现过[①]。"天"作为至上神也曾出现于一些殷代旧典籍中，如《尚书·商书》《诗经·商颂》等，但一般认为这些文献多是后世传抄或追录的东西，其所用的语言文字、所持的思想观念，很可能打上了传抄、追录时代的印记，所以"真伪难分，时代混沌，不能作为真正的科学研究的素材"[②]。郭沫若先生在《先秦天道观之进展》一文中说："这儿有一个值得注意的现象，便是卜辞称至上神为帝，为上帝，但决不曾称之为天。天字本来是有的，如象大戊

---

① 张桂光.殷周"帝""天"观念考索[J].华南师范大学学报(社会科学版),1984,(2).
② 郭沫若.十批判书[M].北京：人民出版社,1954：19-20.

称之为'天戊',大邑商称之为'天邑商',都是把天当为了大字的同义语……天字在初本没有什么神秘的意思,连《说文》所说的'从一大',都是臆说。卜辞既不称至上神为天,那么至上神称天的办法一定是后起的,至少当得在武丁以后。我们可以拿这来做一个标准,凡是殷代的旧有的典籍如果有对至上神称天的地方,都是不能信任的东西。那样的典籍,《诗经》中有《商颂》,在《尚书》中有《商书》。因此,殷人所尊奉的至上神是'帝'不是'天'。"殷人为什么用"帝"字?很多学者包括郭沫若有专门研究,此处限于篇幅不赘述。

殷人将天命寄托在以"帝"为代表的至上神上。这个"帝"也是其祖先。殷人认为祖先、先公先王的祖灵能够保佑后世子孙,理应受到尊崇。所以,殷人的祭祀极为隆重复杂。殷人认为,"帝"与自己的氏族有血缘关系,人们必须按照"帝"的旨意行事,而与"帝"感应的方式是占卜。"帝"是宇宙最高主宰,决定人世间的一切,人们只能屈从。殷统治者也将自己的统治权归为"帝"的赋予,下民是不能改变的。而先民由于把握自然以及自身命运的力量的微弱,也自然而然将这种"帝"的力量转化为"命"。殷商统治者重鬼神而轻人事,这是它灭亡的直接原因。

周人取代了殷人,也扬弃了殷人的文化。"殷因与夏礼,所损益,可知也;周因于殷礼,所损益,可知也;其或继周者,虽百世,可知也。"(《论语·为政》)从两周金文和文献来看,出现了"帝""天"并用的现象。

之所以出现"帝""天"并用的现象,一是因为周毕竟曾是殷商的臣属,不可避免地受殷商文化的影响。殷商之所以能取代夏,并统领各部,其文化在当时肯定有先进性和代表性。周为殷人臣属,《史记·殷本纪》记载,周文王为商纣王三公之一,纣王赐命"西伯"。《诗经·大雅·大明》云:"挚仲氏任,自彼殷商。来嫁于周,曰嫔于京。乃及王季,维德之行。大任有身,生此文王。"文王的母亲就是殷人。"三分天下有其二,以服事殷。"(《论语·泰伯》)周无论在政治上还是文化上,都曾以殷商为学习对象。所以,周人很可能也真心信奉过"帝",但其本民族也发展出了自己的"天"的观念。

"天"本为周族的至上之神,二者并用为周的绥靖缓兵之计。周取得天下后,需要确立自己的意识形态,并取得天下认同,从而确立自己的合法性,所谓"神不歆非类,民不祭非祖"(《左传·僖公十年》)。但周公等又恐诸侯不服叛乱,故实行"启以商政,疆以周索"(《左传·定公四年》)。利用殷人的某些政策,继续祭奉殷人的至上神"帝",甚至用"帝"来证明自己克商得天下的正当性。《诗经·大雅·皇矣》曰:"皇矣上帝,临下有赫。监观四方,求民之莫。维此二国,其政不获。维彼四国,爰究爰度。上帝耆之,憎其式廓。乃眷西顾,此维与宅。""帝"临视人间四方,发现夏商两朝政教不行,向西眷顾,把希望投向了西岐的周地。所以周初,"帝""天"经常混用,如"皇天上帝"(《尚书·召诰》),"帝谓文王:予怀明德,不大声以色,不长夏以革。不识不知,顺帝之则。""帝谓文王:询尔仇方,同尔弟兄。""上帝"警诫文王并赋予文王明德,联合归服的部族方国和周族的兄弟之国,保有四方,安定天下。在《诗经·大雅·文王》中也有"有周不(丕)显,帝命不(丕)时""文王陟降,在帝左右"的说法。《诗经·大雅·大明》也说:"维此文王,小心翼翼。昭示上帝,聿怀多福。"因此也有人认为西周初年是"上帝—天"的信仰结构,但作为至上神的"天"的出现多于"帝"。

经过一段时间后,"天"逐渐取代"帝",取得合法地位,从而"帝"逝"天"盛。西周新的统治者和新的政权,必然要求神权为之服务,必然要求有一个统一的神系来维系与带有浓烈氏族部落色彩的各国诸侯的关系,超乎氏族、部落之上的"天"可以满足这样的需要。郭沫若先生说:"地上权利统于一尊,于是,天上的神秘便不能不归于一统。"[1]所以,后来我们看到春秋战国时期的诸子百家的著作中,几乎只谈天命、天道,不见"帝"了。东周的诸子思想中,直接用"天"而不用"帝"了。"天"由此成为贯穿中华思想脉络的重要概念。

可是,周人为什么会把"天"作为自己的至上神呢?"天"在甲骨文中,像一个昂首阔步行走的大人之形。甲骨卜辞和金文中有几种不同的写法,吴吴夭夭,小篆写作夭。《说文解字》:"天,颠也。"周人的"天"之信仰,与周人的自然地域条件和生存环境有密切关联。一般认为,周族是一个擅长和依赖农业生产的民族,而农作物的种植直接受自然条件影响。风雨雷电,寒来暑往,阴晴雨雪,都制约着农作物的种植规律和收成。周人自然也就设想出司理这些自然现象的至上神"天"。在西周取得统治地位后,"天"的内涵愈加丰富和深刻。

2. 西周"天""人"关系的转变

西周初年的"天"和"帝"一样,依然是自然、社会的主宰。《尚书·皋陶谟》中可以清楚地发现周人信仰之"天"所具有的无上的权能,所谓"天叙有典""天秩有礼""天命有德""天讨有罪"。"天"向下国颁布礼法,"天"授命有德之人而讨伐有罪的君王,"天"倾听、关注下民的疾苦并根据民意来降佑或降灾。但,西周的"天"的内涵开始有了重大变化。殷人"帝"有绝对的权威,凡事要向"帝"请示。

---

[1] 郭沫若.中国古代社会研究[M].北京:科学出版社,1960:137.

殷人获得天命的方法,就是不断地祭祀占卜,通过祭祀获得保佑,通过占卜获得指示。人,哪怕是统治者,对"帝"完全是从属、臣服和被动的。统治者臣服于"帝",万民臣服于统治者。无论是统治者还是万民,在"帝"面前都没有人格独立和地位。

但经历过商纣亡国的大变故,周人的思想受到了一次重大的冲击,汲取殷亡之训,提出了"敬德""保民"的理念。第一,统治者要想获得"天"的保护,只祭祀是不够的,还必须发挥自己的主动性,就是"以德配天",因为"皇天无亲,惟德是辅。民心无常,惟惠之怀"(《尚书·周书·蔡仲之命》)。第二,"德"的具体表现是"保民"。而这也是周人能获得天的青睐的原因。《诗经·大雅·文王之什·皇矣》说:"皇矣上帝,临下有赫。监观四方,求民之莫。维此二国,其政不获。维彼四国,爰究爰度。上帝耆之,憎其式廓。乃眷西顾,此维与宅。""帝"憎恶殷纣害民无道,而眷顾爱民有道的西岐。只要"敬德""保民",统治者在"天"面前的主体地位就能得以确认。这一点前文已详细交代。

为了大周的千秋万代,为了落实"敬德""保民",周公制定礼乐制度。这种制度已经摆脱了夏商时期以祭祀为主的事神模式,转向了以德政为主、以"食民"为核心的模式,后代儒家的德政思想亦源于此。周公的"制礼作乐",是中国古代巫史文化的转折点,"它最终完成了'巫史传统'的理性化过程,而奠定了中国文化大传统的根本"[①]。在政治上,我们也要承认西周这种民本思想的进步意义。

但,同时我们也可以看出,西周统治者的"德"更多的是一种"德行",是指向统治能力的,而非个体的内在"德性"。这个"德"还只是统治者的"德",这时的"天""人"关系,是"天"与统治者的关系。"民为邦本,本固邦宁。""保民"也只是统治者使自己能配天的一种手段,统治者的根本目的还是"邦宁",是维护其政权稳定,其立场和出发点并非是从"人"出发。时代的发展需要突破这一点。

(二) 先秦儒家的突破

殷商的天人关系具有自然宗教色彩,西周的天人关系具有政治伦理色彩,但共同特点是,与"天"对应的"人",是以统治阶级为代表的,不具有所有人的普遍性。这种状况可以说是上古"绝地天通"思维的遗存。关于"绝地天通"的表述,先秦典籍《国语·楚语下》《尚书·吕刑》《史记·太史公自序》《山海经·大荒西

---

① 李泽厚.中国古代思想史论[M].天津:天津社会科学院出版社,2008:294.

经》等都有记述。其中《国语·楚语下》的记载较为翔实。

《国语·楚语下》中楚昭王与观射父的对话颇能说明上古人神关系:

> 昭王问于观射父,曰:"周书所谓重、黎实使天地不通者,何也? 若无然,民将能登天乎?"对曰:"古者民神不杂……及少昊之衰也,九黎乱德,民神杂糅,不可方物。夫人作享,家为巫史,无有要质……颛顼受之,乃命南正重司天以属神,命火正黎司地以属民,使复旧常,无相侵渎,是谓绝地天通。"

民神杂糅,也就是普通人能和神沟通,就会引起混乱,所以颛顼设专职各司天地,绝九黎与天通的机会。而统治阶层掌握了和天通的权利,也就掌握了社会秩序的管理权。

在"民神不杂"的情况下,"民之精爽不携贰者,而又能齐肃衷正,其智能上下比义,其圣能光远宣朗,其明能光照之,其聪能听彻之,如是则明神降之,在男曰觋,在女曰巫。是使制神之处位次主,而为之牲器时服,而后使先圣之后之有光烈,而能知山川之号、高祖之主、宗庙之事、昭穆之世、齐敬之勤、礼节之宜、威仪之则、容貌之崇、忠信之质、禋洁之服,而敬恭明神者,以为之祝。使名姓之后,能知四时之生、牺牲之物、玉帛之类、采服之仪、彝器之量、次主之度、屏摄之位、坛场之所、上下之神、氏姓之出,而心率旧典者为之宗。于是乎有天地神民类物之官,是谓五官,各司其序,不相乱也。民是以能有忠信,神是以能有明德,民神异业,敬而不渎,故神降之嘉生,民以物享,祸灾不至,求用不匮"(《国语·楚语下》),整个社会是井然有序的。

《史记·五帝本纪》传尧时,可看出尧的统治思维也是出如一辙:"帝尧者,放勋。其仁如天,其知如神……乃命羲、和,敬顺昊天,数法日月星,敬授民时……岁三百六十日,以闰月正四时。信饬百官,众功皆兴。"帝尧命令羲氏、和氏,遵循上天的意旨,根据日月的出没、星辰的位次,制定历法,谨慎地教给民众从事生产的节令。统治阶层成为从精神到生产实实在在的管理者。这些情况通过对公元前三千年前的良渚文化的考古已经得到证明。

帝、鬼神、天,都是至高层面的权威者、价值的终极标准。想掌握这种权威和终极标准,无疑就要掌握"帝""天"这些角色的代理权。统治阶层就是这种代理权的天然掌握者,他们不但不会轻易地让出,而且也想尽办法巩固这种代理权。殷商以"巫"为中介垄断了人与天的沟通,西周以巫和官学垄断了受教育权和解释权。

西周虽确立了"人"在"天"面前的地位（这个"人"主要还是统治阶级贵族），但依然没有在哲学层面上建立天人关系。"人"虽有主观能动性，但也只能主动去配天，而且不是每个人都能跟天对接，只有"巫"和贵族知识分子能跟"天"对接。儒家本就是从"巫"这个群体中分化出来的，孔子小时候还学习"陈俎豆，设礼容"（《史记·孔子世家》）。到了春秋时期，王室衰微，纲常解纽，王室诸侯皆无道失德，表面上是礼崩乐坏，实际上统治者已经失去了"配天"的依据。再加上知识下移，知识分子觉醒，必然要对统治者所代表的天人关系提出质疑。

以儒家为例，孔子主要还是继承了周代的文化制度，包括对祭祀的虔诚，"祭如在，祭神如神在"（《伦语·八佾》），但孔子对鬼神的态度是"敬而远之"，这是孔子的思维方式转变的表现。孔子顺应时代进步的需要，开始对天人关系进行突破，也就是突破"绝地天通"的思维。如果说，殷和西周的天人关系是自然化、宗教化的，那么孔子开始将天人关系哲学化。孔子对天人关系的突破，主要体现在以下几个方面。

1. 敬天、畏天、知天

周代文化使"天"有了一定的政治伦理色彩，"天"是一切规则的理论根源。孔子依然遵奉"天"的绝对权威。"天"是秩序的来源，也是道德源泉和依据。《论语·八佾》："王孙贾问曰：'与其媚于奥，宁媚于灶，何谓也。'子曰：'不然，获罪于天，无所祷也。'""子曰：大哉尧之为君也！巍巍乎唯天为大，唯尧则之。"（《论语·泰伯》）众角色中，天依然是至高的权威，哪怕是尧这样的贤明君主也要以天为则。所以，人要"畏天命"。"孔子曰：君子有三畏，畏天命，畏大人，畏圣人之言。小人不知天命而不畏也，狎大人，侮圣人。"（《论语·季氏》）天道是终极的，"命"源于天，依于天，所谓"生死有命富贵在天"。

但是，在孔子这里，"人"与"天"不是完全隔离的，人可以和天直接对接、交流。孔子自己"十有五而志于学，三十而立，四十而不惑，五十而知天命，六十而耳顺，七十而从心所欲，不逾矩"（《论语·为政》）。"五十而知天命"，这是了不起的一句话。如前所述，在殷周时代，不是每个人都可以直接通达这最高权威和秩序代表的，统治者就是要做到"民神不杂""绝地天通"。现在，每个人都可以和至高的真理、权威对接了，孔子打破了国君所领导的巫这个群体对"天"与"天命"的垄断。但孔子也没有把自己神化，他以一个"学而知之"的普通人自居。既然我这个普通人能知天命，那么你们每个人都能知天命。所以他鼓励学生："二三子以我为隐乎？吾无隐乎尔，吾无行而不与二三子者，是丘也。"（《论语·述而》）我跟你们一样，我没有什么神秘的，对你们也没什么好隐瞒的。这就意味着，每个人都可以和天对接。

2. 承天命

人可以和"天"相通，但人在"天"面前，不是完全被动的、卑微的，人有自己的责任和主观能动性去继承、承接"天命"，人应该、也有能力去实践"天"所代表的道德标准、价值标杆。孔子被围困于匡时，弟子很愁苦，孔子却说："文王既没，文不在兹乎？天之将丧斯文也，后死者不得与于斯文也；天之未丧斯文也，匡人其如予何?"他以文明的继承者自居，如果天想灭亡这文明，那我没办法，如果天不想灭掉这文明，那匡人能拿我怎么样呢？在宋国，孔子被宋司马桓魋危及生命时，孔子还是那么淡定，也因其以天命继承者自居："天生德于予，桓魋其如予何?"（《论语·述而》）自认掌握了最终真理的人，是不畏惧武力、权势的。后世儒家后学们在这一基础上进一步发展了这种思想：人不但能证悟天道，而且能弘扬天道，"人能弘道"，人在"天"面前表现了极大的能动性。

3. "下学而上达"

对于"天命"的把握并非易事，不是不学无术者随便就能做到的。人如何才能通天，知天命，达到"知我者其天乎"？孔子以自己为例，现身说法：

> "子曰：'莫我知也夫!'子贡曰：'何为其莫知子也?'子曰：'不怨天，不尤人，下学而上达。知我者，其天乎!'"（《论语·宪问》）

"下学而上达"是孔子打通天人的方法。何谓"下学"？何谓"上达"？《论语·宪问》载："子曰：君子上达，小人下达。"北宋程颐认为，学为学人事，上达为通晓天理。"学者须守下学上达之语，乃学之要。盖凡下学人事，便是上达天理。然习而不察，亦不能以上达矣。"[①]结合儒家"形而上者谓之道，形而下者谓之器"思想，可理解为，君子、小人学的内容都是一样的，都是人事，但上达者，达道；下达者，成器。君子学的目的就是为达道，通达天理，"以德配天"。当一个人通过学习提升自己的知识水平和道德修养时，就接近了至高真理，也就接近天道，所

---

① 朱熹.四书章句集注[M].北京：中华书局，2014：148.

谓"圣人与天地合其德,曰唯天知己也"①。个人通过道德实践和修养,自觉达到天命,这是一种德性自证的过程。天命的达到,就是个体的自我证悟。可以说这也是整个儒家的教育目标。所以,钱穆先生说:"一部《论语》,所说皆下学也。"②

每一种学说都有其历史优越性,也会有其局限性。只有认识其优越性,才能突破其局限性。本书就是基于以上的历史、思想、思维基础,分析先秦儒家情本思想的来源、产生过程,进而认识其特点、范畴和运行机制。放大来讲,我们要理解现在的人性和中华文化的走向,也必须回到历史最初的起点。我们通过回到先秦儒家的起点来认识儒家,从而也认识中华文明的起点,认识中华文化给中国人留下的潜移默化的思维方式。

孔子是儒家学派的创始人,但是他对中华文化的贡献并不在于首创了多少思想,用他自己的话说,"信而好古","述而不作"。他的重大贡献在于,他在他那个时代完成了中华文化的突破与转化。这些突破和转化也表现在其情本教育思想中。

---

① 程树德.论语集释[M].北京:中华书局,2013:1172.
② 钱穆.论语新解[M].北京:生活・读书・新知三联书店,2017:345.

第三章 释"情"与"情本"

上一章是先秦儒家"情本"思想形成的历史、思维、思想基础。下面我们直接进入"情"字。本书提出"情本"思想,"情"是个关键字,理解其内涵是本书的首要任务。在中国传统思想中,"情"的内涵非常深刻、丰富,深深贯穿在中华民族的文化脉络中。我们很难把这个概念和今天被西方学科细分后的术语——对应。也就是说,现代心理学上的"情绪"(emotion)、"情感"(affection)或"情境"(situation)等概念很难完全替代两千五百年前就产生的"情"的含义。分析界定先秦儒家的"情"的内涵是本书得以立足和推进的基石。本书以先秦典籍为文本,从语义分析入手,发掘先秦"情"的概念特有的内涵。但,先秦儒家思维的特点、学术话语表述的特点,决定了其又不能仅仅依据文本和语义分析。本书将发掘先秦儒家的"情"在"情感"意义之外更丰富的内涵,并以"情"字为出发点和抓手,以整个先秦思想史为背景,分析抽取出先秦儒家的"情本"思想体系。

一、释"情"

关于"情"字在先秦文献中出现的情况,本书结合多家研究成果总结如下:《尚书》1 处,《诗经》1 处,《周礼》5 处,《左传》14 处,《国语》10 处,《老子》3 处,《论语》2 处,《孟子》4 处,《庄子》61 处,《荀子》120 处,《礼记》66 处,《大戴礼记》28 处,《管子》30 处,《韩非子》55 处。而在后来出土的郭店楚墓儒家类的竹简《性自命出》一篇中,"情"字出现的次数达到 20 次之多,而学界公认此篇的完成时间是在孔孟之间。

先秦的"情"字到底何意?是今天所说的"情感"的意思吗?对于一些古代哲学思想中的术语,我们可以用语义分析法把握其本义。语义分析法,指从字形结构、字源入手,"分析某一字的字形特点及其中所蕴含的意义;接着从历史演化的角度剖析此字的原始含义及其后的变化义,从而澄清此术语的本来面目"①。正如奥斯丁所说:"一个词语从不(几乎从不)离开它的词源和形成时的状态,尽管它的含义会变化万端,增减不已。最初的含义将会保留下来,并渗透于和支配者哲学变化不定的增减。"②我们知道汉字是表意文字,以形表意是其基本思维。汉字造字的"六书"中,"象形"是基础,其他的"指事""会意""形声"造字法,也都是在"象形"思维基础上的运用。据欧阳桢等人研究:"根据郭店楚简,我们知道,至少在公元前300年以前,性情的'情'字在形体上还没有定型。时而写作'青',时而写作'情'(上青下心)。再根据甲骨文与金文,我们还知道,'青'字的出现要比'情'字的出现早得多,实际上,'青'就是'情'的本字。"③那么"青"的含义是什么?《说文》曰:"青,东方色也。木生火,从生丹。丹青之色,言必然。"在这里,许慎从"青"的颜色意义来解释"青"。段玉裁《说文解字注》说:"俗言信若丹青,谓其相生之理有必然也。"也就是说"青"和"生"有关,"生"的本义是草生于地,后来引申为一切生命的根源。"青"就是"生"的显现,即颜色,而"情"就是"性"的表现形式。由"生"到"性",如由"青"到"情"。"青"是"生"的表现,"情"也就是"性"的表现,所以"青"逐渐抽象为后来的"情"。郭店楚简中的"情"字就是从青从心,上青下心,马王堆帛书《老子》中的"情"也和其类似。从字形就可以看出,"情"字直接与心理情绪情感有关。

从字形结构上看,"情"字是形声字,"心"旁是其意义,从青是其声音。郭振香引海外学者吴森的研究:"但从'心'旁的太多了,'情'字所以别于其他'心'旁的字,完全因为'青'字的缘故。宋代文学家王圣美用归纳法把'青'字的含义展示出来,'青'字含有'美好'之意。他找到了很多例子,其中有下列几个我们常见到的:'晴',日之美者;'清',水之美者;'菁',草之美者;'精',米之美者;'倩',人之美者;'请',言之美者。"④"情",相应的就是,心之美者是为情。这种解释虽有附会之嫌疑,但"情"和内在心理有关,这是肯定的。

所以,根据以上多家研究成果,"情"与人的内心世界有关。但在先秦传世文献的具体使用中,"情"字的含义却有多种,这是正常的历史现象,正需要抽丝剥茧,归纳总结。本书结合前人研究成果,总结梳理,将"情"的内涵总结概括为以下三个方

---

① 汪凤炎,郑红.语义分析法:研究中国文化心理学的一种重要方法[J].南京师范大学学报(社会科学版),2010,(4).
② [美]郝大维,安乐哲.孔子哲学思微[M].南京:江苏人民出版社,2012:26.
③ 欧阳桢人.先秦儒家性情思想研究[M].武汉:武汉大学出版社,2005:85.
④ 郭振香.先秦儒家情论研究[M].合肥:安徽大学出版社,2011:2.

面:"质实"义:对事物本质的真实表现;"情实"义,即事情的真实状况;人的内心世界:基于人的生理欲望的"情欲"和人的文化本性之真实流露的"情感"①。

(一) 质实:对事物本质的真实表现

"青"本有植物真实表现出来的状态的意思,引申到其他事物中演化出来的"情"字在这里被赋予了"真实"的内涵:

> "循名而督实,按实而定名。名实相生,反相为情。"(《管子·九守》)
> "无问其名,无窥其情,物固自生。"(《庄子·在宥》)
> "虚静无为,道之情也;参伍比物,事之形也。"(《韩非子·杨权》)

在这些经典文献中,"情"的含义是与虚假相对应的真实、质实。并且"情"的"质实"义,在《周易》中还被上升到形而上的层次中。"圣人立象以尽意,设卦以尽情伪,系辞焉以尽其言。"(《周易·系辞上》)这里的"情"具有了本体意义,即与"伪"相对的真实、实质。

(二) 情实:事情的真实状况

"情"的"情实"义可分为两种。一种是指现实世界以及事情的真实情况、状况。"民情大可见,小人难保。"(《尚书·康诰》)这里的"情"指老百姓的真实情况。

《论语》中唯一出现的两次"情"字也是这个意思。

> "上好礼,则民莫敢不敬;上好义,则民莫敢不服;上好信,则民莫敢不用情。"(《论语·子路》)

"不用情"的"情"字,多是指称情实(真实情况)。意思即,你守信,我也不虚假。

---

① 本处参照多家成果:
欧阳祯人.先秦儒家性情思想研究[M].武汉:武汉大学出版社,2005:85-103.
张金梅.先秦传世文献"情"考辨[J].重庆大学学报(社会科学版),2010,(4).
郭卫华.先秦时期的"情"义辨析——兼论"情"的文化意蕴[J].学术论坛,2004,(12).

"孟氏使阳肤为士师,问于曾子。曾子曰:'上失其道,民散久矣。如得其情,则哀矜而勿喜。'"(《论语·子张》)

曾子的弟子阳肤受命担任士师(典狱官)。上任前,曾子告诫他,当政的人失去道义,百姓的心已经离散很久了。你作为司法官,如果侦查到了百姓犯罪的实情,你应当哀伤怜悯他们,而不要因为自己破了案子而沾沾自喜。此"情",也是指实情。《左传》中"情"有 14 处,也多指此意。

经过进一步拓展,"情"则为天地之真实情况。"天地感而万物化生,圣人感人心而天下和平。观其所感,而天地万物之情可见矣。"(《易经下·咸》)"观其所恒,而天地万物之情可见矣。"(《易经下·恒》)"天地万物之情"指大千世界中万事万物的真实情况。"情"的此种含义是"质实"义在人类社会的进一步扩展。"情实"义的另一种解释就是对人内心的真实表达,具有真心和真诚的含义,并且"情"开始具有了道德的意义。"不用情"的"情"字,其实已经有了道德情感的因素在里面了。

(三) 情感:丰富的内心世界

通过以上总结可见,"情"这个词的含义与指称,多为"实情""情境"之意。从先秦早期文献来看,作为表现人的内心世界的"情感"之情,也已经出现,但从字面意思出发的还不算多。后来,战国时期的文献,像在庄子、屈原和荀子那里,"情"字才更明确地有了"情感"的含义,不仅被广泛运用,而且有专文论述。这些文献中,"情"字首先指的是"情欲",然后指的是"情感",而这时"情"字具有了一定的概括性,成为各类"情感""情欲"等心理现象、词汇的总称。

1. 情欲:人的天然欲望的"情"

当"情"的内涵由植物、外物的实情扩展到人的内心世界时,首先就涉及人的"情欲"之情,即人由本能欲望而产生的天生、天然的内在精神状况。这时的"情",是一种自然情感。

"喜怒哀惧爱恶欲,七者弗学而能⋯⋯饮食男女,人之大欲存焉⋯⋯故欲恶者,心之大端也。"(《礼记·礼运》)"喜怒哀惧爱恶欲"就是这样的情。《礼记》认为,"情欲"是心感物而生,是人的自然本性和生理需求的一种反应。情欲就是天之所生,故情欲不可去。"喜怒哀乐之未发,谓之中。"喜怒哀乐本就藏于人性之中,人们都希望通过自身的感官感受这些美好。荀子在《王霸》中说:"夫人之情,目欲綦色,耳欲綦声,口欲綦味,鼻欲綦臭,心欲綦佚,此五綦者,人情之所必不免也。"綦(qí),"极"的意思,"綦色"就是最美的颜色,"綦声""綦味""綦臭""綦佚"都是最美好的感官享受。人对这种感官享受的追求是人的本性。可见,先秦儒家承认"情"是人性不可缺少的要素,承认"情"存在的合理性,所以人生存于世,首先必须合理满足人的情欲需求。

2.情感:经过理性化的道德情感

前文分析过,就先秦儒家文献来看,如《论语》《孟子》里虽有"情"字,但并非"情感",不过,表达"情感"的词汇却很丰富。我们可以将先秦儒家文献中表达的情感分为直接情感与间接情感。直接情感,就是用"喜""怒""哀""乐"等情感词汇,或表示、等同于喜怒哀乐的情感词汇。除了"情"字,《论语》里表示情感的其他词汇就多得很了。根据杨伯峻《论语注疏》统计:"怨"20次,"患"17次,"忧"15次,"惧"7次,"愠"3次,"忿""恕"各2次,"戚"或"戚戚""怒""喜""憎"各1次[1]。笔者统计,其他词语还有"恸""偲偲""怡怡""疚"等等。另外,虽然没有用表示情感的词汇,但可以直接表现孔子内心情感的句子、情形,数不胜数。如,颜渊死时,子曰:"噫!天丧予!天丧予!"伯牛得病(绝症)时,孔子自牖执其手,曰:"亡之,命矣夫!斯人也而有斯疾也!斯人也而有斯疾也!"如此例子,比比皆是,而此等情感也在先秦的其他文献中提及,本书后文会予以分析。而孔子人道思想的"仁"本身也包含情感的内容:"爱人"。为仁应具有恭、宽、信、敏、惠五种品格,忠恕也是仁。这些都是以道德伦理为内涵的情感类型。

《孟子》中"情"出现2次,不同于"情感",但其表现情感的词语众多。《孟子》用"哀"5次,"怒"10次,"怨"25次,"畏"15次,"恕"1次,"怼"1次,"惧"5次,"欢乐"1次,"喜"12次,"恻隐"5次,"愠"2次[2]。这些指称情感的词汇中,最为重要的当是"恻隐"一词。由此引出"四端"说:"无恻隐之心,非人也;无羞恶之心,非人也;无辞让之心,非人也;无是非之心,非人也。恻隐之心,仁之端也;羞恶之心,义之端也;辞让之心,礼之端也;是非之心,智之端也。"(《孟子·公孙丑上》)"恻隐""羞恶""辞让""是非"是对应于人的仁、义、理、智四种德性品格的四个善端,这是孟子对其"心"的理论做的建构。这种建构是从心的情感之义出发的。不难看出,恻隐之心主要体现的是一种怜悯同类之情,羞恶之心与辞让之心分别

---

① 张节末.先秦的情感观念[J].文艺研究,1998,(7).
② 张节末.先秦的情感观念[J].文艺研究,1998,(7).

表述的是自我与他人的内在情态,严格说来也是一种情感。是非之心可以说是理,"但这种理,不是西方的理性之理,而是日常生活之理,是情理之理……孟子是把纯粹情感与日用理性作为道德的基础,并以情感为统摄"①。因此宋儒朱熹认为孟子"所谓四端者,皆情也"②。人本初所具有的四种道德情感的萌芽,是人之为人的根本标志,这些情感即是人的道德所在的根本。孟子的"四端说"不但确定了其"性善论",而且使"情"理性化,因为他找出了人类情感上、心性上的共通的普遍性。

间接情感就是不涉及具体情感的词语,但表现的是人的内在情感,这种情感一般是在一定的"关系"中生发出来的。虽未言具体情目,但依然表现出人的内心情感。如"父子相隐",舜负瞽瞍而逃海滨,表达的是父子之情;三年之丧,是孝之情;颜回之乐、孟子三乐,是超越性情感;等等。对于情的培养,孟子提出了"养气说",大大提升了人的主体性存在意义和人的精神境界。

这些纯粹的自然情感是孟子心学建立起来的基础。孟子对"心"进行不断的扩充,并拓展到"性",孟子强调"思则得之,不思则不得"。强调人的"思"对人性完善的作用,这也就是理性化的过程。但这一理性化的过程并不脱离经验情感之域。"大人者,不失其赤子之心者也。"赤子之心包括人的真诚情感。

荀子对先秦儒家"情本"思想在理论上的发展贡献巨大。《荀子》全文中,"情"字出现120处左右。虽然《荀子》中的"情"也有"情实""实质"的意思,但"情感"之义得到广泛运用。可以说,荀子是先秦儒家"情感"论的集大成者。到了荀子这里,"情"的含义才真正发生了质的变化,成为其人性论中不可缺少的重要概念,上升到哲学和伦理学上的意义。《荀子》中的"情"字的含义同在其他传世文献中一样,此处不赘述,仅分析荀子关于人的"真情""情感"的观念。

首先,关于情的内涵和种类,荀子给出了明确的说法。

> 性之好、恶、喜、怒、哀、乐谓之情。(《荀子·正名》)
> 好恶喜怒哀乐臧焉,夫是之谓天情。(《荀子·天论》)

即所谓"六情说"。而且荀子将"情"放在与"性""欲"的关系中来说明:

---

① 樊浩.中国伦理精神的历史建构[M].南京:江苏人民出版社,1992:199.
② 黎靖德.朱子语类·卷59[Z].北京:中华书局,1994:1380.

性者,天之就也;情者,性之质也;欲者,情之应也。以所欲为可得而求之,情之所必不免也。(《荀子·正名》)

荀子是从人的本能情欲出发的,"情"字对各种具体的情欲、情绪、情感(喜怒哀乐惧忧等)进行了一定的概括,成为对这些心理现象、概念的总称。而"性"指人的自然性,"情"即喜、怒、哀、乐等,是"性"的内容,"欲"是与外界事物发生交感之后而产生的心理倾向或追求。

其次,荀子将"情"与"文"对举,已经从理论上意识到"情"在儒家礼乐思想体系中的基础性作用。"三年之丧何也?曰:称情而立文,以饰群,亲疏贵贱之节,不可益损也。"这句的"情"是"实情"还是"情感",一直有争议。但当"情"第二次出现时,"创巨者其日久,甚者其愈迟,三年之丧,情而立文,以为至痛极也"(《荀子·礼论》),这个"情"很明显就是情感,且是道德情感,而"文"是礼仪。关于"称情而立文",我们可以理解出两层意思:第一,荀子认识到"情"是制定礼仪的内在依据和基本的原则,虽然,"情"是"仁"这个道德总称的基础,这个观念在孔子言语中早就体现出来,但是荀子明确在理论上立说;第二,礼仪章法反过来也可以养情。"孰知夫礼义文理之所以养情也。"(《荀子·礼论》)即通过礼仪涵养性情。荀子的"称情立文"观和《礼记·坊记》中说的"礼者,人之情而为之节文"之意是一致的。节文即制定礼仪,使行之有度。

到了荀子这里,不但对"情"有了更详细的说明,也辩证地开始论证"情""礼"关系。这时的"情"是一种关系之下的社会性道德情感。

通过以上文献分析可以看出,先秦原典儒学对"情"有丰富的理论话语和哲学关切。"情"是有层次的,从自然情感的喜怒哀乐到"孔颜之乐"的人生之乐,这既是道德情感,也是审美体验的境界。

明确将"情"作为根本性意义表述的是郭店楚简《性自命出》篇。"道始于情,情生于性。始者近情,终者近义。知情者能出之,知义者能内(入)之。"在这里,"情"被当作某种根本或出发点。关于此"情"的含义,有不同说法。本书认为,此"情"既是情感也是情境。它作为人间关系和人生活动的具体状态,被儒家认为是人道甚至天道发生的依据。先秦儒家对"情"的重视,并不仅仅是为了教人如何控制"情",也不仅仅为了"爱人"、同情、关爱世间的人们。先秦儒家的情更侧重于对个体的生命关怀,它试图依据天道所赋予人的天性,引导人过上符合心性、性情的生活。

总结先秦儒家经典文献,"情"主要包括两个方面:一是外在实情,即以群体社会生活生产实践的总体——情境、情况、情势、情形,为立足点。二是内在人情,即立足于实情之上产生的"情感"。这种意义的衍生不是凭空的,根植于中国先民对世界认识的内在理路。情感产生的基础是人所处的现实,是人性的实质性的真实表达,所以荀子说:"情者,性之质也。"(《荀子·正名》)而这些情感经过情理化之后,就成了道德情感。这是我们研究先秦儒家"情本"思想的起点和重要部分。

二、释"情本"

如何表述"情"在儒家思想中的这种根本性存在? 本书用"情本"一词,"情本"是对"情本体"一词的化用。先秦儒家有"本"说,但无"本体"说。"本体"是西方哲学的范畴。本书的"本"不同于"本体",但与西方哲学中的"本体""本体论"思维进行比较,有利于我们更好地认识"情本"之"本"。所以,我们先从分析西方哲学中的"本体"概念入手。

(一) 释"本体"

1."本体"溯源

"本体论"被当作从柏拉图到黑格尔的西方传统哲学的主干,因此也被称为"第一哲学"。由此而来的"本体"一词,也是哲学理论中使用最广泛而又歧义最多的词汇。在不同的哲学理论体系中,本体都有其特定的理论内涵和自身的规定性。也就是说,不同的本体内涵和规定体现着不同的哲学理路和追求,哲学理路体系的不同在深层次上体现出对本体的认识和理解的不同。

中文"本体论"一词,是根据英语词汇"ontology"翻译过来的,且最为流行。另外,还有译为"万有论""存在论""是论"等等。这里有两个问题,第一,"ontology"翻译为"本体论"是否准确? 作为一个哲学概念,"ontology"在西方哲学中直到十七世纪才出现,它也有其形成的过程,其本义就是"本体论"吗? 第二,就算第一个问题的答案是肯定的,来源于西方哲学思想的中文"本体论"的含义和中国传统哲学语境或文化语境中的"本""体""本体"含义相同吗? 能同等置换吗?

关于第一个问题,早有学者提出质疑。"本体论是西方哲学特有的一种形态。从其充分发展的形态看,它是把系词'是'以及分有'是'的种种'所是'(或'是者')作为范畴,通过逻辑的方法构造出来的先验原理体系。但是根据'本体论'这个译名,人们容易望文生义地把它当作关于世界本原或本体的学问。这两种理解之间的距离是很远的。"①从中可以看出,第一,"本体论"是西方哲学特有的,非西方哲学不一定有;第二,它是一种逻辑性的先验原理体系;第三,今天"本体论"的字面意思不一定是"ontology"的真实含义。

关于西方哲学"本体论"概念的源头、内涵的演变的过程是一个复杂的问题,不是本书的重点,不再详述。但是,我们能明确一点,就是思维方式和语言形式之间存在着相互依存的关系,而西方的本体论这种哲学形态,是与其所使用的语言形式和思维方式相匹配的。关于其语言的特殊性,俞宣孟先生从三点做了分析:"首先,表现为它对印欧语系中普遍存在的系词'是'的倚重。其次,作为本体论范畴的'是'是经过哲学家对日常语言的'是'改造的结果。第三,印欧语系的某些语言学上的特征,尤其是它那相对来说较为形式化的特征,为实现这种改造提供了可能。"②

第一个问题既已引起人们质疑,第二问题自然也就需要我们警惕了。属于汉藏语系的汉语,尤其属于表意文字的汉字,在使用这个范畴的时候,就更要注意了。汉语是一种以字为本位的语言,而不同于表音文字以词(word)为本位。古汉语中,多数字本身就是词,并不需要组合就能表意。例如,"本"字是中国古代哲学包括先秦思想中的常用字。"本"是个指事字,在"木"的基础上加上"一"作为指事符号。《说文解字》:"本,木下曰本,从木从下。"本义就是草木的根。《国语·晋语一》"伐木不自其体,必复生"中的"本"就是此意,但已开始有引申比喻意。《易·系辞》"其初易知,其上难知,本末也"中的"本"就开始引申为事物的根源、根基、基础。

《论语》中"本"字出现5次,均可解释为引申意。《论语·学而》开篇,孔子说:"君子务本,本立而道生。孝悌也者,其为人之本与。"《论语·八佾》中,"林放问礼之本。子曰:'大哉问! 礼,与其奢也,宁俭;丧,与其易也,宁戚。'"礼的"本"在内在的情感,不是外在的形式。《论语·子张》:"子游曰:'子夏之门人小子,当洒扫应对进退,则可矣,抑末也。本之则无,如之何?'"学习也有本末之分,"洒扫

① 俞宣孟.本体论研究[M].上海:上海人民出版社,2005:3.
② 俞宣孟.本体论研究[M].上海:上海人民出版社,2005:33.

应对进退"只是末,还应该学其"本"。可以看出,先秦在用这个概念时,依然是根基于现实生活、现实世界,而全无绝对抽象的宇宙本源之意。

按张岱年先生的说法,"本""体"合成一词最早始于晋代。张岱年先生考证,"本体"之用始于西晋司马彪。司马彪在《庄子注》中解释"而侈于性"时说:"性,人之本体也。"①而据叶起昌先生的文章,《后汉书》早有此词:"又集驳议三十篇,以类相从,凡八十二事。其见《汉书》二十五,《汉记》四,皆删叙润色,以全本体。"②此"本体"是书的原样、本身,不是哲学概念。但司马彪所说的"本体",开始有哲学意味。到了宋代,"本体"被理学家引入,成为表述其理学思想的重要概念。张载说:"太虚无形,气之本体。"(《正蒙·太和》)张载把"太虚"当成气的本体,而程颐提出"理"的本体意义,朱熹进一步发展,直接将"理"作为本体。"天道者,天理自然之本体,其实一理也。"(《四书章句集注·论语·公冶长》)从而在理学中,本体成为一个形而上的概念,以至于"存天理灭人欲",绝对排斥情欲,"情"已无地位,渐渐偏离了先秦原儒的精神。李泽厚先生认为,理学将"理"搞成了先验的道德律令,与人的自然生存、生理存在没有关系而且相互对立甚至冲突③。所以,到了明中叶以及清末,康有为、谭嗣同等人有所反正,到了五四运动时期,全盘否定深受理学影响的所谓"礼教",追求对人性情欲的再次肯定。这是"本"及"本体"在汉语中使用的情况。

2. 汉语"本"之特点

要认识汉语语境中"本"的内涵,一则必须回到先秦原典,才能发掘出"本"从内涵到思维的真义所在;二则必须清楚认识中西哲学思维的差异。通过前文对先秦文本的回顾,我们知道先秦儒家并无西方哲学抽象的宇宙的本体论的含义。理解这一点,我们要认识中西思维上的一个根本差异。西方哲学本体论在思维上,从柏拉图到黑格尔都是两个世界的思维,一个是可感知的世界,一个是超感知的世界,而以后者为真实的世界。中国哲学是一个世界的思维,没有"可感知世界"与"超感知世界"的割裂思维。这就决定了二者的本体论是有区别的。

中国先秦儒家的本体是真实存在,但不是外在化、对象化、静止地脱离现世,而是一个整体的、动态的存在,是在人对生命体验中建立的真实。中国的本体不是抽象的概念,而是有生命性的且生生不已的。中国的本体即指最根本最真实

① 张岱年.中国哲学中的本体观念[J].安徽大学学报(哲学社会科学版),1983,(3).
② 叶起昌."本""体""本体"词源考[J].中国科技术语,2004,(4).
③ 李泽厚.人类学历史本体论[M].青岛:青岛出版社,2016:224.

的存在。这一点是李泽厚、成中英、陈来等学者的基本共识。只是何谓"本体"，或者说用哪一范畴能贯穿和概括中国古代哲学思想，各有不同认识。

关于中国古代思想的文体问题，李泽厚有多本体说，他并不认为"情本体"是中国思想中的唯一本体。"情本体"概念是李泽厚在二十世纪八十年代首倡的。作为本土哲学家，李泽厚先生对中国哲学的本体概念和西方哲学做了区别。李泽厚主要将其与以康德为代表的西方哲学家的解释相区别。康德所说的"本体"是与现象界相区别的"noumenon"。李泽厚认为，中国文化是"乐感文化"，认为以康德伦常道德本体论解释中国文化是不合适的，反对牟宗三先生"道德秩序即宇宙秩序"的道德形而上学说，进而也反对理性统治一切，主张回到感性存在的真实的人。乐感文化的根本含义是"以人为本"，"它不是自然人性论的欲（动物）本体，也不是道德形而上学的理（神）本体，而是情（人）本体"①。

在中国古代哲学的内部，李泽厚也将"情本体"和"性本体""理本体"等说法做了区分。他认为："不是'性'（'理'），而是'情'，不是'性（理）本体'，而是'情本体'，不是道德形而上学，而是审美形而上学，才是近日改弦更张的方向……'情'与'欲'相连而非'欲'，'情'与'性'相通而非'性'。'情'是'性'（道德）与'欲'（本能）多种多样不同比例的配置组合，从而不可能构成某种固定的框架、体系或超越的本体（不管是外在超越还是内在超越）。可见，这个'情本体'即无本体，它已不再是传统意义上的'本体'。这个形而上学即没有形而上学。它的'形而上'即在'形而下'之中。"②李泽厚的本体，是"本根""根本""最后实在"的意思。所谓"情本体"是以"情"为人类和人生的最终实在、根本。"情本体"就是在日用伦常之中，立足群体社会生产生活的实践的实情，以及由此积淀形成的，情理结构化之后的情，并以情为判断、行事的根本依据。李泽厚认为"情"不等于"情感"，但他认为也包含情感。但"情"与"情感"是什么关系，李泽厚并未详细论述。本书延续李泽厚先生"情本体"思想，并借鉴李先生的真知灼见，但具体理路有所不同。

本书在表述上用"情本"一词，而不用"情本体"，一是为了和西方哲学的"本体论"相区别，二为了和中国宋明理学的"本体论"相区别。所谓"情本"之"本"立足于中国传统哲学思维，不同于西方哲学的"本体""本质"意义。本书认为，先秦儒家的"情"不仅仅是内容，更是一种方法，贯穿在儒家思想和行为的方方面面，

---

① 李泽厚.实用理性与乐感文化[M].北京：生活·读书·新知三联出版社，2008：70.
② 李泽厚.哲学探寻录，参见：实用理性与乐感文化[M].北京：生活·读书·新知三联书店，2008：187.

也渗透在中华文明、伦常日用之中。本书的"情本"更多的是站在哲学角度的方法论意义的立场上。

(二)"情"何以为"本"

先秦儒家"重情"思想的形成,并使之成为隐含在中华古代思想中的一条脉络,是以中国先民长期形成的人性观、天命观为基础的。

孔子虽没明确说人性的来源与善恶,但他的孙子和学生沿着他的脉络不断丰富儒家学说。子思认为"天命之谓性",人性源于"天",而孟子进一步认为,这个天命之性是"善"的。

当然,对儒家的这种观点,争议是不断的。但这是儒家的信条,也成了儒家思想的立论基础,甚至构建了儒家的思想大厦。这个大厦在中国两千多年的文化中发挥了独特的作用。天如何命"性","性"到底是善是恶,也许还可继续讨论,但我想起了法国哲学家帕斯卡尔的一个著名观点——"赌上帝存在"。科学让人怀疑上帝的存在,以致引起连锁反应,打破了西方人的信仰体系。但帕斯卡尔倔强地要赌上帝一定存在,以维护人类不能失去的信仰体系。儒家对于中国人来讲就是一套信仰体系。这套信仰体系让我们相信人性是本善的,让我们相信上天给了我们完善的人性,只是需要我们去发掘和"复性"。

一般被认为由子思(孔子的孙子、孟子的老师)所做的《中庸》,全文三千多字,虽无一"情"字,但开篇即给予"情"以根本性的意义:"喜怒哀乐之未发,谓之中;发而皆中节,谓之和。中也者,天下之大本;和也者,天下之达道。"(《中庸》)"中"是喜怒哀乐未发的状态,"和"是喜怒哀乐发但发得"中节"的状态。"喜怒哀乐"是天下"大本","和"的状态就达到了"道"的境界。在《中庸》中,"喜怒哀乐"这样的情感被放到了根本性的位置,处理好这些情感也成为通达大道的基本路径,所谓"致中和,天地位焉,万物育焉"。

"情"是与(人)"性"等儒家思想的核心概念对举来理解的。荀子说:"情,性之质也。"刘歆《七略》:"情,性之符也。""情"是人性的本质表现。因此,"情"自然是我们分析人性、认识人性,从而认识社会、认识人与人的关系的出发点。总览周代"三礼",尤其是《周礼》,可以发现,周代整个政治体系、社会管理体系,就是一套庞杂的"礼乐"制度。"礼"以治身,"乐"以治心。"礼"表现为外在的仪文规范,"乐"是内在的心性情感(仁)。而"乐"源于"巫","礼"也源于"巫","礼"和"乐"都来源于人的内在心理情感。中华古代思想的源头,离不开"情感",或泛化为人的内心世界。所以,情感在先秦儒家思想中的地位是极其重要的,是儒家思想展开的基础。

重视、崇尚"情感"肯定是中国儒家思想的重要特征,但仅仅以此内涵概括"情",进而概括先秦儒家思想,甚至中国传统思想的特点,那就太简单化了。中华文化哪怕只是先秦儒家文化,都是一个庞大的系统,各种因素互相联系、支撑、制衡,才形成了中华文化几千年的延绵不绝,光靠一个"情感"是不可能做到的。"情"不是独立发挥作用的,它和先秦儒家一系列范畴和思想构建成一个系统,整体共同发挥作用。此即本书所谓的"情本"思想。这个思想体系以"情感"为基础,与一系列要素互相补充、互相制衡,形成一种整体上的"情理结构"。有学者根据文献中"情生于性"等论述,对"情"的地位及其与"性"的关系做了概括:"先秦儒家的'情'是相对于'性'而提出的一个主体性的范畴,很多情况下,并不是指情感的'情',虽然这个'情',又往往与情感的'情'有关。尤其是,这个'情',是在'天、命、情、性'的互动流转中实现人的主体实在,因而宽广而深邃,现代语汇中的'情感'这一概念远远不能概括的。"①这既指出了"情"的特殊性,也提醒我们研究"情本"应注意的问题。

本书提出的"情本"思想,首先是立足于上文分析的中华古代思想及其"情"思想的本身特点。其次,是与西方的"理性"(作为"情感"的对立面)相对应相比较而言的。正如余英时先生所言:"只有在其他古文化——特别是西方——的对照之下,中国轴线突破的文化特色才能充分地显现出来。"②本书立足于本土哲学,争取用本土的话语和思维表述,虽说不会以其他文明为完全参照系,但不等于我们不可以和其他文明相比照。"不同的文明或社会各有其重心所在,只有通过其特有的价值系统才能真正了解。"③不同文明之间可以互相比较,只是不能用同一标准去衡量。西方哲学史以"理性"为根源和特征,相对而言"情"的地位较低。从苏格拉底、柏拉图、亚里士多德到康德、黑格尔,理性是重要的范畴,是其哲学的主要课题。理性是人和动物的区别,以知性思辨为特征的理性是获取真理的途径,西方哲学甚至以此思维论证上帝的存在。

在对待情感的问题上,柏拉图在《斐多篇》中说:"真理是欢乐与恐惧的清涤

---

① 欧阳祯人.先秦儒家性情思想研究[M].武汉:武汉大学出版社,2005:2.
② 余英时.论天人之际——中国古代思想起源试探[M].北京:中华书局,2014:1.
③ 余英时.论天人之际——中国古代思想起源试探[M].北京:中华书局,2014:8.

剂。"①在柏拉图看来,欢乐和恐惧等情感是真理的对立面,且是无价值的,需要用真理来清除情感。他把理性置于最高地位,以"灵魂马车"为比喻,御车人要用理性控制那匹代表"桀骜不驯,骄横放纵,向往情欲、刺激、快乐和满足"的黑马②。

他的学生亚里士多德秉承此说。亚里士多德在被称为西方"第一篇最重要的美学论文"的《诗学》的第六章中这样定义悲剧:

> 悲剧是对于一个严肃、完整、有一定长度的行动的摹仿;它的媒介是语言,具有各种悦耳之音,分别在剧的各部分使用;摹仿方式是借人物的动作来表达,而不是采用叙述法;借引起怜悯与恐惧来使这种情感得到陶冶③。
> (作者注:罗念生翻译为"陶冶",但在注释中说这是个宗教术语,有"净洗"的意思,朱光潜翻译为"净化"。)

也就是说,亚里士多德主张文艺对情感的"清涤(catharsis)""净化"作用。悲剧的目标不是为了表达人们哀怜、恐惧的情感,而是通过悲剧引发人们哀怜、恐惧的情感,然后把它们清除出去。这在一定程度上也是西方重理轻情美学传统的开端。

先秦儒家对人的存在的基本看法,就是认为人是在实实在在的具体情境中从事具体的情感活动,而不是抽象的纯粹的理性思维。而先秦儒家的情感思想是一种理性化的情感哲学,它追求认识生命情感的安适、满足和快乐,这种满足和快乐是通过人生体验得到的,而人生体验又离不开情感,所以儒家所重视的体验其实也就是情感体验。

儒家以此为出发点和基础,建立了人的意义世界与价值世界。儒家的情感思想既是哲学,也是美学,又有宗教性的问题。所以,本书的"情",既是"情感",又不仅仅是"情感"。"情",是重感情、重个体、重内在的表现。"情",是相对于"理"而谈。"理"重理性、重逻辑、重思辨、重绝对、重本质、重规律,而"情"重情感、重感性、重实践、重相对、重现实、重多样。本书以"情感"为抓手,最终的指向是人格的养成,这种人格的养成当然包括情感上的安适与满足,也就是"乐"的境

---

① ［古希腊］柏拉图.斐多[M].杨绛,译.北京:生活・读书・新知三联书店,2015:5.
② ［古希腊］柏拉图.柏拉图文艺对话集[M].朱光潜,译.北京:商务印书馆,2013:112-113.
③ ［古希腊］亚里士多德.诗学[M].罗念生,译.上海:上海人民出版社,2016:36.

界。这和西方的女性主义思想有相似之处。长期以来,理性主导的现实世界,其实是男性思维的体现。女性主义认为男性主义伦理学的特征是：理性、独立、平等、自由、主动精神,事业、竞争、冲突、权力、规则、个体、公正等。但世界并不完全如此,女性主义伦理学强调情感、关联、依存、约束、受动、内体、家庭、合作、和解、责任、非规则、同伴、关爱。这和中国先秦儒家思维有相通之处。张祥龙先生认为：中国哲学是有性别意识的。这种性别意识表现出类似女性主义的特征①。中国哲学思想的源头《周易》就有这种明显的特征,如阴阳观念。这种性别意识,就是中国先秦儒家情本思想形成的隐形基础。

所以,总结先秦儒家情本思想,可以概括为：立足现实,从内心(情感)出发,生成于境域,外显为实践。而"情"又源于"性","性"又受命于"天"。儒家的情本思想,是和中国传统文化特有的天地宇宙观、人性观、生命观结合在一起的,是在宇宙、人自身、社会等要素的相互关系中形成的一套全方位的思想和思维方式。

到了近代,理性又成为启蒙的话语,进入现代,所谓的现代性的特征之一也是"理性"。"理性"对中国近现代学术、社会的发展,也发挥了重大的作用。但,这一源于西方且极具西方特征的范畴和思维过于强势,以至于长期以来我们忽略甚至否定了我们民族的文化、思维特征。本书重拾中国先秦儒家思想的这一特点,以"情感"为抓手,围绕先秦儒家思想体系中"情感"产生的基础、相关的要素,以及整体协同发挥作用的机制,分析先秦儒家情本思想在教育领域发挥作用的机制。

---

① 张祥龙."性别"在中西哲学中的地位及其思想后果[J].江苏社会科学,2002,(6).

第四章　先秦儒家情本思想体系

　　"情本"是一个结构性概念,它是由多种要素互动组合生成的,情感是直接表现人的内心世界的主线和抓手。本书分析先秦儒家原典,结合先秦儒家哲学思想以及当时中国学术的整体特征,对构成先秦儒家"情本"思想的范畴及其关系作分析。这种分析是建立在中国先秦思维的整体特点的基础上的。郝大维、安乐哲在《孔子哲学思微》一书中说:"西方的个人主义和中国的群体主义之间的差别就在于:西方把个人主义推崇为创造力和独创性的标志,而在中国,发展人格是通过把个体中普遍存在的情感一体化,从而达到某种相互依赖性。"[①]"普遍存在的情感一体化",即先儒的情感不是单独的、孤立的,而是和情理一体,在一定的情理结构中存在的。而所谓的"理"不是理论或某种言说,这个"理"存在于以人的主体性的发挥为动力源的人的实实在在的现世现实世界及其生活中。分析此"情"此"理"及其互动关系,即可分析出构成先秦儒家情本思想的范畴,它们分别是:现世的宇宙观、系统的情感观、内生的主体观、整体的思维观(见图2)。这四个范畴可以概括为"两点一源一观"。"两点"即一个立足点(现世世界)和一个出发点(内在情感);"一源"即一个动力源:主体性的人;"一观"即一个思维观:整体性思维。先秦儒家情本思想即是以现实现世为存在基础,以人的内心世界为根源,以人的主体性的发挥为动力,在整体境遇中各范畴不断交互,在它们共同构成的境遇中生成了"人"。

　　情感是整个情本思想的抓手与主线,与其他各种要素、范畴结合在一起整体生成,构成了先秦儒家的情本思想体系。在这一过程和体系中,情感得以产生、提升、升华,从而也使人的人格境界得以提升、升华、生成。情感的存在状态就是人格境界达到的状态。

---

　　① [美]郝大维,安乐哲.孔子哲学思微[M].南京:江苏人民出版社,2012:1.

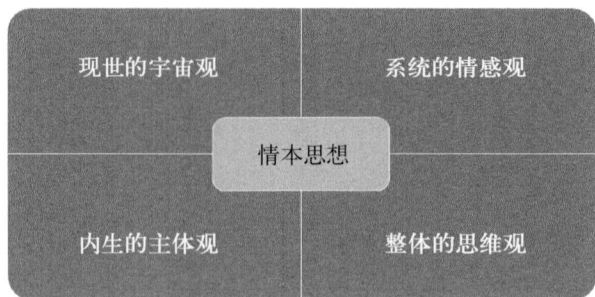

图 2 　先秦儒家"情本"思想体系结构图

一、现世的宇宙观

中国传统思想没有给上帝等人格神以极高地位,但中国人也要找个安身立命、安顿灵魂的地方,也要解决"终极关怀"的问题。相对于西方两个世界的思维——哲学领域的理念世界与现象世界,基督教领域的天堂世界和世俗世界,甚至佛教也有往生世界、来世世界与今生世界——中国人是一个世界的思维,即重视的是现世的现象世界。先秦儒家认为,人生的终极意义就体现在现世世界的日常生活中,且"不可须臾离也"(《中庸》),而这种终极意义是可以通过日常生活实现的。而现世世界又分为两个部分,一个是当下,一个是历史。当下注重空间性,历史注重时间性。在先秦儒家的思想中,不存在任何超越的存在和原则。人与人、人与社会、人与自然宇宙,不是相互对立,而是相互尊重、相互依赖的关系。这不同于西方的柏拉图和亚里士多德。先秦儒家现世思维下的时空观,地域是人间,时间是当前也是历史。先秦这种现世的时空观,是"情本"思想的基础。情理结合之"理",即以这现世为依据。如《庄子·齐物论》所言:"六合之外,圣人存而不论。"《荀子·论天》说:"君子敬其在己者,而不慕其在天者,是以日进也;小人错其在己者,而慕其在天者,是以日退也。"

(一) 现实世情

现实世情是"情本"思想产生和立足的基础。"情本"思想的内涵之一,就是从群体社会生活实际出发,而不是从理论、理念、概念出发;也包括从人的内在实际出发,或者说从"自然人"的状态出发。但古人所说的"自然"的含义和今天的自然世界不同。《孝经》说:"身体发肤,受之父母,不敢毁伤。"我们对自己的父母负责,而不是对什么神负责。这里涉及人和世界的关系问题。中国人认识人与自然、人与世界的方式很独特。在中国哲学中,人的存在就是世界的根本存在,世界的意义内在于人而存在。因此,认识自身,也就认识了自然界和宇宙的根本意义。在中国的传统思想里,自然界并不是作为认识的对象而存在的,而是转化为人的内部而存在,在人的心灵中就内含着自然界的普遍原则,所谓"万物皆备于我"。如果能反身而思,便能穷尽人和万物的一切道理。也就是说,那个自然宇宙和人是相通一体的。这样就形成了中国人"一个世界"的思维。

西方哲学以及一些宗教思想则把世界分成两个部分,一个是现世或尘世,一个是理念的世界或超验的世界。从柏拉图的"理念"世界到康德的"先验理性"再到黑格尔的"绝对精神",皆是如此,和宗教结合后就是"天堂""天国"。这个超验的世界高高在上,其地位远远高于尘世,是从哲学家到信众都追求的至高境界。他们往往以那个高高在上的另一个世界的名义行事。历史上的宗教战争都说,如果某人不是上帝的信徒,上帝的信徒有权力杀掉他。现代社会依然如此。学者成中英曾讲过一个例子来说明这一点:参加越战的卡里少校战后受审,因为他把一个村子所有的妇女小孩都杀了。他说,我们认为他们没有灵魂,他们只有人的形象,没有人的本质①。他反而没有自然而生的博爱精神,他因爱上帝而爱人,假如你不信上帝,那他一定不爱你。他没有中国儒家所说的恻隐之心,更没有以仁的本性发挥出来的"己所不欲,勿施于人"的同情心理。

中国文化则不同。李泽厚把中国哲学精神或性格特征概括为"乐感文化"。即中国文化心理不以另一个超验世界为指归,它肯定人生为本体,以身心幸福地生活在这个世界为理想目的,幸福不在天国而在当下。学者张祥龙也有此类论述,他说:"当我们进入中国思想的领域,就进入了一个独特的天地。它既没有埃及金字塔和希腊神殿的几何'形式',又没有像喜马拉雅山一样高耸入云、超越现实的'梵我'界,它有的只是在苍天和黄土地之间的一个世界。这'天'是自远古以来就与华夏人息息相通的更深远者和更智慧者,却又不是耶和华那样的人格神;这'地'是滋养化生的阴柔之母,却又不是指物质实体。人生天与地之间,也就是生存于天地境界、自然境界和人世境界之中。"②而中国现实世界是以血缘氏族关系为基础的。这种关系是中国古代社会框架的基础,也是情感产生的

---

① 成中英,蒋庆.成中英先生访谈录[J].贵州大学学报(社会科学版),1999,(1).
② 张祥龙.海德格尔思想与中国天道——终极视域的开启与交融[M].北京:中国人民大学出版社,2011:186.

基础。

　　每种文化都会有形而上的思考,中国人也有"道"的追问。但从先秦开始,中国文化的思考没有把它和尘世隔离开来。儒家思想更是注重把握尘世。天道即人道。"道不远人,远人非道也","夫妇之愚可以与知焉","夫妇之肖,可以能行焉"(《中庸》)。先贤追求的"道",就在尘世生活之中,在伦常日用之中,普通的匹夫匹妇的智慧都可以知道。中国人也信奉一些神,个别群体也会出现极荒唐的事件。但总体上,神在中国文化中的地位是有限的。先秦儒家就是这样一个立足于尘世生活生产的实践者,在儒家典籍中有明确表述:"子不语怪、力、乱、神。"(《论语·述而》)"季路问事鬼神。子曰:'未能事人,焉能事鬼?'曰:'敢问死。'曰:'未知生,焉知死?'"(《论语·先进》)"周人……事鬼敬神而远之。"(《礼记·表记》)

　　土生的道教的三位天尊,普通老百姓也会去拜,但能点全其名讳的,恐怕极少,最受人们喜爱的恐怕还是道教的养生之术。外来的佛教虽曾盛极一时,但也是禅宗发展起来之后的事。玄奘取经回来,大力弘扬的唯识宗,在民间并没有多大影响。因为它宣扬的佛法虽高明,但玄奥,脱离百姓生活日用。直到改良后的禅宗,不立文字,直指人心,在生活中悟禅,更符合中国人的思维,所以得以壮大。中国人信的神也很多,但没有一个能主宰一切,三教九流一锅烩,彼此还可能是亲戚。玉皇大帝可以玩耍,如来佛祖也可以调侃。发财去拜财神爷,求子却有他求,因为财神爷在送子方面不专业,专业的是观音。这就是一种"实用理性"。

　　但,这并不意味着中国人的精神追求就低等,也不等于中国人就没心没肺,没有精神困扰。人都要面对生老病死爱恨情恼,宗教当然是一种解决办法,天堂、来世是一种安慰剂。但中国人用另外一种方式安顿灵魂,这种方式还是在"一个世界"里完成。

　　人们把其生活的尘世与所处的外在宇宙圆融打通。打通后的世界,可用"天地"统称。这个"天地"并不独尊,而是"天地君亲师"并举。古代殿宇祠堂都要供奉这块牌位。在更多的语境中,"天地"也没有成为虚构的人格神,而是和我们生活直接相关的并可与人事成互通系统的"自然"。天道即人道,道"无一不本于天而备于我","盖天地万物本吾一体,吾之心正,则天地之心亦正矣,吾之气顺,则天地之气亦顺矣"(《中庸》)。中国人的心里只有"一个世界",即人事和天地自然浑融一体的尘世。而在这个现实的世界里,家和国总是联系在一起的。"迩之事父,远之事君。"这和古希腊社会柏拉图等人的思想完全不同。古希腊注重区分家与国(城邦)、家庭事务与公民政治,强调二者不可混同,且后者高于前者。

这种文化的产生,在思想上和本书前面提到的人本主义思想基础有关。"民,神之主也,是以圣王先成民而后致力于神。""国将兴,听于民;将亡,听于神。"(《左传》)殷鉴已深入民族文化心理结构之中,成为一种自觉意识,现世的人才是最宝贵的。

从更深层次上讲,这和中华农耕文明的发达有很大关系。农耕文明的劳动生产世界是决定性因素。人与动物的区别,关键在于人类"普遍必然"地使用和制造工具,这是人类社会必不可少的。而且,人类进步的程度,就是由工具进步的程度来体现的。这集中体现在科学、技术的发展上。而"普遍必然"地使用和制造工具,又影响着人类的存在方式。如,电脑、手机、互联网对当今人生活的影响。人类制造和使用工具,影响了人类的存在方式,从而影响了人类文化心理结构,而这就是人性的问题。这种人性的产生,是"积淀"而成的。这种"积淀"的形式,就是人类区别于其他动物的心理形式。

人在使用和制造工具的过程中,并在生产劳作中,与自然不断交互,既敬畏自然,也亲近自然、了解自然,并把握自然的规律,利用这些规律达到人的目的。在目的和规律的统一的过程中,自然规律的形式被逐渐抽取并积淀下来,渗入人的生产、生活、艺术以及整个文化之中。"由于原始人在漫长的劳动过程和生产过程中,对自然的秩序、规律,如节奏、次序、韵律等掌握、熟悉、运用,使外界的合规律性和主观的合目的性达到统一,从而产生了最早的美的形式和审美感受。""只有在这种社会性的劳动生产中才能创建美的形式。而和这种客观的美的形式相对应的主观情感、感知,就是最早的美感。"[①]这种美感是积淀的产物,"即人类在原始的劳动生产中,逐渐对节奏、韵律、对称、均衡、间隔、重叠、单复、粗细、疏密、反复、交叉、错综、一致、变化、统一、升降等自然规律性和秩序性的掌握、熟悉和运用,在创立美的活动的同时,也使得人感官和情感与外物产生了同构对应。"中国人对山水及山水画的崇拜与欣赏,就是这种同构的表现。这种同构可以概括为"天人合一"。"这种在直接的生产实践活动的基础上产生的同构对应,也就是'原始积淀'。"自然的对称、秩序、均衡、均匀、对立、比例、统一、差异等一切形式和安排,在他们看来都是最完美的。孔子曰:"天何言哉?四时行焉,百物生焉,天何言哉?"庄子曰:"天地有大美而不言,四时有明法而不议,万物有成理

---

① 李泽厚.美学三书[M].天津:天津社会科学院出版社,2007:512-513.

而不说。"太极图就是个典型代表,阴阳对立又和谐统一。这是先民在与自然的交互中认识到的。自然的这些特征,也就成了人们美的标准,以及精神追求的至高境界。"今人但奢摹古昔,古昔以上谁所宗?"(吴昌硕语)宗谁? 宗天地自然。所谓"外师造化,中得心源"(唐人张璪语)也是此意。

人在创造和使用工具合规律性的活动中,逐渐形成了对自然秩序的一种领悟、想象、理解、感受和感情。人通过生产劳动等实践操作,发现整个宇宙——自然的物质存在的形式关系。这种关系,不是语言、思辨,也不是语言、文本,而是实实在在的体悟。因此,人类的实实在在的生活生产实践才是"本",由此获得的就是"情"。

的确,人生活在地球上,天地宇宙是最伟大、最神奇、最神秘的存在。渺小的人类如能与天地宇宙互通,就能超越眼前的境地,超越有限的时空,达到无限的精神境界。人若有宇宙般的胸襟,还会拘泥在一个"神"的概念上吗? 这就是中国人的"一个世界"的思维,以现世的世情实情(包括人的真实情感),而不是以抽象的理念,也不是以抽象的理念所构建的超验的世界,为生活和存在的依据。

(二) 历史时情

这个"现世"相对于"来世""往世",指的是具体的人类世界。人类世界包括当下,也包括"历史"。人是历史的产物。英国哲学家奥克索特说:"人没有本质,只有历史。"(The man has no nature but history.)历史是一种客观的人类之精神生命的凝聚和表现。历史文化本身,是无数代的人,以其生命心血,一页一页地书写而成的。我们可以从历史中得到功利的好处,从历史中得到某些启示、方法、教训、经验,用于指导今天的生活。了解历史其实是在了解历史上那一个个鲜活的生命状态。也许你不一定认同他们生命状态中的具体的理想信念,但可以了解我们这个民族精神形态的丰富性,同时也充实了我们的精神形态。历史时情包括两个方面:"史"与"时"。

孔子之前,中国就有祖先崇拜,也有"法先王"的思想。孔子及先秦儒家极其重视"历史"。孔子本人就以继承、发扬历史先贤思维为职责,所谓"述而不作,信而好古"(《论语·述而》),"我非生而知之者,好古敏以求之者也"(《论语·述而》),"周监于二代,郁郁乎文哉,吾从周"(《论语·八佾》)。孔子的学术思想就是以三代庞大的历史背景为依托的。具体来讲,一为春秋时期二三百年间集聚变动的政治生活和社会生活；一为夏、商、周三代之礼（文化体制）的相因与损益，这些都是孔子所依托的历史。

而孔子用作教材的"六经"一定程度上也是历史。后儒有"六经皆史"的说法，即《易》《书》《诗》《礼》《乐》《春秋》六经皆为中国古代史书。其中《诗》《书》《春秋》最有史料价值。《春秋》本就是孔子著的史书。《春秋》不仅仅记录历史，更重要的是通过对历史的记载和评判，承载了价值观。而《尚书》也是对三代政治理念的记载。到春秋末年，由于社会的剧烈变动，出现了"礼崩乐坏"的局面。在这样的情势下，《尚书》也出现了一定的缺失。《史记·孔子世家》云："孔子之时，周室微而礼、乐废，《诗》《书》缺。"《史记·五帝本纪》也说："《书》缺有间。"故孔子整理《尚书》，也是因为其中蕴涵着理解圣王政治、认识社会人生的义理。孔子对《尚书》的作用看得很清楚，他说："入其国，其教可知也……疏通知远，《书》教也……《书》之失诬……疏通知远而不诬，则深于《书》者也。"（《礼记·经解》）而《易》是卜筮之书，本来就记载着很多历史经验。

《诗》记录成书前五百多年间人们的喜怒哀乐，这是以文学的形式记录历史。西方的诗多为史诗，如荷马史诗，记述英雄们的故事。中国的《诗》虽以抒情为主，但也记录了周代初年至春秋中叶五百年的历史。所以，诗也有"记"之功用。隋朝大儒王通著《文中子》，把《诗》《书》《春秋》同列入"史"的范畴。"昔圣人述史三焉。其述书也，帝王之制备矣，故索然而皆获，其述诗也，兴衰之由显，故究焉而皆得，其述春秋也，邪正之迹明，故考焉而皆当。此三者，同出于史，而不可杂也，故圣人分焉。"①

应该说中西方都有重视历史的传统，但具体观念不同。中国重视历史，是因为强调人类社会的连续性，而不仅仅是思想理念的连续性。社会的连续，意味着过去的思想和行为要具体化，在现世中能够施行并发扬光大。因此，先秦先贤们包括儒家在内，能够用恰当而贴切的方式把古代思想家的智慧加以继承、扩展，并解释和运用到他们所处的时代和环境中。这种思维也在后世的儒家中得到传承，比如儒门的后学对孔子思想的传承。其实，他们已经做了重大的发展和变革，但他们依然以孔子的思想为名义。比如子思、孟子、荀子，再比如清末康有为的《孔子改制考》。"而在西方传统中，人们则把哲学史看作是由

---

①　[隋] 王通.文中子[M].上海：上海古籍出版社，1986：1310.

笛卡尔、休谟、康德、黑格尔、马克思、尼采等人提出的一系列革命性观点的历史。"①钱穆先生说："人说孔子知礼,只以为他熟习得了许多现行礼;但孔子的真学问,则在根据历史,指导自古到今之沿革变迁,遂能逃出现代圈子,把自古到今的沿革变迁来批评现代。"②而且中华文化中,人们在历史面前保持着一种主动性,我们尊重历史,我们选择性地汲取历史经验,这就是李泽厚所说的"实用理性"。

重视历史,并非仅仅从历史中继承精神财富、汲取经验教训,还要以流动的时间观念,在动态中把握当下。这体现在先秦儒家对"时"的认识上。先秦儒家的时间意识,不仅仅体现在对"时间"的珍惜,更充分认识到"时间"在人、在历史形成中的维度性作用。《中庸》说:"故至诚无息,不息则久,久则徵,徵则悠远,悠远则博厚,博厚则高明。博厚,所以载物也;高明,所以覆物也;悠久,所以成物也。博厚配地,高明配天,悠久无疆。"

"时"在先秦儒家文本中有三个意思:

一是自然之"时"——时间、时节。先民对自然界变化规律的观察直接启发最初"时"的观念,"天地盈虚,与时消息"(《易·丰·彖》),"使民以时"(《论语·学而》),"日月逝矣,岁不我与"(《论语·阳货》,字面意思即是对时间消失的感慨)。

二是命运之"时"——时运。"色斯举矣,翔而后集。曰:'山梁雌雉!时哉!时哉!'"(《论语·乡党》)"遇不遇者,时也。死生者,命也。今有其人不遇其时,虽贤其能行乎?苟遇其时,何难之有?"(《荀子·宥坐》)。不遇其时,便是时运不济,虽有贤能,也无济于事。

三是情境智慧之"时"——审时。认识时间的规律、看清时运的规律,人如何在当时当地作出抉择,这是情境中的智慧。所谓审时度势。人通过自身的修养努力,认识、把握变化的现实情境,既尊重"时"的客观性,又积极用"时",与时变化。所以孔子要求"时然后言"(《论语·宪问》),而"知时",就是知命的一种表现。"不知命,无以为君子也。"(《论语·尧曰》)"穷达以时,德行一也。"(《郭店楚简·穷达以时》)

《礼记·中庸》强调"时措之宜"。《中庸》有载:"成己,仁也;成物,知也;性之

---

① ［美］郝大维,安乐哲.孔子哲学思微[M].南京:江苏人民出版社,2012:14.
② 钱穆.学籥·略论孔学大体[M].北京:九州出版社,2011:382.

德也,合内外之道。故时措之宜也。"郑玄注:"时措,言得其时而用也。"孔颖达疏:"措犹用也。言至诚者成万物之性,合天地之道,故得时而用之,则无往而不宜。"①"性之德也,合内外之道。"这里的"内外","内"指人的内在心理,而"外"指的是空间,也指时间。"时措"的意思也就是因时制宜。但这个"时"不是简单的"时间"。这是一种历史发展观,即国家兴衰,要得其时而行,顺应历史发展的趋势自然得王道。这样的智慧就是"时中",即《周易》"蒙"卦的《彖传》所说的:"蒙,亨。以亨行,时中也。"所谓"时中",一是要"合乎时宜",二是要"随时变通"。

这种"时"的观念贯穿在儒家的各个方面,比如"礼"。"礼,时为大。"(《礼记·礼器》)。礼是人类文明不断继承和发展的结果,有着鲜明的时代特征和一定的历史继承性,要顺应时代特色。它是在流动的时间内的一种动态的存在。"五帝殊时,不相沿乐;三王异世,不相袭礼。"(《礼记·乐记》)再次说明不同时代礼乐的差异。汉代礼学专家叔孙通概括为:"礼者,因时世、人情为之节文者也。故夏殷周之礼所损益可知也,谓不相复也。"(《史记·刘敬叔孙通列传》)孔子把"礼"放在一个时间概念里来看。详情后文还会再述。懂得时间、认识时运,又能因时因地审时度势把握运用,这正是先秦儒家强调的实践智慧。

通过对现实世情和历史时情的分析,先秦儒家立足于时空立体的世界观,形成了独特的中华文化,可以概括为"天人合一"。这种特征深深地渗透进中国文化的方方面面,比如后世诗歌的"咏古"传统。

以绘画为例,中国国画题材最主要的是"山水"。山水是文人最钟爱的主题。子曰:"仁者乐山,智者乐水。"山水是自然的精华与杰作,是文人创作的老师,"画家以古人为师,已自上乘。进此,当以天地为师"(董其昌语);山水也是文人洞察天机的方式和表现,所谓"画到天机流露处"(郑板桥语);山水也是文人和宇宙天地相通的媒介,"借山水之酒杯浇胸中之块垒"。经过几千年的积淀,到宋时,山水画达到极致,学者用"意境"一词概括其特征。不仅绘画,其他众多传统文化门类都秉此思维。人在与天地宇宙融通的过程中,圆满了精神,安顿了灵魂。有这样的文化,中国人的精神还会枯竭吗?不会。所以有人说中国的文化就是中国的宗教。所以,中国人的这种实情又是建立在对宇宙时空的大情怀基础上的。它将人的情感指向超时空、超因果的宇宙物自体。这可能就是冯友兰所说的"天

---

① ［汉］郑玄注,［唐］孔颖达疏,吕友仁整理.礼记正义(十三经注疏)［M］.上海:上海古籍出版社,2008:35.

地境界"。

儒家先贤正是以生活生产的实际情况为存在的依据,强调根据人的主体或本体以及主体所处的情境,即在这一个现实世界里,来判断、行事、履行道德,而不是依据外在的某个抽象的理念。如对"怨"的处理:"或曰:'以德报怨,何如?'子曰:'何以报德? 以直报怨,以德报德。'"(《论语·宪问》)不以德报怨,也不以怨报怨,而是以"直"即实际情况报怨。而先秦儒家重视现实世界,不仅是要对客观世界加以认识、对其价值加以评估,最主要的是在实践中,实现世界的意义,包括人的意义。

二、系统的情感观

作为情感的情,源于人的内心世界,同时也是人的内心世界的外显形式。人的心理世界是建立在现实的生产生活或历史基础之上的。先秦儒家的这个心理世界,以家庭伦理为基础。不同于杨朱的"为我",也不同于墨翟的"兼爱",韩非子甚至完全否定家庭伦理,认为孝悌为假,只有效忠国君为真。

中国哲学中,"心"实在是一个极其重要又复杂的范畴。"心者,五脏六腑之大主也,精神之所舍也。其脏坚固,邪弗能容也。容之则心伤,心伤则神去,神去则死矣。"(《黄帝内经·灵枢·邪客》)中国哲学从先秦开始,就普遍认为,心灵是主宰一切、无所不包、无所不通的绝对主体,"心者身之主"。"心"一度成为主体性的标志,即"一身之主宰"(朱熹语)。"心"是主宰身的,是人性的真正承担者。"心"固然能"思","思"固然是心的重要功能和作用,但心之所以能思,则是"天之所与我者"。这个"天之所与我者"就是人之所以为人之性,不只是天赋的思维能力。性就是心的本质存在或心之所以为心者。

"心"作为主体性的根本标志,并不是"一团血肉",它是情感、意志和知性的统一,是一个合知、情、意于一的整体存在。所谓"万物皆备于我",就是在这个意义上说的。所以"心"成为人的丰富的内心世界的指称。先秦孔孟的贡献在于他们将"仁"导入了这个心理世界,并给这个心理世界以极高的地位。孟子曰:"仁,人心也;义,人路也。舍其路而弗由,放其心而不知求,哀哉! 人有鸡犬放,则知求之;有放心而不知求。学问之道无他,求其放心而已矣。"(《孟子·告子上》)

而这个主体又是与外在世界相统一的,人心即天心,人道即天道,"所谓万物皆备于我"(孟子)。人的心灵、心理世界是丰富的,包括知性、情感、意志、意向等,其中情感在先秦儒家的思想中地位显著。但在孔子那里,他也没有把心神秘化,而是以"情感"为抓手,把心灵的世界落实到现世生活中。现代心理学中,"情绪"(emotion)和"情感"(affection)是两个有差别的概念,虽然很多时候并不容易区分。当我们强调"情"的过程和状态的时候,用"情绪"表示,当我们强调其内容和性质时,用"情感"表示[①]。中国古代对"情绪"和"情感"也没有区分,这不影响我们的研究,故我们一律用"情感"一词。此部分所分析之"情"即为情感。

(一) 情之来源

人的情感是从何而来的呢? 先秦儒家和今之学者都有阐释。有历史的考察,也有哲理的思辨,且都有人类学方法论的意味。先说今人的观点。

1.″情源于巫″的历史考察

李泽厚说,礼仪以及礼由原始巫术而来。巫术活动中巫师或参与者所具有的某种迷狂状态,就是一种非理性或无意识的强烈情感的展现和暴露。人类最早的情感恐怕是"敬"。"敬"即敬畏,包括恐惧、崇拜、敬仰等种种心理情感。周初文诰中多"敬"字。这种情感来源于上古"巫术礼仪",源于对神明的畏惧、恐怖、敬仰的情感。这种情感和宗教的情感又不同。徐复观说:"周初所强调的敬的观念,与宗教的虔敬,近似而实不同。宗教的虔敬,是把人自己的主体性消解掉,将自己投掷于神的面前而彻底皈依于神的心理状态。周初所强调的'敬',是人的精神由散漫而集中,并消解自己的官能欲望于自己所负的责任之前,凸显出自己主体的积极性与理性作用。"[②]

而这恰恰是周代思想人文性的体现。徐复观认为,这就是由殷商到周的转变,人的原始的宗教意识逐步人文化。这种人文化的过程是通过周人的"忧患意识"而发展的,而这种"忧患意识"则是通过"敬"的观念来表现的。他将这种"忧患意识"与原始宗教所依托的"恐怖意识"加以对比:在原始宗教当中,人往往在恐怖与绝望中感到自己过分渺小,而放弃自己的责任,将自己的命运委诸外在的神;反之,"忧患意识"却是起源于人在精神上的自觉,而表现为对事物的责任感,故是一种道德意识[③]。在神明面前,人不是完全否定自我,否定主体性,把自己完全投入到神明(如上帝)那里去,而是一种自我肯定,由感到自身生命、存在由

---

① 卢家楣. 对情绪智力概念的探讨[J].心理科学 Psychological Science,2005,28(5).
② 徐复观.中国人性论史[M].上海:华东师范大学出版社,2005:15.
③ 徐复观.中国人性论史[M].上海:华东师范大学出版社,2005:15.

于与神同一而获得肯定。

这里生发不出"超越"(超验)的客观存在的上帝观念,而是将这种"与神同在"的神秘敬畏的心理状态,理性化为行为规范和内在品格。巫术理论逐渐演化成为巫术品德。这是"德"的内向化或内在化,而最终成为首先要求于政治首领的个体品德力量。这是后世道德的伏笔。简而言之,即原始巫君所拥有的与神明交通的内在神秘力量的"德",变而要求后世天子所具有的内在的道德、品质、操守,也就是将情感理性化了。

2."情生于性"的哲学考察

情感的巫术起源说,给了我们一个唯物主义的历史背景。但是从哲学层面,先秦儒家是如何认识"情"的来源问题的呢?《郭店楚简·性自命出》说:"道始于情,情生于性。"《礼记·礼运》说:"何为人情?喜怒哀惧爱恶欲,七者弗学而能。"按照先秦这些文献的观点,情感是天生就有的,不学而能的。《礼记·乐记》则说:"人生而静,天之性也。感于物而动,性之欲也。""六者心感物而动。乃情也。非性也。性则喜怒哀乐未发者也。"喜怒哀乐未发之状态的"性",是先天的,情感即源于此。它潜在地先于经验而存在,是"天之所与我者""天道之赋予人者",就是"天命之性",就是义理、性理。这个理,不是理论的理性,而是"实践"的理性。它是有关人的行为、行动的原则或法则。它具有客观必然性、普遍性,但不是纯粹形式的、超越经验之上的"理念"。

情感是人天生就有的,但不一定表现出来。未表现出来的状态,即"未发"。受外物所动,发出来就是"情"。不同的外物会引发不同的"情"。《礼记·乐记》从音乐产生的角度做了说明:

> 乐者,音之所由生也,其本在人心之感于物也。
>
> 是故其哀心感者,其声噍[jiào]以杀;
>
> 其乐心感者,其声啴[chǎn]以缓;
>
> 其喜心感者,其声发以散;
>
> 其怒心感者,其声粗以厉;
>
> 其敬心感者,其声直以廉;
>
> 其爱心感者,其声和以柔。
>
> 六者非性也,感于物而后动。

可是,这些情感不是可以随便表达的。人之所以是人,是因为人的情感是有社会性的,而不是完全本能的发泄。所以,《礼记·中庸》进一步说:"喜怒哀乐之未发,谓之中;发而皆中节,谓之和。中也者,天下之大本也;和也者,天下之达道也。"它把"情"的存在状态与处理放到了"大本"与"达道"的高度。

朱熹如此注解:"喜、怒、哀、乐,情也。其未发,则性也,无所偏倚,故谓之中。发皆中节,情之正也,无所乖戾,故谓之和。大本者,天命之性,天下之理皆由此出,道之体也。达道者,循性之谓,天下古今之所共由,道之用也。此言性情之德,以明道不可离之意。"[①]

情感是人本性所具有的,在未发出状态,依然属于"性",这种状态叫"中",当这种状态发出来,就成了各种"情"。但情不能乱发,要"中节",也就是要合适,要"无所乖戾",这种状态的"情"叫作"和"。未发状态的"情",是"性",是"天命之谓性",是天命所给的,是世间诸事的依据。而能够"中节"地发出来,就算是达到天地之大道。从这里可以看出"情"在先秦儒家那里的地位,"情"是天地诸事之根本,也就是本书所说的"情本"。

从以上论述可以看出,先秦儒家认为,情感是先天自然的。最天然的情感是家庭情感。儒家强调父慈子孝,认为人的一切和社会的一切都应建立在这个基础上。家庭情感中,以"孝""悌"最为基础,这是情感的出发点。由此,进一步,以家庭为圆心,往外拓展,达到"仁者爱人""泛爱众"。

这一点《孟子》有详述:

> 夷子曰:"儒者之道,古之人若保赤子,此言何谓也? 之则以为爱无差等,施由亲始。"
>
> 徐子以告孟子。孟子曰:"夫夷子信以为人之亲其兄之子为若亲其邻之赤子乎? 彼有取尔也。赤子匍匐将入井,非赤子之罪也。且天之生物也,使之一本,而夷子二本故也。盖上世尝有不葬其亲者,其亲死,则举而委之于壑。他日过之,狐狸食之,蝇蚋姑嘬之。其颡有泚,睨而不视。夫泚也,非为人泚,中心达于面目,盖归反虆梩而掩之。掩之诚是也,则孝子仁人之掩其亲,亦必有道矣。"徐子以告夷子。夷子怃然为间,曰:"命之矣。"(《孟子·滕文公上》)

---

① 朱熹.四书章句集注[M].北京:中华书局,2014:20.

　　墨家认为爱没有差别,要"兼爱"。孟子则不以为然,孟子认为人的情感是有差别的,人总是最爱自己的父母家人,然后逐层向外扩展。

　　正是这一点形成中国文化与其他文明迥然不同的特点。相比其他宗教,比如基督教、天主教、伊斯兰教,甚至佛教、道教等,儒家思想最明显的特征就是它的主导性精神来源扎根于原本的人际关系或家庭关系,而不是出自个人与人格精神的关系(比如基督教),不是个人与自己的超越关系(比如佛教),也不只是个人与超越性自然的关系(比如道教)。换句话说,在其他宗教中,都可以设想甚至鼓励一个人完全摆脱家庭关系,直接接通到某个更高的意义源头上去,从而获得最后的拯救或开悟,而且这种拯救也不必对家庭关系产生直接的后果。而在儒家思想中,这种情况不会出现,因为至圣仁人也不会剪断家庭关系这条脐带,而且由家庭关系特别是亲子关系所培育的"孝""悌"永远在儒家圣人的精神生活中扮演着不可替代的角色。成圣成仁也都会反过来滋润家庭关系。这并不只是"宗法"关系或某个历史范畴的问题,也不只是政治问题和文化问题,这是人类在其最高精神活动中保持人间的原初关系,从而体现出人类本性的终极问题。

　　先秦儒家的情感来源于以血缘为基础的家庭伦理。这和西方宗教的说法不同。按照《圣经·创世记》的说法,上帝所造人类的始祖亚当、夏娃,经受不住蛇的诱惑,偷吃了禁果,被逐出伊甸园。他们犯禁的内因是情欲。情欲在基督教的经典中早已与人类的原罪牢牢地联系在一起,一些哲学家也因此把感情当作人类一切错误的根源了。

　　先秦的宗法政治文化的特点是我们认识先秦及其思想的重要依据。长期以来,我们一直把先秦思想家尤其儒家的学说禁锢在"以天为宗""以德为本"的政治伦理框架内,政治伦理也成为我们研究关注的重心。后世的哲学家对人的看法和解释基本上都是循着这一思想线索展开的。可是,它的长处也就是它的短处。如果先秦儒家把人的极为丰富的情感世界,以及在此基础上建立的社会关系仅归结为伦理关系和政治关系,就忽视了对人的全面认识[①]。的确,汉代经学及其后的儒学继承者,往往把思考局限在如何合乎伦理政治规范,而无暇顾及其他问题。这也成为很多人诟病儒家思想的一大理由。而哪怕是儒家极具特点的内省、体悟功夫,也因为其内容被限定在政治伦理道德范围内,而失去了更大的价值空间。

---

　　① 包临轩,张奎志.论先秦哲学对人的认识[J].齐齐哈尔社会科学,1985,(4).

（二）情的"理"化

人和世界的关系，不只是认知关系，人不只是认识主体，人与世界的关系还是情感交流的关系，在这一关系中，人是德性主体，承担着道德义务。儒家强调的情感是发自自然的，但不同于一般的动物性情感，它是人性化情感。这种"人性化"，也就是"理性化"。儒家把人的行为依据建立在这种情感上，这样就把情感从自然的情欲，提高到一个新的层面。进而，儒家把理性、智慧、道理的各种要求都建立在这种情感上面。这样，儒家的情感就成为社会性的情感。

起源于原始巫术的内发于人之"性"的"情感"，如何成为社会性情感，且成为"礼"等社会规范的存在依据？孔子的重大贡献是扩大了"仁"的意义。孔子将"仁"引入情，且作为人行为的内在依据。孔子以"仁"释礼，"仁"贯穿了"内圣外王"的整个过程。

> 子曰："人而不仁，如礼何？人而不仁，如乐何？"（《论语·八佾》）

"仁"成了礼乐的内在依据。

> 或谓孔子曰："子奚不为政？"子曰："《书》云：'孝乎惟孝，友于兄弟。'施于有政，是亦为政，奚其为政。"（《论语·为政》）

孝悌就是为政，而孝悌是"仁"之本。什么是"政"？为仁是也。《中庸》所引孔子的说法则是："为政在人，取人以身，修身以道，修道以仁。"而孝悌就是仁之根本。所以，为政就是以仁贯穿总之，所谓一以贯之。

正如大多数学者的基本共识，"仁"是孔子思想的核心，也是其整个思想体系构架的起点和旨归。"仁"字在今本《论语》中出现 110 次，分见于 16 章之 50 余处。我们以分析孔子"仁"这一思想为例，看看其"情本"思想是如何贯穿其中的。"仁"乃众德之首，且包罗众德。其他之德，如爱人、克己、忠恕、中庸、慈、孝、良、悌、惠、顺、勇、刚、直、恭、敬、宽、智、庄、敏、慎、信、讱、俭、逊、让，等等，都是内心之"仁"的外在表现。"仁"是以亲子情为主轴，辐射开来却具有神圣性质的以爱为核心的人际心理的概括总成。"即当年要求在神圣礼仪中所保持的神圣内心状态。这种状态经孔子加以伦理化,名之为仁。孔子要求将'仁'落实到日常生活、行为、言语、姿态中。"①

孔子对有"仁"之心的人是给予高度评价的。孔子在三十岁前,曾向子产学习。"子产者,郑成公少子也。为人仁,爱人,事君忠厚。孔子尝过郑,与子产如兄弟云。"(《史记·仲尼弟子列传》和《史记·郑世家》)孔子待子产竟如兄弟。子产去世时,"仲尼闻之,出涕曰:'古之遗爱也。'"(《左传·子产论政宽猛》)感叹子产是古代文化孕育出来的一位仁爱之人。

孔子认为"仁"是最高的道德品质,具有这种道德品质的人,称为"仁人",所谓"志士仁人,无求生以害仁,有杀身以成仁"(《论语·卫灵公》)。孔子论"仁"的基础是什么呢? 就是人必须有真性情,有真情实感。"刚毅木讷近仁"(《论语·子路》),"巧言令色,鲜矣仁"(《论语·学而》)。"刚毅木讷"的人和"巧言令色"的人,成为鲜明的对比。前者是以自己为主,凭着自己的真性情、真情实感做事的老老实实的人。后者是以别人为主,做事说话专讨别人喜欢的虚伪的人。孔子认为,前者是"近仁",虽然还不是"仁",但接近"仁"。后者很少能为"仁"。没有情,没有真情,就谈不上"仁",儒家的思想大厦就建立不起来。"孝弟也者,其为仁之本与!"孔子强调"仁",但孝悌却是仁的根本。孔子讲"克己复礼为仁,一日克己复礼,天下归仁焉"(《论语·颜渊》)。"仁"又是天下的根本。孔门后学又在此基础上,引申出了很多涵养心性的功夫:曾子的"吾日三省吾身"(《论语·学而》)、孟子的"我善养吾浩然之气"(《孟子·公孙丑上》)是也。

而"仁"已不是纯粹个体的生物性情感,它是理性化的情感。

> 子贡曰:"如有博施于民而能济众,何如? 可谓仁乎?"子曰:"何事于仁,必也圣乎! 尧舜其犹病诸! 夫仁者,己欲立而立人,己欲达而达人。能近取譬,可谓仁之方也已。"(《论语·雍也》)

"夫仁者,己欲立而立人,己欲达而达人。"这里体现了孔子的两个原则:一是人道原则,人与人之间应该互相关爱,互相尊重;二是理性原则,即每个人心里都共同遵守某一规律,都能判断善恶,所以"能近取譬"。

---

① 李泽厚.由巫到礼　释礼归仁[M].北京:生活·读书·新知三联书店,2015:5.

> 樊迟问仁。子曰：爱人。问知。子曰：知人。(《论语·颜渊》)
> 子曰："知者乐山,仁者乐水。知者动仁者静,知者乐仁者寿。"(《论语·雍也》)

孔子强调"知",但"知"的是"人",不是对自然科学的认知,而是对人、对共同人性的认知。除了做"仁人",还要做"知者"。"知人"就是要认识人性共同的规律。

所以孔子本人被赞誉为"仁且智"。

> 昔者子贡问于孔子曰:"夫子圣矣乎?"孔子曰:"圣则吾不能。我学不厌而教不倦也。"子贡曰:"学不厌,智也,教不倦,仁也。仁且智,夫子既圣矣。"(《孟子·公孙丑》)
> 孔子仁知且不蔽,故学乱术足以为先王者也。(《荀子·解蔽》)

"仁"和"知"是一体的,这样先秦儒家的"情"和"理"就一体化了。他们肯定人情背后的普遍性和共同性,这就是情感的理性化。

孟子加大了"义"的价值,也就是以此将情感理性化。

> "至于心,独无所同然乎? 心之所同然者何也? 谓理也,义也。"(《孟子·告子上》)

"同然"就是共通的理性,就是"义"。

先秦儒家把人放在社会关系中来考察,明确地肯定了人的社会性,承认情的同时也将其理性化、规范化,这是极为独特的思维方式,有着重大的理论价值。

(三) 情的丰富性

先秦时期是中国古代思想的开创期,思想家们内在地承袭了原始思维的整体性、全息性特质,复制和再现了原始思维中的情感因素,并且在更高的历史基础上,即在人性叩问和理性化的背景下,使情感从神性流转为人性,反转为人的一种真实的内在"存在",并获得了无所不在的存在形式。就如蒙培元先生所言:

“情感，且只有情感，才是人的最首要最基本的存在方式。”①

从具体文献来看，“情”这一中国传统思想中的要素，很早就进入中国先哲的视野中。我国古代的文献典籍中，记述“情”的比比皆是。情感的种类也丰富多样。《礼记》曾概括为“七情”，即“喜、怒、哀、惧、爱、恶、欲”。但具体表达这“七情”的词汇更加丰富多样。辞书之祖《尔雅》的《释训篇》就集中解释了各种表达情感或描写情貌的词，并对各种“情”进行了分类：“惴惴、憢憢，惧也”“坎坎、墫墫，喜也”“旭旭、蹻蹻，憍也”“儚儚、洄洄，惛也”“悄悄、惨惨，愠也”“殷殷、惸惸、忉忉、慱慱、钦钦、京京、忡忡、惙惙、怲怲、弈弈，忧也”“锽锽，乐也”，详列如下：

(1) 明明斤斤，察也。

(2) 条条秩秩，智也。

(3) 穆穆肃肃，敬也。

(4) 诸诸便便，辩也。

(5) 肃肃翼翼，恭也。

(6) 廱廱优优，和也。

(7) 兢兢憴憴，戒也。

(8) 战战跄跄，动也。

(9) 晏晏温温，柔也。

(10) 业业翘翘，危也。

(11) 惴惴侥侥，惧也。

(12) 番番矫矫，勇也。

(13) 桓桓烈烈，威也。

(14) 洸洸赳赳，武也。

(15) 蔼蔼济济，止也。

(16) 悠悠洋洋，思也。

(17) 蹶蹶踖踖，敏也。

(18) 薨薨增增，众也。

(19) 烝烝遂遂，作也。

(20) 委委佗佗，美也。

① 蒙培元.情感与理性[M].北京：中国社会科学出版社，2002：25.

（21）怟怟惕惕，爱也。

（22）偁偁格格，举也。

（23）蓁蓁孽孽，戴也。

（24）傂傂媞媞，安也。

（25）祁祁迟迟，徐也。

（26）丕丕简简，大也。

（27）存存萌萌，在也。

这些情貌词语有表现恐惧的，有表现喜悦的，也有表现恭敬、忧愁、倨傲、憎恶、烦恼的。表“恐惧”的如“兢兢”“憴憴”“战战”“跄跄业业”“翘翘”“惴惴”“恔恔”。表“尊敬”的如“战战”“业业”“惴惴”“恂傈”“穆穆”“肃肃”“翼翼”。这些词语几乎涵盖了人类情感的各种类型、各种情境。

中国第一部系统地分析汉字字形和考究字源的字书是东汉时许慎著的《说文解字》，《说文解字》收录了 9 353 汉字，且以先秦时的篆体为分析对象。据我国心理学家林传鼎先生对《说文解字》的分析，其中有 354 个字是描述人的情绪的，按释义可分为 18 类，即安静、喜悦、恨怒、哀怜、悲痛、忧愁、愤激、烦闷、恐惧、惊骇、恭敬、抚爱、憎恶、贪欲、嫉妒、傲慢、惭愧、耻辱①。

可见，先秦表达情感的词汇远比现代汉语庞大、丰富、细腻。《左传·昭公二十五年》中子产论“志”时，列出它所包含的三对情感及其物质基础（“气”）：“民有好恶、喜怒、哀乐，生于六气。是故审则宜类，以制六志。哀有哭泣，乐有歌舞，喜有施舍，怒有战斗。喜生于好，怒生于恶。是故审行信令，祸福赏罚，以制死生。生，好物也；死，恶物也。好物，乐也；恶物，哀也。哀乐不失，乃能协于天地之性，是以长久。”古人已经对人的情感规律做详细分析，并为统治阶级管理社会提供依据。

但是，中国历史上出现的各个学派并不是在同一维度或层面上理解情感的。细数各家，“情观”各有异。在中国古代主流思想中，儒道两家都讲“真情”，讲原始的实然的本真之情，但儒家更侧重于个体的生命关怀（包括道德情感），道家更侧重于个体的生命情调（包括审美情感）。至于佛教，则秉持由悲苦之情进入极乐境界的宗教情感。

法家代表人物韩非子把人际关系看成是赤裸裸的权力、利益关系。人就是

---

① 朱小蔓.情感是人类精神生命中的主体力量[J].南京林业大学学报（人文社会科学版），2001，(3).

政治和权力的动物,人是私欲、权势的狂热追求者,君臣之间不可以有过多的感情。他强调人的情感的功利性和可控性,继而用法来治情,人恰恰可以成为实现政治目的的工具与牺牲品。

作为小生产者代言人的墨子讲究"兼爱",这是超越时空的整体人类之爱、平等之爱,但是远离人性的事实。他又主张"非乐""节用",认为人应一无所求,没有物质欲望,也没有精神欲望,把人除了生存之外的合理要求都一概排斥掉了。诚然,墨子之所以产生这些主张,是因为看到了当时社会的"厚葬""久丧"的社会危害,对其愤怒抨击,有一定的合理性,但他不加区别地"非乐",乃是极端片面的、狭隘的,这种对人的性情的扼杀,恰恰是对人性的远离。

关于道家,一般认为道家是否定"情"的。现在看来,一则道家并不否定情,二则道家的"情"和其他学派的确有别。《老子》五千余言,"情"字虽没有出现一处,但并非无情。"天地不仁,以万物为刍狗。"《老子》对万物一视同仁,不偏情,不多情,所以"天道无亲"。但道家以无情为有情。"圣人无常心,以百姓心为心。"(《老子·四十九章》)圣人"善者,吾善之;不善者,吾亦善之"(《老子·四十九章》)。老子提倡的是抛去世俗观的自然天地之伟情。"圣人常善救人,故无弃人,常善救物,故无弃物。"(《老子·二十七章》)充分发挥人、物之行,就是圣人之情。说老子无情的理由是"大道废,有仁义""六亲不和,有孝慈"(《老子·十八章》),认为老子反对"仁义""孝慈"。但《老子·十九章》"绝仁弃义,民复孝慈",一方面否定仁义,另一方面又肯定孝慈,着实矛盾。郭店楚简的出土,给我们带来新的认识。楚简《老子》甲乙丙出土,其中《老子丙》载"故大道废,安有仁义。六亲不和,安有孝慈",这里既肯定仁义也肯定孝慈。

庄子所倡导的情,是一种超越利害关系、超越世俗规范的自然之情,是率真、本性之情,"不以好恶内伤其身"(《庄子·德充符》)。庄子认为用心之情,会伤神、伤精。而仁义的提倡,是一种"伪情"。《庄子·天地》曰:"至德之世,不尚贤,不使能,上如标枝,民如野鹿。端正而不知以为义,相爱而不知以为仁,实而不知以为忠,当而不知以为信,蠢动而相使不以为赐。"之后人越发有趋利避害之性,"变其情,易其性"(《庄子·盗跖》),"丧己于物,失性于俗"(《庄子·缮性》),被外在的物欲世俗所束缚,远离了原有的真情本性。道家的"情"观是有道理的,对先秦儒家的情论有很大的影响,对我们今天研究先秦儒家情论也有历史意义和理论意义。但道家提倡的自然之情,脱离社会人际关系,"出世"可独善其身,但"入世"难以兼济天下,更难保全自我。人毕竟是社会动物,是社会关系的总和,如何能完全出世而独善呢？

通过以上各家的比较可以发现，先秦百家中唯有儒家视"情"最重，也最务实，体现在其思想以及日用伦常的方方面面。如前所述，孔孟文本中"情"字的出现并不多，用来表示"情感"的更少，以至于使我们怀疑在那个时代"情"的地位以及能否用"情"来表达那个时代的思想特征，但郭店楚简的出土使我们的怀疑打消了。楚简中不仅大量使用"情"字，而且明确无误地是表示"情感"的，其中论述最有价值的是《性自命出》一篇。先秦孔孟和郭店竹简原典儒学对"情"有理论话语和哲学的关切。"情"是被作为人的根本或出发点，作为人间关系和人生活动的具体状态，被儒家认为是人道甚至天道之所发生。

（四）情的重要性

《礼记》说："故人情者，圣王之田也。修礼以耕之，陈义以种之，讲学以耨之，本仁以聚之，播乐以安之。""情田"是人性的基础。儒家是在尊重情感的基础上"修义之柄，礼之序，以治人情"（《礼记·礼运第九》）。

对儒家重视情感的分析，蒙培元先生概括得非常到位。儒家的情感就是"真情实感"[①]，这是人的本真状态。所谓"真情"，就是发自人的内心的最原始最真实的自然情感；所谓"实感"，就是来自生命存在本身的真实的自我感知和感受，而非虚幻的理论或概念。这种"实感"当然包括生命体对所处环境的真实感受。

与世界其他主要文明相比，我们也可以看出儒家的这一特点。以孝为例，我们抽取《圣经》和《古兰经》中关于孝的规范，就可以看出儒家的特点（见表1）。

表1　关于孝的规范

《圣经》	神说："当孝敬父母。"又说："咒骂父母的，必治死他。"（《马太福音》第15章）
《古兰经》	你的主曾下令说："你们只应当崇拜他。应当孝敬父母。"（《第17章第23节》）
《论语》	宰我问："三年之丧，期已久矣！君子三年不为礼，礼必坏，三年不为乐，乐必崩，旧谷既没，新谷既升，钻燧改火，期可已矣。"子曰："食夫稻，衣夫锦，于女安乎？"曰："安！""女安！则为之！夫君子之居丧，食旨不甘，闻乐不乐，居处不安，故不为也。今女安，则为之！"宰我出。子曰："予之不仁也！子生三年，然后免于父母之怀。夫三年之丧，天下之通丧也。予也，有三年之爱于父母乎？"（《阳货》）

① 蒙培元.情感与理性[M].北京：中国社会科学出版社，2002：25.

与其他文明相比,先秦儒家有鲜明的人本主义思想,它重视人的内在精神世界,重视人的情感体验以及生命的价值和意义。它判断、行事的依据,不是经典,不是教条、教义,不是圣人之言,而是人情,是人心感受。为何守孝三年? 守孝三年的规矩,不是孔子定的,也不是周公定的,而是由你"安"与"不安"的情感决定的。它把表现人的内在心理的情感放置到极高的位置,使其成为儒家思想的基础,并伴随儒家思想的始终。孔子的孙子子思所著《中庸》说:"喜怒哀乐之未发,谓之中;发而皆中节,谓之和。中也者,天下之大本也;和也者,天下之达道也。"处理好人的情感,是"大本",是"达道",已经成为通本达道的关键。因此,先秦儒家在判断事情和人品上,都把情感作为衡量的标准。单以《论语》为文本,除了上举的"宰我问丧"外,案例众多,择要列举如下。

1. 以情论事

子游问孝。子曰:"今之孝者,是谓能养。至于犬马,皆能有养;不敬,何以别乎?"(《论语·为政》)

何谓孝道? 不是对父母管吃管喝就行了,一定要饱含"敬"的情感。

子曰:"何伤乎? 亦各言其志也。"曰:"莫春者,春服既成,冠者五六人,童子六七人,浴乎沂,风乎舞雩,咏而归。"夫子喟然叹曰:"吾与点也!"(《论语·先进》)

《论语·先进》"四子侍坐章"中,孔子让四位学生各言其志,谈谈治国方略,唯独对曾点的回答喟然赞同。这一直是一个争议不断的话题,曾点并没有谈什么治国理政的具体方略,孔子为何"吾与点也"? 因为曾点描绘了一个安居乐业、内心惬意、行为舒适、其乐融融的生活场景,而这恰恰就是孔子对一个和谐的社会的评价标准,再好的治国方略,必须体现在百姓和谐的心理和生活状态上。

叶公语孔子曰:"吾党有直躬者,其父攘羊,而子证之。"孔子曰:"吾党之直者异于是。父为子隐,子为父隐,直在其中矣。"(《论语·子路》)

这是著名的、争议极大的"父子相隐"的公案。曲直且不说,可以看出孔子依然把父子之间的情感放在第一位。父慈子孝是人之常情,也是人最基本的情感。父子之间如果连这种情感都没有,在孔子看来是不应该的。

《孟子》中,一样有类似的记载。

> 桃应问曰:"舜为天子,皋陶为士,瞽瞍杀人,则如之何?"孟子曰:"执之而已矣。""然则舜不禁与?"曰:"夫舜恶得而禁之? 夫有所受之也。""然则舜如之何?"曰:"舜视弃天下犹弃敝蹝也。窃负而逃,遵海滨而处,终身訢然,乐而忘天下。"(《孟子·尽心上》)

在孟子看来,如果非要在帝位和父亲之间抉择,舜为了父子情应该放弃帝位。

2. 以情论人

孔子评价人不是从他所做的丰功伟绩着眼,而是着眼于其内在情感心理状态。

> "知者不惑,仁者不忧,勇者不惧。"(《论语·子罕》)

知者、仁者、勇者,之所以能知、仁、勇,就在于他们没有不良的情感。

> "有子曰:'其为人也孝弟,而好犯上者,鲜矣;不好犯上,而好作乱者,未之有也。君子务本,本立而道生。孝弟也者,其为仁之本与!'"(《论语·学而》)

一个有孝悌情感的人,不会是一个犯上作乱的人。

> "子路问曰:'何如斯可谓之士矣?'子曰:'切切偲偲,怡怡如也,可谓士矣。朋友切切偲偲,兄弟怡怡。'"(《论语·子路》)

评价一个人是不是"士",不是看其有多大的学问、多大的事业,而是看他待人接物时的情感状态。"朋友之间互相督促勉励,兄弟之间相处和和气气。"

"司马牛问君子。子曰:'君子不忧不惧。'曰:'不忧不惧,斯谓之君子已乎?'子曰:'内省不疚,夫何忧何惧?'"(《论语·颜渊》)

君子的品德不仅仅在其遵纪守法,最终体现在他的内在心理情感上。品德高尚的君子,内心必然是"不忧不惧"、坦坦荡荡的。

3. 以情论艺

艺术是表现美的,而这种美一定源于人内心的情感。对此,《礼记·乐记》早有论述:"凡音之起,由人心生也。人心之动,物使之然也。感于物而动,故形于声。声相应,故生变;变成方,谓之音;比音而乐之,及干戚羽旄,谓之乐。乐者,音之所由生也;其本在人心之感于物也。"

《论语》中,多处有孔子对乐的情感感受:"子在齐闻《韶》,三月不知肉味,曰:'不图为乐之至于斯也。'"(《论语·述而》)孔子对这种韶乐有极高的评价:"子谓韶,'尽美矣,又尽善也。'谓武,'尽美矣,未尽善也。'"(《论语·八佾》)

好的音乐一定会使人产生美好的感觉,这和康德在审美上的观点一致。康德对美的定义是:"美是无概念地作为一个普遍愉悦的客体被设想的。"[1]康德把内在情感——愉快与不愉快——作为美的标准。但康德仅限于在美学领域承认情感,在伦理学领域依然追求绝对理念。把情感与道德、伦理联系起来非中国独有。英国哲学家、经济学家和历史学家大卫·休谟认为,伦理学的基础既不是理性也不是经验,而是情感。但是,西方哲学家所说的情感多偏于心理学层面,和中国古代的整体性"情"观是有很大区别的。

儒家如此重视"情",也就是为了对那个礼崩乐坏的时代有所反正。各诸侯国为了图存,为了争霸,极其重视工具理性,比如秦国用商鞅变法。活在那个时代现实中的人,内在价值观也难免扭曲,哪怕对家人都已无情可言。苏秦拜相前后,其家人态度的变化就是个活生生的例子。苏秦游说秦王未果,资用匮乏,潦倒而归。"妻不下纴,嫂不为炊,父母不与言。"《战国策·秦策一》后苦读发迹,拜六国相,北报赵王,乃行过雒阳,苏秦之昆弟妻嫂侧目不敢仰视,俯伏侍取食。苏秦笑谓其嫂曰:"何前倨而后恭也?"嫂委蒲服,以面掩地而谢曰:"见季子位高金多也。"苏秦喟然叹曰:"此一人之身,富贵则亲戚畏惧之,贫贱则轻易之,况众人乎!且使我有雒阳负郭田二顷,吾岂能佩六国相印乎!"(《史记·苏秦列传第

---

① [德]康德.判断力批判[M].邓晓芒,译.北京:人民出版社,2002:40.

九》）在此种历史情境下，先秦儒家依然坚守"情"场，立足人情，立足社群，坚定地把握"情"的价值。

"情"是先秦儒家建立其伦理的基础。《礼记》载："凡治人之道，莫急于礼。礼有五经，莫重于祭。夫祭者，非物自外至者也，自中出生于心也。心怵而奉之以礼，是故唯贤者能尽祭之义。""是故孝子之事亲也，有三道焉：生则养，没则丧，丧毕则祭。养则观其顺也，丧则观其哀也，祭则观其敬而时也。尽此三道者，孝子之行也。"《礼记》记载子路的言论："吾闻诸夫子：丧礼，与其哀不足而礼有余也，不若礼不足而哀有余也。祭礼，与其敬不足而礼有余也，不若礼不足而敬有余也。"（《礼记·檀弓上第三》）这些儒家经典都在反复说明，儒家的道德伦理是极其注重个体心性情感投入的。没有情感的投入，礼或道德行为做得再好再到位，也不是真正的道德。

哪怕《中庸》中不断强调和推崇的"道"，其最终实现也体现于现实的人伦情感之中。如《中庸》所述："君子之道，辟如行远必自迩，譬如登高必自卑。诗曰：'妻子好合，如鼓瑟琴。兄弟既翕，和乐且耽。宜尔室家，乐尔妻帑。'"妻子儿女情感和谐，兄弟和睦，一家人其乐融融，就是"道"。根基于现实生活的伦理情感正是"道"的体现。

先秦儒家的情是社会性的生命情感体验，既不同于动物的情感，也不是一个单一孤立的概念。它必然是经历过思想，经历过积累沉淀而成，从而进入一个民族的文化心理结构之中。先秦儒家思想对情的处理，使"情"成为中华民族文化心理结构中重要的一部分。中国哲学主体思维，是以主体的情感意向为基本定势的。这种"情本"型的思维从主体内在的情感需要、评价和态度出发，通过主体意识的意向活动，获得人生和世界的意义。先秦儒家这种"重情"的思想就使得中国哲学的思维不同于以外部事物及其客观性质为对象的科学思维或逻辑思维。冯友兰也说，中国思想的特质是"中国思想从心出发，从各人自己的心出发"[①]。

（五）情的超越性

先秦儒家的情以血缘伦理为基础和起点，也就是由孝悌到泛爱众，爱人、忠恕，但没有把其伦理境界仅仅停留于此。《周易·系辞》："天地之大德曰生，圣人

---

① 冯友兰.为什么中国没有科学[M]//冯友兰.三松堂学术文集.北京：北京大学出版社,1984：40.

之大宝曰位。何以守位？曰仁。"这时的"仁"具有了超越性，"仁"内在的情，自然也有了超越性。中国古代文化的另一重大特点就是超越性。人如何超越现实，使自己的灵魂、精神升华？这不仅是宗教的追求，也是包括儒家在内的众多学派的终极追求。但儒家的这种超越不是外在的指向"上帝"等物的超越，而是人内在的自身精神的超越。这种超越体现在古人对天地宇宙的情感上。

在农耕文明发展起来的先秦，对天地自然有着天然的情感。《易经》云："天地之大德曰生"，"生生之谓易"。《论语·阳货》云："天何言哉？四时行焉，百物生焉，天何言哉？"而《中庸》中描述了天地的好生之德：

> "故至诚无息。不息则久，久则征。征则悠远，悠远则博厚，博厚则高明。博厚，所以载物也；高明，所以覆物也；悠久，所以成物也。博厚配地，高明配天，悠久无疆。如此者，不见而章，不动而变，无为而成。天地之道，可一言而尽也：其为物不贰，则其生物不测。天地之道：博也，厚也，高也，明也，悠也，久也。今夫天，斯昭昭之多，及其无穷也，日月星辰系焉，万物覆焉。今夫地，一撮土之多，及其广厚，载华岳而不重，振河海而不泄，万物载焉。今夫山，一卷石之多，及其广大，草木生之，禽兽居之，宝藏兴焉。今夫水，一勺之多，及其不测，鼋鼍、蛟龙、鱼鳖生焉，货财殖焉。"（《中庸》二十六章）

天道即人道，天道由人道体现。天道与人道是相通的，人有情，天亦有情。儒家不仅看到人的"情"，也赋予天地以情。"盖天地万物本吾一体，吾之心正，则天地之心亦正矣，吾之气顺，则天地之气亦顺矣。"（《中庸》）儒家据此将宇宙自然泛情感化。"万物静观皆自得，四时佳兴与人同。道通天地有形外，思入风云变态中。"（宋·程颢《秋日》）宇宙自然不光有情，而且与人情相通。正所谓："天行健，君子以自强不息；地势坤，君子以厚德载物。"天道即人道，人道即天道。《礼记·乐记》曰："大乐与天地同和，大礼与天地同节。""乐者天地之和也，礼者天地之序也"。"乐"表"情"，"礼"既表"情"也规范情，但都和天地相同，此谓"天人合一"的境界。孟子说："可欲之谓善，有诸己之谓信。充实之谓美，充实而有光辉之谓大，大而化之之谓圣，圣而不可知之之谓神。"孟子认为，人只要具有仁义等内在品质，并充盈于外在形式，就可以由善至信，由信至美，由美至大，由大至圣，由圣至神，可以超越感性自我，可以达到化圣成神的境界。

三、内生的主体观

在整个人类历史上，人把自身作为主体，同对象、客体区分开来，标志着人的意识的诞生，也意味着真正意义上的人的诞生。自从活动着的人作为主体，同活动的对象即客体分化开来，人便具有了某种主体性。人的生命活动是对象性的，这对象是人的本质的表现。

"主体性"是近代以来西方哲学强调的一个概念。主体性是"具体的人性在具体的主客观关系中的特殊表现，它应该是特指人在建立和推进一定的对象性关系时所表现出来的人性方面"[①]。这种人性首先需要人具有意识性。"这种意识一方面要认知外部世界，就是我们所谓生物进化的一部分。认知外部世界构成反思，这种反思是自己的一种反应和一种感受，以此来确定主体。主客体实现一种交换，形成'观'。这种'观'是广义的，通过察外部事物，认知部事物，生一种回思。理解和把握外部事物，激发主体潜在的情绪和情感。"[②]

也就是说，人必须凭借现实的感性的对象才能表现自己的生命。"主体性实质上指的是人的自我认识、自我理解、自我确信、自我塑造、自我实现、自我超越的生命运动，及其表现出的种种特性，如自主性、选择性和创造性等等。""主体性"表现为对人的价值的承认和追求，表现为强烈的自我意识与主体精神[③]。它是人的生命自觉的一种哲学表达，是人通过实践和反思而达到的一种存在状态和生命境界，从而也展现了人的生命活动的深度和广度。人的主体性活动是对象性的，是人的本质力量的对象化。根据主体自觉性的不同层面，主体可以是个体，可以是群体（社会、文化），也可以是类（物种）。

在现代思想中，现代学人将主体分为两层含义：一是形而上学的，指认识或道德主体；二是经验的，指政治与法律的权利主体，组成社会的基本单元[④]。这种分层，我认为也适合先秦儒家的思想。儒家一方面追求形而上的主体的确立，另一方面，或者说其最终目的，是在现实社会中建立人与人之间和谐的伦理关系。

---

① 李德顺.价值论[M].北京：中国人民大学出版社,1988：9.
② 王治东,成中英."本体诠释学"之本、体、用——成中英教授访谈录[J].南京林业大学学报(人文社会科学版),2011,(2).
③ 郭湛.主体性哲学——人的存在及其意义[M].北京：中国人民大学出版社,2011：29.
④ 陈剑澜.康德审美判断力批判的意义[J].北京大学学报(哲学社会科学版),2018,(6).

(一) 先秦儒家主体观的内涵

所谓"人的主体观",是指先秦儒家关于人的"主体性"的看法。先秦儒家没有提出"主体性"的概念,但其主张包含、表现了"主体性"思想,且符合以上分析的特点。先秦儒家主体性的高扬表现在对人的价值、地位、能力与作用的肯定,对人的本质的认识,以及对人的独立意志的强调。根据对象的不同,先秦儒家的主体性体现在两个方面,一是儒家的主体性,儒家作为一个群体,将人的教化与社会和谐作为自己活动的对象,彰显儒家的责任意识,"虽千万人吾往矣"(《孟子·公孙丑上》),"天行健,君子以自强不息"(《周易》)。这种意识和精神,贯彻在后世儒家命脉中,"为天地立心,为生民立命,为往圣继绝学"(宋张载语)也成为中华文化的一个重要精神特征。二是个体的主体性。儒家不是把人作为一个客观的自然对象去认识的,而是作为思维和实践着的主体去认识。人之所以为人,在于人有内在的本性,人就要不断地去认识内在的本性。这时,人既是认识的主体,也是认识的对象和手段,但目的是人自身,所谓"古之学者为己,今之学者为人"(《论语·宪问》)。自己既是主体,也是目的。这与儒家的情本思想紧密相连,也是本书要重点分析的。

需要说明的是,先秦儒家主体性思想的产生背景和出发点与西方是不同的。近代西方的主体性思想是在摆脱上帝、摆脱宗教束缚的大背景中彰显出来的,表现为人的能动性、自主性、创造性。先秦儒家的主体性,其阐发基础是人,而不是某种人格神。对人本性的不断追问和确认,是先秦儒家主体性确立的基础。而先秦儒家的人性是在与动物的对比中确定人的规定性,也就是在社会性角度确认人性。"天地之性人为贵"(《孝经》),郭店简书《尊德义》有言:"圣人之治民,民之道也。禹之行水,水之道也。造父之御马,马之道也。后稷之艺地,地之道也。莫不有道焉,人道为近。是以君子,人道之取先。"这种说法,便是将"人之道"与"水之道""马之道""地之道"并举,且进一步主张"人道"的切近性与优先性。荀子也表达过类似的看法,并将"人之道"称为"君子之道":"道者,非天之道,非地之道,人之所以道也,君子之所道也。"(《荀子·儒效》)这是从思想高度对人的主体性的尊重。先秦儒家强调人的主体精神,更以积极入世的态度强调人的主体性的社会性,并在实践中彰显。

对人的尊重,儒家之外的中西哲学流派多有见解,但皆与先秦儒家有很大差异。例如,道家学派最终重视个体精神,似乎最重视个人的主体性,但他们所追求的主要是一种精神上超然物外的境界,他们放弃了现实世界的努力,采取一种消极的超脱的态度,因而在实践上其实又最少追求主体性。西方从文艺复兴开始,面对宗教的束缚,开始高扬世俗的人性。他们提倡个性与人权,主张个性自由,反对天主教的神权;主张享乐主义,反对禁欲主义;提倡科学文化,反对封建迷信,后发展为西方现代性自由主义思想。自由主义也强调人的主体性,但形成了一种主张个体应该摆脱一切社会关系、走向原子化状态的个人主义。这种个人主义是一种去道德化、去伦理化的个人主义,它寻求自由,却意味着摆脱道德伦理束缚,被称为"伪个人主义"。后现代西方哲学家(如哈耶克、福柯)对这种"伪个人主义"的原子化状态的主体论也持批评态度。他们提倡"真个人主义",即一种连接道德和伦理的个人主义,他们认为,追求自由不仅不意味着摆脱道德伦理的束缚,而且意味着个体应该成为道德伦理的主体。而先秦儒家所强调的就是人的道德主体性,最终培养出人的君子人格。

更重要的是,先秦儒家的这种主体性思想,最终形成了一种主体性思维。蒙培元先生总结为:"从内在的主体意识出发,按照主体意识的评价和取向,赋予世界以某种意义,并且把意识还原为某种本质的(或形式)存在,由此决定了思维的基本模式或程式。"①这种主体性思维成为后世儒家阐释经典的一种重要的思维模式。

(二) 先秦儒家高扬主体性的原因

如前所述,人道主义是周代思想区别于前代的重要特点。关于这一特点,《性自命出》中有一句无比重要的论断:"凡道,心术为主。道四术,唯人道为可道也。其三术者,道之而已。《诗》《书》礼乐,其始出皆生于人。《诗》,有为为之也;《书》,有为言之也;礼乐,有为举之也。"

学者李零先生联系《性自命出》原文,主张"道四术"的意思是说"道有四术,其中第一术是'心术',即心理感化的方法,而'心术'属于'人道';其他三术,即'诗''书''礼乐',它们都是从心术派生,并受心术指导"②。丁四新也持同样看法:"'道四术',即是心术、诗术、书术、礼乐术"③。心术之道才是真正的道,是统

---

① 蒙培元.中国哲学主体思维[M].北京:人民出版社,2005:4.
② 李零.郭店楚简校读记(增订本)[M].北京:北京大学出版社,2002:119.
③ 丁四新.论郭店楚简"情"的内涵[C]//丁四新.《楚地简帛思想研究》(二).武汉:湖北教育出版社,2005:155.

领其他的道。"心术"即是对人的主体性的表现,而在那个时代能产生如此的主体性思想和其社会生产生活政治经济文化的发展背景有着密切的关系。

1. 社会背景

当时礼崩乐坏,周天子等上层统治者已无权威,也无能力维护"礼"。自上而下行不通,那就自下而上,强调发挥每个个体尤其是君子这部分氏族贵族成员的作用,要求他们自觉地、主动地、积极地承担这一"历史重任",把"仁"作为个体存在的至高无上的目标和义务。与其耳提面命,天天叫着"复礼",引起人们的反感,不如从人的内心出发,培育人的主体性和主动性。

这也是孔子极其高明的策略。这样,也使所谓"制礼作乐"不再具有神秘权威性质,"礼"不再是原始巫师和"大宰"等氏族寡头、帝王宰史的专利,而成为个体成员均可承担也应承担的历史责任或至上义务。这极大地高扬了个体人格,提高了个体的主动性、独立性和历史责任性。

《论语》中的相关表述如下:

> 子曰:"天生德于予,桓魋其如予何?"(《论语·述尔》)
>
> "文王既没,文不在兹乎? 天之将丧斯文也,后死者不得与于斯文也;天之未丧斯文也,匡人其如予何?"(《论语·子罕》)
>
> 天将以夫子为木铎。(《论语·八佾》)

随着原有体制崩溃,知识下移,由没落贵族形成的君子或知识分子也越来越多,可以让他们发挥这样的作用。

> "为仁由己,而由人乎哉?"(《论语·颜渊》)
>
> "仁远乎哉? 我欲仁,斯仁至矣。"(《论语·述而》)
>
> "当仁不让于师。"(论语·卫灵公)
>
> "夫仁者,己欲立而立人,己欲达而达人。"(《论语·雍也》)

孔子本人出身卑微,"吾少也贱,故多能鄙事"。在那个时代,孔子需要用某种理念去充实人、调动人。"仁"就具有这样的主体性和主动性,是对别人也是对自己和历史责任感的要求和对伟大人格的自觉追求。在孔子这里,"仁"既非常高远,又切近可行;既是历史责任感,又属主体能动性;既是理想人格,又是个体行为。而一切外在的人道主义内在的心理原则,以及血缘关系的基础都必须落实在这个个体人格的塑造之上。

2. "儒"身份的自觉转变

"儒",作为身份,在孔子之前就有。《说文解字》说:"儒,柔也,术士之称。从人,需声。"所以,有人认为儒的特点是柔顺、温和、软弱、驯顺。也有人认为,儒字本从需,需在甲骨文中像沐浴濡身,"濡"字应是儒的本义。因为儒为人相礼、事神、办理丧事等,都必须斋戒沐浴,所以,儒原本是指专门为人相礼、祭祖、办丧一类的人。是哪些人在从事这类工作呢?殷人。

儒业在殷商时就有了。最初的儒都是殷人。殷商亡后,周人将殷人的贵族遗民分封到了宋国这块地方。他们保留了自己的文化传统。这些人有礼乐知识,有治丧相礼的技能,也就成为下层知识分子。他们靠着知识技能生活,不需劳作,不耕而食。所以,孔子对子贡交代后事时曾说:"夏人殡于东阶,周人于西阶,殷人两柱间。昨暮予梦坐奠两柱之间,予始殷人也。"(《史记·孔子世家》)孔子家族的变迁也能说明这个问题。孔子祖上本为宋国公卿,为躲避宫廷斗争之祸,投奔鲁国,最后一步步沦为"士"这一阶层。

原始的儒仅仅是一项职业,甚至不是很高贵的职业。史书记载:"众人之命儒也妄,常以儒相诟病。"也就是说,当时这个职业并不被人看好。当时的儒者可能道德、人格不是很高尚。如果这些儒士只停留在拥有一些职业技能,但在人格上比较卑微的层次,肯定不会有后来引领中国文化两千多年的儒家、儒学。

章太炎在《国故论衡·原儒》中说:"儒有三科,达名、类名、私名。所谓达名,殆公族术士之意。儒士即术士。所谓类名,殆知礼乐射御书数之人,皆为国家桢干。所谓私名,与今人所云甚近。即《七略》所谓'出于司徒之官'者。"这句话中,所谓"术士",就是算命打卦、风水巫医之流,"国家桢干"可看作各级官员、公务员等,"司徒之官"则是知识分子、道义承担者。

儒是如何转变为道义承担者的呢?

这要归功于孔子。《礼记·儒行》中,孔子对儒者的标准做了详细的说明。孔子通过自身的努力和教育活动,改变了儒的内涵,融入了人格、道德乃至政治的内容。儒虽源于殷商,历史悠久,但殷人毕竟是亡国之民,儒所代表的文化肯定不是当时的先进文化,不能与时俱进。周在借鉴夏商亡国的经验,并吸收他们的先进文化的基础上,建立了自己的文化。如孔子说:"周鉴于二代,郁郁乎文哉,吾从周。"(《论语·八佾》)周代经过周公旦等人的努力,礼乐文化灿烂,只是到了孔子时代,周天子软弱无力,诸侯风起,礼崩乐坏。孔子主张恢复以周礼为代表的周朝文化。孔子把自己当成周之大道的继承者,这是一种生命自觉意识。

韩非子说:"孔子、墨子俱到尧舜,而取舍不同。皆自谓真尧舜。尧舜不复生,将谁使定儒墨之诚乎。"(《韩非子·显学》)战国时期的韩非子认为,孔子自认为自己继承的是尧舜之道,而尧舜都以贤德仁爱著名于世。这一点庄子也有说明:"昔者皇帝始以仁义撄人之心,尧舜于是乎股无胈,胫无毛,以养天下之形。"(《庄子·在宥》)

韩愈在《原道》中说:"曰:斯道何道也?曰:斯吾所谓道也,非向所谓老与佛之道也。尧以是传之舜,舜以是传之禹,禹以是传之汤,汤以是传之文、武、周公,文、武、周公传之孔子,孔子传之孟轲。轲之死,不得其传焉。"

有了这样的责任感,孔子的教育理念和目标也就不一样了。孔子曾告诫学生子夏:"汝为君子儒,毋为小人儒。"小人儒,就是专业儒、职业儒,主要承担由原始巫术流传下来的巫祝卜的职责。可见在当时,儒这一行的内涵,在孔子这里已有所变化。孔子希望弟子都成为道义儒,而不是职业儒。自孔子后,儒由一门职业技术进而成为学术流派。到了孟子时期,儒学门派已经越发成型。《孟子·梁惠王上》有"君子远庖厨"句,《礼记·玉藻》也有"君子远庖厨,凡有血气之类,弗身践也"的说法。一般解释为,君子应该仁爱,不进厨房杀生。刘士林教授却有另解:"庖厨"不是一般的厨师,而是从事祭祀宰牲的操办者。上古分工并不发达,屠宰动物与支持祭祀很可能合二为一。柳诒徵《国史要义》说:"宗祝卜史,皆司天之官,而所谓太宰者,实亦主治庖膳,为部落酋长之下之总务长。祭祀必有牲宰,故宰亦属天官。""君子远庖厨",也就是说儒家已经从"巫、史、祝、卜"的行列中脱离出来,成为具有独立人格的知识分子。

从原始儒、小人儒,到孔子的君子儒,这可能是中国教育史上教育理念的一次重大变革。这种变革甚至可以说重塑了中华民族两千五百年的精神面貌。之后,孔子开门收徒,开创私学之先河。私学和官学有什么不同呢?官学是周天子或各国诸侯办的学校,主要是教育贵族子弟,其目标就是培养周王朝统治阶级接班人。"六艺"非孔子首创,西周初年已初创。当时的官学,重点在培养"小六艺",主要是培养专业人才,培养适合维护统治阶级的工具。孔子除了教学"小六艺"之外,还整理文献作为教科书进行教学,形成了"大六艺",即《诗》《书》《礼》《乐》《易》《春秋》。"大六艺"是培养"人",培养人格,重视培养人的精神、情感、判断力,最后培养能志于道的人。这样,"儒"的内涵,就逐步形成"术士—公务员

（六艺）—道义承担者"，即"志于仕—志于学—志于道"的发展路径。孔子的学生曾子很好地领悟并集成了老师的思想。他说："士不可以不弘毅，任重而道远。仁以为己任，不亦重乎？死而后已，不亦远乎？"（《论语·泰伯》）这是儒家的育人目标，由"小人儒"上升为"君子儒"，教学的内容也就由"术"上升到"道"，儒家的主体精神得以彰显。

当时办私学的绝不仅孔子一家，有的可能比孔子还早。比如郑国的邓析邓子。在郑国子产开明的政治风气下，邓析操"两可"之辩，教人诉讼（打官司），培养了一批"辩者"，开名辩之风。但也培养了一些只求利益不分是非的"讼棍"，最后连邓析自己也死于自己所制定的"竹刑"①。这些私学往往只培养技艺，虽有一定的社会担当，但缺乏终极指向与追求，最终被历史的洪流冲刷干净。而儒家却蒸蒸日上，延续不断，就在于儒家的定位在承担"成人"和道义的责任。

如果说，儒家以前培养学生的目标是培养其"知识和技能"的话，那么现在则是培养其"情感态度和价值观"。从此，儒家的教育思想转向"成人"之教，成就人的方法就是"成仁"的伦理道德。《论语》以及后世发现的楚简《孔子诗论》中很大一部分是孔子在向学生传授诗书礼乐，进行成人教育的课堂记录。可以说，群体性生命自觉的儒家，又把其目标指向个体的生命自觉的教育，即个体的主体性教育。

3."人贵"思想

这是周朝从殷商灭亡中汲取的教训，到了春秋战国时期也慢慢渗透进各家学术思想中。《尚书》可能最早表述了这种"人贵"思想，且比比皆是。《尚书·泰誓》："惟天地，万物父母；惟人，万物之灵。""民所欲，天必从之。"《尚书·五子之歌》记录了祖先的训言："皇祖有训，民可近不可下。民惟邦本，本固邦宁。"这种思想也影响了道家，老子说："故道大，天大，地大，人亦大。域中有四大，而人居其一焉。"（《老子·二十五章》）人是"四大"之一。在"道""鬼""神""圣人"与人的关系上，老子有言："以道莅天下，其鬼不神；非其鬼不神，其神不伤人；非其神不伤人，圣人亦不伤人。夫两不相伤，故德交归焉。"（《老子·六十章》）人只要符合"道"，不必受"鬼""神""圣人"的左右。这也彰显了人的主体地位。

先秦儒家也继承了这一思想，且将其发展为儒家思想一个明显的特征。人

---

① 竹刑：写在竹简上的法律。竹刑是邓析私自编定的一部适应新兴地主阶级要求的刑法，因为写在竹简上，所以称为"竹刑"。《左传》曾记载"郑驷颛杀邓析而用其竹刑"，是说邓析被郑国的执政者所杀，但他的竹刑则被确认为国家法律。

之所以贵,是将人放在天地之间,放在社会体系之中得以确认的。人的地位的肯定,是强调人的主体性的重要思想基础。

第一,朴素的天人观。

中国哲学思想中的"人贵"很早就承认人的地位。《易传·系辞下》:"有天道焉,有人道焉,有地道焉。兼三才而两之,故六。六者非它也,三才之道也。"三才者,天地人,人为三才之一。这种思想在儒、道中都得到很好的体认和贯彻,成为中华文化共同的基因。

道家虽然确立了"道"的核心地位,但"道"并没有成为掌管一切的类似西方文化中的神的角色。"道"虽然生万物,但不以自己为主宰,不将万物据为己有,万物有自己的成长规律。"故道生之,德畜之,长之育之,亭之毒之,养之覆之。生而不有,为而不恃,长而不宰,是为'玄德'。"(《老子·五十一章》)而儒家孔子则说:"人能弘道,非道弘人。"(《论语·卫灵公篇》)儒道两家"道"的内涵虽有别,但在思维上是相通的。

明白这一共同思维,也就不难理解《礼记·礼运》中的阐述:"人者,其天地之德、阴阳之交、鬼神之会、五行之秀气也……人者,天地之心也,五行之端也,食味、别声、被色而生者也。""按禽、兽、草、木皆天地所生,而不得为天地之心;惟人为天地之心。故天地之生此为极贵。天地之心谓之人,能与天地合德;果实之心亦谓之人,能复生草木而成果实。皆至微而具全体也。"人得天地之精气,凝聚了五行中最精粹的部分。

荀子对于人在天地间的地位也有大量阐述:"水火有气而无生,草木有生而无知,禽兽有知而无义,人有气、有生、有知,亦且有义,故最为天下贵也。"(《荀子·王制》)"道者,非天之道,非地之道,人之所以道也,君子之所道也。"(《荀子·儒效》)这正是典型的人文主义思想。

第二,先进的"民本"思想。

基于人在天地间的独立和高贵地位,人在社会组织中的地位也应该得到尊重。所以先秦儒家强调在国家政体、社会秩序中确立人的价值。孔子在和哀公的问答中告诫哀公:"古之为政,爱人为大。"(《礼记·哀公问》)孟子的观点最具代表性。孟子提出"天爵"与"人爵"的观念:"有天爵者,有人爵者。仁义忠信,乐善不倦,此天爵也;公卿大夫,此人爵也。古之人修其天爵,而人爵从之。今之人修其天爵,以要人爵,既得人爵,而弃其天爵,则惑之甚者也,终亦必亡而已矣。""天爵"是"天之所与我者",是上天给我的,谁也夺不走。而"人爵"不过人间富贵而已,来去由人。孟子强调"天爵"的价值,而天爵是人人皆有的。

对人的重视,在政治上形成了"民本"思想。孟子将其发扬为"民为贵,社稷次之,君为轻"(《孟子·尽心下》)。孟子说:"贼仁者,谓之贼;贼义者,谓之残。残贼之人,谓之一夫。闻诛一夫纣矣,未闻弑君也。"(《孟子·梁惠王》)对于那些残害人民的残暴君主,人人可得而诛之。因此孟子曾告齐宣王曰:"君之视臣如手足,则臣视君如腹心;君之视臣如犬马,则臣视君如国人;君之视臣如土芥,则臣视君如寇仇。"(《孟子·离娄下》)国君对待臣子也要持之以礼,平等对待。

(三)先秦儒家主体性的特点

先秦儒家的主体性思想其实包含两个层次:在人与自然的主客关系中,主体是人。虽然强调天人合一,但天道是通过人道实现的。"人弘道"而非"道弘人"。第二层面在社会与个人的关系中,主体是社会,客体是个人。这时的主体是以家庭、家邦、民族、社会为单位的人类群体。而这二者都是以对"天人关系"的认识为基础的。天人并不是一开始就合一的。《国语·楚语下》:"古者民神不杂……及少昊之衰也,九黎乱德,民神杂糅,不可方物。夫人作享,家为巫史,无有要质……颛顼受之,乃命南正重司天以属神,命火正黎司地以属民,使复旧常,无相侵渎,是谓绝地天通。"由此看出,统治者是不希望天人合一的,起码不希望"天民合一"。越过了中间层即统治者的垄断,统治者就失去了对"天"的解释权和代理权。人如何才能通天,与天互知,知天命? 孔子对打通天人关系作出了巨大的贡献。

> 子曰:"莫我知也夫!"子贡曰:"何为其莫知子也?"子曰:"不怨天,不尤人,下学而上达。知我者其天乎!"(《论语·宪问》)

"下学而上达"是孔子打通天人关系的方法,也是发挥人的主体性的方法。《论语·宪问》载孔子云:"君子上达,小人下达。"北宋程颐解释为,学为学人事,上达为通晓天理。"学者须守下学上达之语,学之要。盖凡下学人事,便是上达天理。然习而不察,亦不能以上达矣。"[1]"知天命""生死有命,富贵在天"是人的道德理性的经验提升,个人通过道德实践和修养,自觉达到天命,这是一种德性自证的知。天命的达到,需要个体的自我证悟。

---

① 朱熹.四书章句集注[M].北京:中华书局,2004:148.

1. 主体的道德性

主体是相对于客体彰显的。而主体和客体是相对的,在一种关系中的主体,反过来也可以成为活动的对象,成为客体。先秦儒家作为一个群体概念,其活动对象不是自然界,而是社会和社会中的人。而人是社会的组成者,是社会的基础。所以,先秦儒家把个体的人作为一个极其重要的认识对象,但先秦儒家不是认识人的生理,而是认识"人性"并赋予其绝对的道德性。先秦儒家认为,人之所以"贵",在于人具有道德性。

孔子说:"天生德于予,桓魋其如予何?"孟子说:"人之所以异于禽兽者几希,庶民去之,君子存之。"(《孟子·离娄下》)也就是说,"仁义"立人。所以,孟子直接说:"仁也者,人也。"(《孟子·尽心下》)"仁"是人的本质,人与禽兽的区别就在于"存仁"还是"去仁"。"人之所不学而能者,其良能也;所不虑而知者,其良知也。孩提之童无不知爱其亲者,及其长也,无不知敬其兄也。亲亲,仁也;敬长,义也。"(《孟子·尽心上》)在孟子看来,人天生就有道德,仁义等道德观,是人类主体的天生禀赋。所以,孟子跟曹交说"人皆可以为尧舜"(《孟子·告子下》)。

荀子讲得更加透彻:"水火有气而无生;草木有生而无知;禽兽有知而无义;人有气有生有知,亦且有义,故最为天下贵也。"(《荀子·王制》)人之贵在于"有气有生有知",还有"义"。先秦儒家多是通过德性来确定人的主体价值。

虽然每个人都有道德的潜质,但不等于人人都具有道德性。这需要主体能动性的投入。所以,《论语》中不断强调对人的意志的克制和锻炼,"约之以礼""克己复礼""刚毅木讷近仁""仁者其言也讱"等等。最终达到"仁"的境界的制高点:"志士仁人,无求生以害仁,有杀身以成仁。"(《论语·卫灵公》)"求仁而得仁,又何怨?"(《论语·述而》)"士不可不弘毅,任重而道远。仁以为己任,不亦重乎,死而后已,不亦远乎。"(《论语·泰伯》)为了承担"仁"的道德主体责任,要有坚强的意志力,甚至可以超越生死。"三军可夺帅,匹夫不可夺志也。"(《论语·子罕》)强调人的个体意志之不可夺。而《中庸》几乎整篇都在论述君子怎么不断深化,成就其道德主体性。君子要"戒慎""其所不睹","恐惧""其所不闻",要"慎独",这是一个主体自我实现的创造性过程。

先秦儒家的重大特征就是在教育层面不断启迪、培养人的这种道德自觉。而人一旦产生了这种道德自觉,他自己就变成了主体,自身的人性、道德性就成了他活动的对象。这时的人就成了一个道德主体,并将自己作为认识的对象。这时的人既是认识的目的,也是认识的手段。《大学》给这种道德主体的发展提供了清晰的路线："格物、致知、诚意、正身、修身、齐家、治国、平天下"。前五者都是道德主体将自身作为认识和培养的对象，这是"内圣"，是基础。

2. 主体的社会性

主体的社会性体现在两个方面：第一，主体是社会中的主体，离不开社会；第二，主体有极强的社会责任担当意识。这是儒道两家迥异的地方。道家认为，人要成为主体必须减少与社会群体的交互，只有这样才能保持个体人格的独立，所谓"独来独往，是谓独有；独有之人，是谓至贵"（《庄子·在宥》）。

先秦儒家的观点则与此不同。

首先，先秦儒家强调个人不是孤立的、原子式的个人，而是一个社会人，是处在一定的伦理关系中的人，具有社会群体性。荀子认为，人之所以优于牛马，在于"人能群"。"力不若牛，走不若马，而牛马为用，何也？曰：人能群，彼不能群也。人何以能群？曰：分。分何以能行？曰：义。故义以分则和，和则一，一则多力，多力则强，强则胜物，故宫室可得而居也。"（《荀子·王制》）

荀子的观点和现代社会学思想如出一辙。奥地利社会教育家阿德勒说："整个动物界都显示出这样一个基本法则，这就是：一个物种的个体如果没有能力面对为自我保存而进行的生存斗争，则其成员就会通过群居生活而获得新的力量……社会生活之成为必须，是因为靠着社会中的劳动分工，每一个体都使自己从属于群体，这样整个物种才得以继续存在。"[1]个体必须参与社会，使自己成为其中一员，不然无法生存。当然，先秦儒家更多的不是从社会分工，而是从人在社会伦理关系中的位置及其价值来强调人的社会性的。这不是一个简单的"出世""入世"的问题，这是人的成长、主体性塑成的问题。人在这一过程中，把自己也把他人作为目的，与他人相遇，与社会相遇，与人类的精神相遇。而这种思想正是后来的西方教育家所极力推崇的。正如雅斯贝尔斯所言："教育正是借助个人的存在将个体带入全体之中。个人进入世界而不是固守着自己的一隅之地，因此它狭小的存在被万物注入了新的生气。如果一个人与一个更明朗、更充实的世界合为一体的话，人就能够真正成为他自己。"[2]

其次，人的主体性价值也是在社会实践中得以体现和实现的，且人必须投身到社会责任的承担中才能实现其价值。这是儒家极其鲜明的入世精神。"如欲

---

① ［奥］A.阿德勒.理解人性［M］.陈刚，陈旭，译.贵阳：贵州人民出版社，1991：11-12.
② ［德］雅斯贝尔斯.什么是教育［M］.邹进，译.北京：生活·读书·新知三联书店，1991：48,54.

平治天下,当今之世,舍我其谁也?"(《孟子·公孙丑下》)这种自主性也体现在对自我独立意志和责任的坚守上。《中庸》记载,"子路问强",孔子如是回答:"君子和而不流,强哉矫!中立而不倚,强哉矫!国有道,不变塞焉,强哉矫!国无道,至死不变,强哉矫!"什么叫"强"?君子虽然平和但不随波逐流,恪守中正而不偏不倚,国家政治清平,不改变困境时的气节,国家政治黑暗,至死也不改变志向,这才是真正的强!

正是在这种主体精神的指引下,后世多少仁人志士为民族、为国家前赴后继,有人埋头苦干,有人拼命硬干,有人为民请命,有人舍身求法……这就是鲁迅所说的中国的脊梁。

(四)先秦儒家主体性生成路径

"天命之谓性。"(《中庸》)虽然先秦儒家认为人性天赋,人分享了天的本性,但不等于人就一定能够毫不费力地达到与天的完全合一。这只是潜在的可能性,若真的要实现,需要一系列的"心地功夫",这必须通过人的主观能动性实现,通过道德上的自我修养、生命的自我体悟,才能达到主体精神的最终自由与超越。这种主体精神的形成,我们认为主要通过四个路径:自我反思(反求诸己)、情感体验、经验实践、自我超越。

1. 反求诸己

人人皆有内在的本性,但不是人人都能自觉,要实现自觉,必须反身而思、反求诸己。自觉的程度,取决于反思的程度。能自知其性,便是觉,不能自知便是梦,这就是朱熹所说的"梦觉关"。能不能自我反思从而实现自我觉悟,便成为能不能实现人的本质存在的关键。所以,孔子说:"君子求诸己,小人求诸人。"(《论语·卫灵公》)而反求诸己也不是那么容易的,孔子感慨:"已矣乎!吾未见能见其过而内自讼者也。"(《论语·公冶长》)

"古之学者为己,今之学者为人。"(《论语·宪问》)儒家教育的目的就是"为己""成人",而"反求诸己"就是其重要的路径。正如杨国荣先生的分析:"如果说'为己'主要从道德涵养的目标上肯定了自我的价值,那么,'求诸己'则从道德实践及德行培养的方式上,确认了自我的能力及价值,二者从不同的方面表现了对个体(自我)的注重。"①

---

① 杨国荣.善的历程:儒家价值体系研究[M].上海:上海人民出版社,2006:20.

孔子后学继续延续且发扬这种自我反思的修养方法。孔子弟子曾子也说："吾日三省吾身。"《礼记·射义》由射礼申发大意："射者，仁之道也。射求正诸己，己正而后发，发而不中则不怨胜己者，反求诸己而已矣。"以射箭做比喻，射箭中不中，不在别人，而在自己。孟子也说："仁者如射，射者正己而后发。发而不中，不怨胜己者，反求诸己而已矣。"（《孟子·公孙丑上》）只有正己，才能正人正物，只有向内才能找到自我，而不是向外求。如果"射艺"还只是个比喻，孟子这句话就说得更鲜明不过了："爱人不亲，反其仁；治人不治，反其智；礼人不答，反其敬。行有不得者，皆反求诸己，其身正而天下归之。"（《孟子·离娄上》）

向内求什么？不是求知识，而是求内在的德性，就是求"仁"、求"诚"。

"仁者人也。"（《中庸》）"仁以为己任。"（《论语·泰伯》）"为仁由己，而由人乎哉！"（《论语·颜渊》）能否成"仁"，完全在自己，由内不由外。"仁远乎哉？我欲仁，斯仁至矣。"（《论语·述而》）进一步，如何实现"仁"？"克己复礼。""非礼勿视，非礼勿听，非礼勿言，非礼勿动。"（《论语·颜渊》）"推己及人"，"忠恕之道"，都是"反求诸己"的实施。"尽己之谓忠，推己之谓恕。"（朱熹《四书章句集注》）"忠"，就是"己所不欲勿施于人"；恕，就是"己欲立而立人，己欲达而达人"。

子思和孟子进一步深化了这种自我反思的内向性思维，方法是"至诚"。"诚者天之道也；诚之者，人之道也。诚者不勉而中，不思而得，从容中道，圣人也。"（《中庸》）天道之诚，内在于人，需要人来实现。按照《中庸》思想，天道即人道，认识了人自身，也就认识了自然宇宙的规律。"诚者，天之道也。思诚者，人之道也。至诚不动者，未之有也；不诚，未有能动者也。"（《孟子·离娄上》）"思诚""至诚"是实现天道的方法。如何"至诚"？"万物皆备于我矣。反身而诚，莫大焉。强恕而行，仁莫近焉。"（《孟子·尽心上》）反求诸己而"自成"。"唯天下至诚，为能尽其性；能尽其性，则能尽人之性；能尽人之性，则能尽物之性；能尽物之性，则可以赞天地之化育；可以赞天地之化育，则可以与天地参矣。"（《中庸》）主体通过"反身而诚"而"自成""成己"，从而也"成物"，最后能"参天地"，人的主体性得到极度彰显。

2. 情感体验

关于情感在先秦儒家情本思想中的地位，前文已有分析。先秦儒家的主体性思想依然贯穿着这条线索。此处可见情感在先秦儒家主体性思想中的作用。如上分析，中国传统哲学在思维方式上，不是纯概念、纯形式、纯逻辑的理智型思维，而是情感体验层面上的意向思维。这种思维在其源头时期的先秦儒家身上也有充分表现。主体的情感需要、评价和态度在主体性的发挥中起着至关重要的作用。

现代心理学认为,人的精神活动包括知情意三个方面。而西方哲学从一开始就是"爱智慧",强调"智"(知)。而中国哲学,没有将知情意严格区分,也不重视"智"(知)的发展,却很重视情感体验和情感需要的满足,并以情感统罩、引领其他要素。这是一种情感体验型的主体哲学思想。情感是源于人性,发自人的内心的。这种情感体验型思维,一是从主体的内在情感出发,从情感需要出发,对经验进行选择、过滤和净化;二是将情感投射到认识的对象上,包括投射到自然宇宙中,形成情感相通的天人合一境界。

首先,情感体验是人性也就是主体存在的基础。《中庸》说:"喜怒哀乐之未发,谓之中。"朱熹解释:"喜怒哀乐,情也。其未发,则性也。"(《四书章句集注》)"情"是隐含在"性"中的,"性"表现出来的就是"情","情"是"性"的外在表现。所以汉代刘歆《七略》云:"诗以言情,情者,性之符也。"情由性而生,情是性之"符",认识了情,也就认识了性。但是,对情的认识不是靠逻辑推理,而是靠体验。要认识和实现人性,彰显主体性,就不能不对情感有所体验,对情感的体验和把握程度,也就是主体的人对自我人性的体验和把控程度。

因此,情感是道德伦理的基础,没有对情感的真实体验,就没有"仁"、没有"礼",一个人也不能立足,也就是无所谓主体性。"人而不仁,如礼何? 人而不仁,如乐何?"(《论语·八佾》)。孔子还说:"居上不宽,为礼不敬,临丧不哀,吾何以观之哉?"(《论语·八佾》)一个没有情感伴随其行为的人,孔子不知该怎么评价他,也就是说他失去了主体性价值。

其次,情感体验是主体性程度的表现。人的情感是丰富多样的,尤其要注意,我们谈先秦儒家的"情"时,不能孤立地割裂地看情感,它包含着对人生伦理、道德、审美多方面的体悟,这些体悟形成了人对其主体性的整体性把握。这种体悟和把握的程度,显示了人的主体性的程度。"喜怒哀乐之未发"的"中"的状态,和"发而皆中节"的"和"的状态,是人的主体性的两个关键状态。"中"为"天下之大本","和"为"天下之达道"。如何"中节"而达到"和",需要人用"戒慎""恐惧"等情感和心态认真对待。只有这样才能达到"天地位焉""万物育焉"。因此,情感体验的程度也是生命自觉的程度,即主体性程度的表现。从本能的喜怒哀乐的情感体验的主体,上升到"孔颜之乐""致中和",以至"乐山""乐水"的天地情感体验的主体,是完全不同的主体性的境界。"乐"是内心的自我体验,也是一种人生境界。"乐"也是主体意识自我完成、自我实现中的自我享受。

3.**经验实践**

中国哲学本就是一种以实现理想人格为指向的实践哲学。它注重的是内在情感体验和主体实践,而不注重理论思辨,西方哲学认为实践具有普遍性的特征。所谓的普遍性是指它的共同性和必然性。这就是说,在同样的条件下,同样的实践所揭示的是事物同样的联系,因而能够产生同样的认识。但,先秦儒家的实践是经验性的,就是重视个体的实践经验,而不重视普遍的理论原理,强调在个人的亲身实践中求知、体认,而不重视一般的理论分析和逻辑推导。

先秦儒家的主体是在经验中认知、体悟事物的,而经验是一种感性能力。这是先秦儒家的思维特点。

> 子曰:"视其所以,观其所由,察其所安。人焉廋哉？人焉廋哉？"(《论语·为政》)
>
> 子曰:"君子有九思:视思明,听思聪,色思温,貌思恭,言思忠,事思敬,疑思问,忿思难,见得思义。"(《论语·季氏》)

在以上文献当中我们看出了几个与知觉活动有关的关键字:视、听、观、知。这些词不是抽象概念,而是日常感性行为,这些行为的发生就是经验,主体(君子)就是运用这些经验去思考、认知、体认生命。

实践就是经历,就是积累经验。主体通过实践活动,把客体转化为主体世界中的事物。这是经验对象的过程,也是将对象纳入主体意义的过程。通过实践,主体对客体才能发挥作用,主体性才能在对象化的客体中彰显出来。

孔、孟、荀皆强调实践、经验对认识的作用。荀子说:"不登高山,不知天之高也;不临深溪,不知地之厚也。"(《荀子·劝学》)《中庸》说:"博学之、审问之、慎思之、明辨之、笃行之。"学、问、思、辨,最终要落实到"行"上,也就是实践上,这一过程才算完成。只是先秦儒家实践的对象不是自然外物,而是人自身。"好学近知,力行近仁。"(《中庸》)主体在实践中体认人生,也体认自我,提升人格,最终彰显其道德主体性。

4.**自我超越**

中国先秦儒家倾向于具体思维,而排斥抽象思维,使其思想在形而上思维上不是很发达。这也是其情本思想特征的表现。先秦儒家对超验性的东西不是很感兴趣,所以"夫子罕言性与命","夫子之言性与天道,不可得而闻也","子不语怪力乱神"。先秦儒家始终把眼光放在现世现实生活中,但这不等于其主体意识中就没有超越性主体精神。先秦儒家的超越是内在的自我超越,不同于宗教的彼岸的超越。

孔子如此总结其一生:"吾十有五而志于学,三十而立,四十而不惑,五十而知天命,六十而耳顺,七十而从心所欲,不逾矩。"(《论语·为政》)这就是孔子一生不断超越的过程。只是这种超越不是通过认识的逻辑逐层上升的,而是通过不同年龄段对生命、生活的体验,在生命实践的过程中表现出来的。而且,这种超越不是对外在世界的超越,而是一个人内在的自我精神超越。"志于学"是自我主体意识彰显的开始。个体的主体性的发挥以及个体人格的完善的首要途径是"学习"。当然孔子的"学"依然是以实践体验为路径,而不是以概念为中介理解客观事实。人就在这一步步、一层层体悟中前进和超越,最后到达"从心所欲不逾矩"的境界。"欲"是一种道德意志,不是耳目声色的感性欲望。"从心所欲"不是对外在规矩的突破,而是一种内在的超越,是一种精神自由的境界。这也是对有限的生命的超越,使人获得了无限的意义。这就是儒家追求人生的终极意义和永恒价值的表现。后世读书人常常借"三不朽"来概括这种追求:"太上立德,其次立功,其次立言。"(《左传·襄公二十四年》)

而孟子也追求人在现世中精神的独立和超越,从而成为一个"大丈夫",所谓"威武不能屈,贫贱不能移,富贵不能淫"。如果一个人能养其浩然之气,那么"其为气也,至大至刚,以直养而无害,则塞于天地之间"。这样的君子"所过者化,所存者神,上下与天地同流"(《孟子·尽心上》),上合天道,下配地德,这正是一种内在自我超越的主体境界。

这种"主体性思维"成了中国古代哲学长期稳定的思维方式。在人类的主体意识空前觉醒的现当代,人们越是追求自己的主体性,就越是发现自己对物的依赖,人的社会关系和能力越来越物化,越来越成为非人的即物的社会关系和能力。因而人的主体意识越强,就越陷于主体性的困惑之中。比如,如今人和自然的关系问题变得十分重要,一方面人在自然面前彰显主体性,但另一方面,当人类不遵循事物自身的本性,不符合自然本身的规律,扰动和破坏了自然界的生态系统时,就会使作为自然生态中一个环节的人类自己的生存受到威胁,产生了严重的"反主体性"效应。而通过对先秦儒家主体性思想的分析,我们发现,其主体性思想的内外合一、自我超越、天人合一等特征,对于消解这种"反主体"效应是极有价值和借鉴意义的。

四、整体的思维观

(一) 整体宇宙观

整体性思维源于中国古已有之的关联性思维。这在《周易》中有很好的体现,由此也形成中国古人整体性的宇宙观。宇宙间任何事物都不是孤立的,而是相互关联在一起的。任何一个部分,都不能孤立到整体之外去。只有把部分放到整体里面去,才能正确认识它。部分在整体里面的任何变化,都会直接影响到整体,同样的,整体的变化也会影响部分的变化。所以,每个自生的生命也是在相互作用中存在和发展。"一气充塞""阴阳互补""变化生生",最后达到"天人合一",这是中国传统思想整体性的表征。但是,这个整体是以自然为基础和依据的。

有人认为孔子的思想是一种内在宇宙论,即认为秩序和价值原则本身依赖或者处于其自身相关的环境[①]。这一点是有道理的,《礼记·礼运》就表述得非常清楚:

> 故圣人作则,必以天地为本,以阴阳为端,以四时为柄,以日星为纪,月以为量,鬼神以为徒,五行以为质,礼义以为器,人情以为田,四灵以为畜。以天地为本,故物可举也;以阴阳为端,故情可睹也;以四时为柄,故事可劝也;以日星为纪,故事可列也;月以为量,故功有艺也;鬼神以为徒,故事有守也;五行以为质,故事可复也;礼义以为器,故事行有考也;人情以为田,故人以为奥也;四灵以为畜,故饮食有由也。

这是中国整体思维的典型论述。天地、阴阳、四时、日星各司其职,各自在整体系统中发挥作用。《周易》表达了同样的思想:"与天地合其德,与日月合其明,与四时合其序,与鬼神合其吉凶。"人事就在宇宙天地阴阳四时这样的大系统中存在。这是"圣人"早就看到的规律。中国人自觉地将自身融入宇宙天地之中,与之成为一体。

由于中国古代农耕文明的特点,中国先民形成了成熟的天地宇宙观,和谐地

---

① ［美］郝大维,安乐哲.孔子哲学思微[M].南京:江苏人民出版社,2012:7.

处理天地人的关系。"有天道焉,有人道焉,有地道焉。兼三才而两之,故六。六者非它也,三才之道也。"(《易传·系辞下》)所谓"三才""天地才"是也。儒家以内心情感为出发,指向博大的天地情怀,形成了整体的宇宙观。

(二) 整体思维观

这种整体性的宇宙观,也体现在儒家思想的整体性上。先秦儒家经过孔子的再创造,在儒家思想体系中融入或发展了很多要素。这些要素之间形成了一个结构性系统。这使得先秦儒家思想各要素按照一定的结构方式构成了一个有机整体。

先秦儒家的整体结构性系统中又有若干子系统,诸如伦理思想系统、政治思想系统、经济思想系统、教育思想系统、美学思想系统,等等,不同的角度往往能抽取出不同的子系统出来,这也说明先秦儒家思想的丰富性。如"仁""义""礼"是儒家统领性伦理系统,而"诗""礼""乐"是其教育教化理念系统,"兴""立""成"是其要实现的目标,也是教育的方法。而在教育内容上又有"六艺""六经"系统。同在"仁"的体系下,又有"恭、宽、信、敏、惠"等子系统。这样就由不同出发点形成不同的母系统,而母系统中又有其子系统,形成一个复杂的整体性局面。

在这种整体性思维的观照下,由于先验已有的整体宇宙观,先秦儒家自觉地将自己的思想体系融入其整体宇宙观中。先秦儒家情本思想就是建立在这个思想和思维基础上的。它不是仅仅从人的主观体验形式本身讨论情,而是将"情"同客观外部世界,同人类社会,同主体的认识活动密切联系起来进行考察。或者说,是同先秦儒家"性""道""命"等观念结合在一起思考情的。"情"是儒家思想体系建构的出发点,但它和其他各要素共同发挥作用,互相辅助,互相制约,形成整体性、系统性、架构性思维模式。

而就自我的认识来讲,先秦儒家也强调用一种整体性的全面的思维来看待自我的存在,使自己避免陷入主观主义、自我中心主义的陷阱。孔子"绝四":"毋意,毋必,毋固,毋我。"(《论语·子罕》)也就是说,在与人的交往中,不主观臆断(毋意),多听取不同的意见;不绝对地肯定、坚持自己的想法(毋必),认识到自己可能存在的局限性;不拘泥固执(毋固),灵活地看到人与事;不以自我为中心(毋我),依据关系来界定自我与外在世界的存在。

以上归纳了先秦儒家情本思想的四个内容及其形成的体系。在这个体系中,情感的产生、发展、提升、升华、超越是主线,现世现实是基础,主体性的发挥是动力,也是目的,最终以一种整体性思维结构性地促成个体与民族的精神、心理的生成。我们以图 3 做辅助说明,在后文对先秦儒家情本思想进行特点提炼和范式建构时,我们将进一步解释该图。

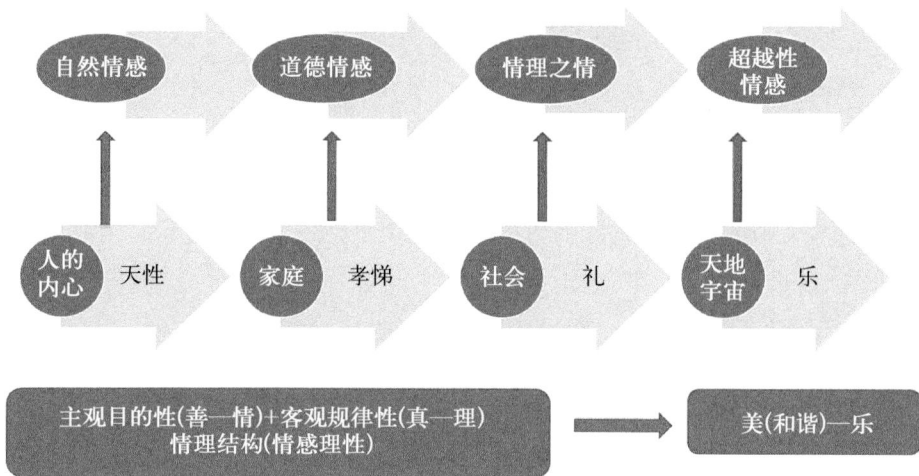

图 3 以情感内涵提升为主线的情理结构

第五章　先秦儒家情本思想的特点

通过对先秦情本思想体系的架构,也通过中西对比,我们发现古代中国和西方关于"人的造就"或"教育"的差异体现在它们对"性""情"和"理"地位以及相互关系的认识和处理上。对"非理性"的排斥同时又对"情"的重视,是中国先秦时期思想的重要特征。这种思想将"情"作为人存在的方式和行为的出发点,重感情、重感性、重主体、重内心、重多样、重境遇、重实践。而相对来说,西方则重认知、重理性、重逻辑、重思辨、重绝对、重本质、重规律。但是,先秦儒家"重情",却不"唯情"。"情感"不是孤立存在和发挥作用的,而是和"性""理"等要素结合,在一定的境遇中相互作用,形成场域,共同发挥作用。先秦儒家以"情"为起点和要点,形成了一个整体性、结构性、境遇性的思维方法。本章从率性、境遇、践履三个方面阐释先秦儒家情本思想的特点。

一、率性

"率性"源于《中庸》:"天命之谓性,率性之谓道,修道之谓教。"这"三提句"是《中庸》"全书的总纲领,也可以说是儒学的总纲"①,被奉为"儒门三规"。这种思想以前文所述的"天人关系"思维为基础的。这三句话也是对先秦儒家教育思想的高度概括,"率性"就是遵循人的天性,遵循人的天性去活着就是"道"。教育就是要教人修学循天性而为的道。因此这三句话必是我们思考先儒教育思想的切入点。

(一)率性之表现:"直"

我们都知道"仁"是先秦儒家思想的核心概念。孔子认为"仁"是最高的道德

---

① 徐复观.中国人性论史·先秦篇[M].上海:华东师范大学出版社,2005:72.

品质，具有这种道德品质的人，称为"仁人"。所谓"志士仁人，无求生以害仁，有杀身以成仁"（《论语·卫灵公》）。而"仁"的基础是"真情"。

"仁"本身就是一种道德情感。"刚毅木讷近仁。"（《论语·子路》）"巧言令色，鲜矣仁。"（《论语·学而》）"刚毅木讷"的人和"巧言令色"的人，成为鲜明的对比。前者是以自己为主，凭着自己的真性情做事的老老实实的人。后者是以别人为主，做事说话专讨别人喜欢的虚伪的人。孔子认为，前者虽然还不是"仁"，但接近"仁"。后者很少能为"仁"。反过来，一个真正"仁"的人，自然就能真实地表达他对人对事的真实感情。所以，"唯仁者能好人，能恶人"（《论语·里仁》）。唯有仁者表达的对人的好恶之情才是真实的。

孔子认为人必须有真性情，其言论行事都必须是其真性情的真实流露。他特别批判虚伪的行为。"巧言令色足恭，左丘明耻之，丘亦耻之。匿怨而友其人，左丘明耻之，丘亦耻之。"（《论语·公冶长》）花言巧语、满脸堆笑、过分恭敬，为了讨好别人而隐藏自己的真实想法，这些都是虚伪的表现，孔子和左丘明一样，以之为耻。

所以，孔子提倡"直"。"直"就是"真""真情"。"直"在《论语》中共出现22次，其代表性含义体现在如下语句中：

哀公问曰："何为则民服？"孔子对曰："举直错诸枉，则民服；举枉错诸直，则民不服。"（《论语·为政》）
子曰："人之生也直，罔之生也幸而免。"（《论语·雍也》）

"直"与"枉""罔"对举。"直"指"正直的人""率性的人"，"枉"指不正直的人，或是世故、圆滑、虚假的人，"罔"为同一类人。"直"的人，以自己的内心情感为行事根据。"人之生也直。"人以自己为根本，凭着自己的真情实感，是什么就是什么，有什么就说什么，就是人的本性，生来就是这个样子。"罔之生也幸而免。"以别人为主，就是"罔"。"罔"以讨别人喜欢为主，似乎可以避免祸害，其实也是"幸而免"。所以，父子相隐，即是父慈子孝情感的最直接的表现，即是"直"的品质。

叶公语孔子曰："吾党有直躬者，其父攘羊，而子证之。"孔子曰："吾党之直者异于是，父为子隐，子为父隐，直在其中矣。"（《论语·子路》）

123

父子犯错,双方的第一反应不是法律对错,而是内心的感受,内心的真实情感是保护对方("父为子隐,子为父隐")。这正是儒家强调的"孝""慈"之情的表现,这是"仁"之根本。所以,孔子把人与人之间的"真情"放在第一位。

而相反的例子,微生高就不"直"。

> 子曰:"孰谓微生高直? 或乞醯[xī]焉,乞诸其邻而与之。"(《论语·公冶长》)

别人向微生高借醋,他没有醋,却不告诉人家真实情况,而是到邻居家转借,这在孔子看来就是弄虚作假,而非真实表现。微生高虽然帮助了别人,但他不"直"。

所以孔子主张根据人的真情实感真实地表达个人意愿。如面对别人对我的"怨",一向讲究爱人、宽厚的儒家怎么办?

> 或曰:"以德报怨,何如?"子曰:"何以报德? 以直报怨,以德报德。"(《论语·宪问》)

"以直报怨",就是根据真实情况真实地表达自己内心的意愿,不必为道德绑架而伪装成道德高人。

那么,人为什么要"直",要真性情呢? 在现有的有关孔子思想的历史文本中,我们很难看出孔子对"性"与"直"的直接论述,如子贡所言"夫子言天道与性命,弗可得闻也已"(《论语·公冶长》)。不过,孔子的孙子子思进行了进一步论证,即《中庸》的"率性"思想。《中庸》首章:"天命之谓性,率性之谓道,修道之谓教。"我们之所以要珍视真性情,因为"天命之谓性","性"是天生的,一切源于天道。天以阴阳五行化生万物,气以成形,也随之赋之以理,万物便各得其所赋之理,并依此行事,这就是"性"。《周易》也有此说:"一阴一阳之谓道。继之者善也,成之者性也。"

"率","循也。""人物各循其性质自然,则其日用事物之间,莫不各有当行之路,是则所谓道也。"人之所以为人,就在于"原其所自,无一不本于天而备于我"[①]。"率性"就是遵循天赋之性理。"率性"的方法,就是要处理好"情"的问

---

① 朱熹.四书章句集注[M].北京:中华书局,2014:19.

题。《中庸》又说："喜怒哀乐之未发,谓之中;发而皆中节,谓之和。中也者天下之大本,和也者天下之达道。""中"是体,"和"是用。情感的"中""和"状态,是天下之大本和达道。如果能做到"致中和",就能"天地位焉,万物育焉"。后来发现的古文献中直接有"道始于情"(郭店楚简《性自命出》)的说法,可见,情感在先秦儒家思想中有根本性的地位。"情"的来源"性"是天赋的,不虚假的,那么"情"必须是对"性"的真实的表达,如果"情"虚假了,其表现的就不是真正的"性",人也就不能"率性"而为,也就违背了"道"。所以孔子用"直"来强调情感的真,把情感的真作为其"仁"学的基础。

而到了子思和孟子,他们用"诚"来强调这种"直"。

《中庸》云:"唯天下至诚,为能尽其性。能尽其性,则能尽人之性;能尽人之性,则能尽物之性;能尽物之性,则可以赞天地之化育;可以赞天地之化育,则可以与天地参矣。"孟子秉承这一认识,说:"诚者,天之道也;思诚者,人之道也。至诚而不动者,未之有也;不诚,未有能动者也。"(《孟子·离娄上》)"诚"是天道,人之道就是要去认识"诚"。因为"诚"是"尽性"的前提,也是最终"与天地参"即"天人合一"的基础和必要途径。这是对《论语》中孔子"直"的思想的进一步发展。

(二)"性"之符:"情"

"性情"在儒家思想研究中往往作为一个专有名词出现。有人以此概括儒家思想就是"性情思想"。"情"和"性"有密切关系,想认识清楚"情"就不能不解释"性"。但一个"性"字,何其难也,需专论,这不是本书重点,此处择其要处解释一二。"性"是中国古代思想里的一个重要概念,甚至是基础性的概念。先秦文献中,"性"往往单独出现,并不一定是"人性"。《哲学大辞典·中国哲学史卷》:"性一般指人性,亦有天性、本性等含义。"[①]所以,"性"可以是人之性,也可以是物之性。但以儒家论述的课题来看,多是指"人性"。人性是一个古老而又复杂的问题。中国古代思想甚至各种文化思想,都是在认识人性的基础上建立起来的。傅斯年甚至认为,先秦典籍中没有独立的"性"字。他认为"性"与"生"字没有相互独立。"生"就是"性"。

从先秦到现代,研究者对"人性"的认识有一定的分歧。人之"性",徐复观先生认为:"'性'之原义,应指人生而即有之欲望、能力等而言,有如今日所说之'本

---

① 《哲学大辞典·中国哲学史卷》[Z].上海:上海辞书出版社,1985:455-456.

能'……其所以从生者,既系标声,同时亦即标义;此种欲望等等作用,乃生而即有,且具备于人的生命之中;在生命之中,人自觉有此作用,非由后起,于是即称此生而即有的作用为性;所以'性'字应为形声兼会意字。此当为'性'字之本义。"①

"性"与"情"可互解。"性"通过什么表现出来呢?"情",即情感。"喜怒哀乐之未发,谓之中。"朱熹解释:"喜怒哀乐,情也。其未发,则性也。"(《四书章句集注》)"情"是隐含在"性"中的,"性"表现出来就是"情","情"是"性"的外在表现。

荀子也持此说:"生之所以然者谓之性;性之和所生,精合感应,不事而自然谓之性。性之好、恶、喜、怒、哀、乐,谓之情。""性者,天之就也;情者,性之质也;欲者,情之应也。"(《荀子·正名》)荀子认为,当"性"中的"喜怒哀乐"表达出来时就是"情"。汉代刘歆《七略》继承了先秦儒家,云:"诗以言情,情者,性之符也。"南朝梁代经学家贺玚有一比喻比较贴切:"性之与情,犹波之与水,静时是水,动则是波,静时是性,动则是情。""性"如水,"情"如风过水面形成的波纹、波浪。

"性"是天赋予人的,"情"是"性"的表现。这里隐含着一个前提,就是天赋的自然是"善"的(这不同于基督教的原罪论),"情"自然也该是这种"善"的真实的流露。所以,"情"一定是人的"真情实感"。孔子对"直"的强调,也是强调人的真情实感的重要性。前文所分析的"以直报怨","直"即是从内在情感的真实出发,也是从现实的实际情况出发。这和基督教以教义为准则完全不同。《圣经·马太福音》说:"不要与恶人作对。有人打你的右脸,连左脸也转过来由他打。""爱你们的仇敌,为逼迫你们的人祈福。"基督教往往以教义为最权威的判断依据,而中国古代这种实用主义理性则使其将现实实情作为其情感、行为判断的基础。

所以,情感的处理成了先秦儒家思想的重要内容。情感能否处理好,意味着能否"率性",进而能否"修道"。"喜怒哀乐之未发,谓之中,发而皆中节,谓之和。""中也者,天下之大本;和也者,天下之达道。"如果能做到"致中和",则"天地位焉,万物育焉"(《中庸》)。也就是说,处理好情的问题,天地万物便各得其位,各得发展,这就达到了"大道"。

(三)"情"的激活、规范与升华

先秦儒家对"情"的处理是有一套标准和方法的,所谓"发而皆中节,谓之

---

① 徐复观.中国人性论史·先秦篇[M].上海:华东师范大学出版社,2005.

和"。情感不是肆意地表达,情感的理想状态是"和"。那么,人的真情实感该如何激发、培养、引导、表达呢? 所谓"兴于诗,立于礼,成于乐"(《论语·泰伯》),这是先秦儒家的教育纲要,是培养人的过程,也暗含着对"情"的培养过程。先秦儒家的"诗教""礼教""乐教"思想,贯穿了其"率性"思想,而"率性"的落实又以"情"为抓手和表现。所谓"性自命出,命自天降。道始于情,情生于性"(《性自命出》),说的就是这个进路。其思路即是以情来激发人的主观能动性,进而发挥人的主体性,使人由内而生发成长。《诗经》及"诗",就是人内在心理情感的再现形式。诗教,就是让人找到这本就存在的内发之情,并将其激活、熏陶;而"礼"对情进行规范,并通过"义"而得到确立;"乐"升华了情,并引导人形成至高的心理境界,与天道相通。这是人的主体性充分彰显的过程。

教育最根本的目的就是唤起人的灵魂,激活人内心的意识,形成人格自觉。西方学者狄尔泰从生命本身来理解教育,指出教育的最终目的"是对一个人心灵的'唤醒'","一直到精神生活运动的根"[①]。先秦儒家教育思想就是以人内在的心理为基础和出发点的,最终"使人成为人"。

二、境遇

"仁"和"礼"是先秦儒家思想的两个核心概念,"仁"是一种内在情感,"礼"是一种外在形式。这一内一外互为表里,共同构建了儒学教育思想。而无论内外,这两个核心概念都是在一定的境遇中生成的。

(一) 境遇性的特征

"境遇"一词,《现代汉语词典》解释为"境况和遭遇"[②]。境遇是指事物存在的一种状态,它不是独立地、抽象地存在的,而是在特定情境中存在的。由于万事万物是运动变化的,所以事物所处的情境也不是固定不变的,这样,不仅不同的人或事物有不同的情境,甚至是同一人或事物在不同的时间中也有不同的情境。不同的情境会导致不同的相互作用,进而事物就有不同的存在状态。所以,事物的存在状态会因情境的不同而有所变化。

---

① 刘放桐.现代西方哲学[M].北京:人民出版社,1990:200.
② 中国社会科学院语言研究所词典编辑室编.现代汉语词典[Z].北京:商务印书馆,1996:673.

这种境遇性思维,中国古已有之。《周易》"生生之谓易"即是一种境遇性生成思想。境遇性生成是指万物都是在相互作用中产生的。天道生生不息、运行不已。而"生"是动态的过程,即所谓的"有时间维度"的"生成"。《周易》八卦的两两组合形成六十四卦,这六十四卦也就是六十四种不同境遇的表现,人们根据卦象的特征做出具体的判断。《尚书·召诰》云:"王敬作所,不可不敬德。""所"是处所、处境,其意为:作为君王应该在各种处所、处境下表现出敬德。

因此,这种"境遇性"具有具体性、情境性、动态性、生成性的特征。由此形成的境遇伦理,所直接面对的是重要的人生价值的问题,它要人们从具体境遇出发,从日常生活出发,充分发挥人的能动性和主观性因素,导出事物的正当性的原则。

先秦儒家的核心概念在境遇生成性的思维下方能很好理解,如"仁""礼""乐"。"仁"是儒家思想的核心,是其他概念的内在依据。本处分析"仁"的境遇生成性,也意味着"诗""礼""乐"皆有境遇生成性。

(二)"仁"的境遇性

正如大多数学者的基本共识,"仁"是孔子思想的核心,也是儒家整个思想体系构架的起点和旨归。"仁"字在今本《论语》中出现 110 次,分见于 16 章之 50 余处。"仁"乃众德之首,且包罗众德。其他之德,如爱人、克己、忠恕、中庸、慈、孝、良、悌、惠、顺、勇、刚、直、恭、敬、宽、智、庄、敏、慎、信、讱、俭、逊、让等,都是内心之"仁"的外在表现。

"仁"不是孔子首创,古已有之,西周已开其端。《国语》里多处提到"仁"。即便是"爱人",也是孔子之前就有的。《国语·周语下》中就有"爱人能仁"的记载。

孔子不仅用"爱人"来解释"仁",赋予了"仁"更多的精神内涵,还援仁释礼,将仁引入礼,使其成为礼的精神内核。但是,孔子从没有给"仁"下一个确切的定义。因为"仁"就是在境遇中生成的一种内在道德情感,对孔子来讲,作为一个抽象概念的"仁"没有什么意义。"仁"是在各种境遇性要素中生成的。

1. 真情内生性

孔子将"仁"视为最高的道德品质,具有这种道德品质的人,称为"仁人"。如前所述,"仁"的基础就是真性情、真情实感。《论语》中孔子将"刚毅木讷"与"巧言令色"两类人做对比。"刚毅木讷近仁。"(《论语·子路》)"巧言令色,鲜矣仁。"

（《论语·学而》）前者是以自己为主，凭着自己的真性情做事的老老实实的人；后者是以别人为主，做事说话，专以讨别人喜欢的虚伪的人。孔子认为，前者"近仁"，虽然还不是"仁"，但接近"仁"。后者很少能为"仁"。没有情，没有真情，谈不上"仁"，儒家的思想大厦就建立不起来。"孝弟也者，其为仁之本与!"孔子强调"仁"，但孝悌却是仁的根本。什么是孝呢？ 首先是"敬"。"敬"就是一种道德情感。"仁"产生和存在的基础，是人内心的真性情。

　　"仁"必然是从人内在生成的。《论语·述而》云："子曰：'仁远乎哉，我欲仁，斯仁至矣。'"朱熹认为："仁者，心之德，非在外也。放而不求，故有以为远者。反而求之，则即此而在矣，夫岂远哉？"[①]"仁"源于人的内心，每个人都有达到"仁"的潜在性。而人有主观能动性，如果想达到"仁"就能得"仁"。孟子曰："仁也者，人也。""仁"就是"人"，"仁"是人的内在本质，也就是人内在的德性。所以"仁"不是外求的，而是从人的心里生长出来的。

　　2. 现实情境性

　　"仁"是一种发自内心的道德情感，不是靠抽象的思辨就能阐释与获得。孔子在谈"仁"时，很少使用抽象的语言进行框定，他的语言往往具有很强的"述行性"[②]，即孔子关心的是"仁"者施"仁"的行为，对"仁"的形而上的含义并不感兴趣。即，作为概念，"仁"并不具有实体性，而只具有功能性。

　　因而，孔子感兴趣的不是形而上的超越经验之上的概念，而是具体环境中的具体行为表现。所以，"仁"并不是对现实中固有的确定实体的反映，而是对生活中各种具体行为（过程）及其相互关系、功能的反映。

　　孔子虽多次讲到"仁"，却依然觉得用语言来言说"仁"存在困难。"司马牛问仁，子曰：'仁者，其言也讱。'"（《论语·颜渊》）所谓讱者，难也，甚至认为"巧言令色，鲜矣仁"。即言语是实现不了"仁"的，甚至相反，越会表达离"仁"越远。因此"子罕言利与命与仁"（《论语·子罕》）。

　　"仁"虽在《论语》中出现百余次，却并没有集中地论述，而是零散地出现在不同场合。尤其是面对不同的发问者，孔子总给出不同的答案。不能解释"仁"的原因是，"仁"没有一个固定的定义，它是在具体情境中形成的，孔子只能根据实际情况解答。

① 朱熹.四书章句集注[M].北京：中华书局，2014：11.
② 郝大维，安乐哲.孔子哲学思微[M].何金俐，译.南京：江苏人民出版社，2012：16.

子贡问为仁,子曰:"工欲善其事,必先利其器。居是邦也,事其大夫之贤者,友其士之仁者。"(《论语·卫灵公》)

樊迟问仁,子曰:"居处恭,执事敬,与人忠。虽之夷狄,不可弃也。"(《论语·子路》)

樊迟问知,子曰:"务民之义,敬鬼神而远之,可谓知矣。"问仁,曰:"仁者先难而后获,可谓仁矣。"(《论语·雍也》)

颜渊问仁,子曰:"克己复礼为仁。一日克己复礼,天下归仁焉。为仁由己,而由人乎哉?"颜渊曰:"请问其目?"子曰:"非礼勿视,非礼勿听,非礼勿言,非礼勿动。"(《论语·颜渊》)

子贡曰:"如有博施于民而能济众,何如? 可谓仁乎?"子曰:"何事于仁? 必也圣乎! 尧舜其犹病诸。夫仁者,己欲立而立人,己欲达而达人。能近取譬,可谓仁之方也已。"(《论语·雍也》)

这说明,孔子并没有把"仁"作为一种精确化、固定化的术语来使用,即"仁"的意义取决于使用语言的不同环境,对"仁"来讲,并没有超越或脱离具体情境的普遍的原则或规范。"能近取譬,可谓仁之方也已。"(《论语·雍也》)对于"能近取譬"有不同解释,如冯友兰等认为,指的是以己为喻,推己及人,包括"忠"和"恕"两个方面。本书认为,"能近取譬"最直接的意思,就是拿身边的诸事诸物以及文献事例,比如历史、《诗》中的事例,和当前情况进行比较,寻找人立身行事的依据。身边之事之所以能譬,且能致"仁",就在于身边之事所形成的现实情境是"仁"产生的基础。

3.过程生成性

子不语怪力乱神,也不言鬼和死亡之后的世界,但重"命"。"不知命,无以为君子也。"(《论语·尧曰》)对于命,孔子却是知而不言:"子罕言利与命与仁。"(《论语·子罕》)所谓"不论""不言""不语",是不用思辨的议论抽象它,不用概括的语言限定它,从而将其视为必然。所问者必是"只问既有此世界,既有此生存,既有此人生,如何办? 如何活? 依据什么来活、来办?"这是孔子的清醒之处,也是谈"仁"时言又不言的原因所在。

通过以上分析,我们可以清楚地知道,孔子谈"仁"总是基于具体语境,并指向实际行为的,在言与不言之间挤兑出"仁"的本真意义。所不言者,在于不用那种形而上学的方法去寻求和准确定位"仁"的确切而普遍的意义;所言者,必是

"仁"在具体语境之中实际行为的个体呈现。

这首先意味着"仁"不是现成的,而是构成的。所谓"构成的",就是指"仁"的意义,不是已经摆在那里由谁来支配的,而是通过某个发生过程被产生出来的。孔子总是在具体的成仁的过程中去领会、理解或传达"仁"的。重要的不是"仁是什么",而是"如何成仁"。"仁"的意义是在过程中生成的。"能近取譬,可谓仁之方也已。"(《论语·雍也》)"能近取譬",说的也正是"仁"的构成性特征。只有时时从具体的眼下(当前)处境出发才能生发出"仁"的本真,才是领会、实行"仁"的正确方法。"仁"绝不仅是一个现成的道德原则,而是一个总能走出自我封闭的圈套而获得交构视域的"存在论解释学"的发生境界。

其次,"仁"的生成不是线性的,而是境遇性的。"仁"的非现成维度,说明"仁"不单纯是主观的内在品格或心理禀赋,也不是客观的对象化的规范和原则,而表现为一个立体的多维境遇的发生。所谓"遇",指两方充分地相互碰撞、引发、激活和构成的状态。在境遇中,一切现成者、相互对立者被消融、转化,在激荡中相互达到对方,从而赢得自己的本性。"仁"也就是在自己与他人、自我与他者、主体与客体、主观与客观的相互协调、冲突、消弭中生成的。

再次,"仁"的生成性还表现在其时间性上。"仁"不是一个现成的存在,即便生成了,也不是永久存在的。"子曰:'回也其心三月不违仁,其余则日月至焉而已矣。'"(《论语·雍也》)孔子极其推崇的颜回,做到三个月不违仁,已经得到孔子极大的赞许,而其余的学生只能在短时间内做到仁。可见,"仁"是有时间性的,不是一劳永逸的。所以,孔子告诫学生:"君子无终食之间违仁,造次必于是,颠沛必于是。"(《论语·里仁》)这一点和古希腊亚里士多德对"德性"的论述有相似的地方。虽然亚里士多德对"德性"的定义和儒家有别。亚里士多德认为:"一切德性,只要某物以它为德性,就不但要使这东西状况良好,并且给予它的功能良好。""人的德性就是种使人成为善良,并获得其优秀成果的品质。"[①]但亚里士多德也认为,德性不是固定后就一成不变的,他说:"在整个一生中都须合乎德性,一只燕子造不成春天或一个白昼,一天或短时间的德性,不能给人带来至福或幸福。"[②]

所以,"仁"的过程性、生成性,从内涵上指其没有固定的界定,总是不断地处

---

① [古希腊]亚里士多德.尼各马可伦理学[M].苗力田,译.北京:中国人民大学出版社,2003:32.
② [古希腊]亚里士多德.尼各马可伦理学[M].苗力田,译.北京:中国人民大学出版社,2003:12.

在生发构成的态势；从存在的时空状态来讲，指其即便生成也不是永久的，始终是开放的、延伸的、指向未来的。

三、践履

梁启超先生对儒学做出了这样的总结："儒家哲学，范围广博。概括起来，其用功所在，可以《论语》'修己安人'一语括之。其学问最高目的，可以《庄子》'内圣外王'一语括之。"[①]这和前文关于中国哲学是一种以实现理想人格为指向的实践哲学的分析是一致的。儒家的主体是道德性的主体，其实践也是道德的践履。"内圣外王"最早出自《庄子·天下》，后被儒家移用为专用术语。大体来说，"内圣"是就修养的成就而言的，"外王"是就所成就的事功而言的。"内圣外王"历来或被当成帝王之术，或是伦理政治的表述，或是个体人格精神境界的表述。本书看重的是其在人格精神境界培养中的价值。而分析"内圣外王"，要从"知行"关系说起。

（一）行重于知

中国先哲很早就开始讨论知行关系。他们在强调"知行统一"的前提下多推崇"行"，《古文尚书·商书·说命中》（有学者认为《古文尚书》是伪书，具体成书时间有争议）里已有"非知之艰，行之惟艰"之说。意思即：认识一件事情，懂得一个道理并不难，难的是将其付诸实施，把主观认识变为客观实践的活动。《左传》中"非知之实难，将在行之"（《左传·昭公十年》）也是此意。可见，在先秦时期，知行并提，行重于知的思想已经比较普遍。

先秦儒家也极其重视"行"，认为内在的认知、品德，一定要通过实践修养生成，并外显出来。《论语》中多有此例。"诵诗三百，授之以政，不达；使于四方，不能专对；虽多，亦奚以为？"（《论语·子路》）就"诗"来讲，哪怕你能诵出三百首诗歌，但你不能有效实施于政事，实施于天下四方，那也不算多，也没有用。并且至少自孔子起，就将言行一致作为判断"君子"与"小人"的重要标准之一，《论语·为政》说："子贡问君子。子曰：'先行其言而后从之。'"君子就是把想说的话实行了，然后再说出来。而先秦时期，在知行论上真正作出重要贡献的学者首推荀

---

① 梁启超.儒家哲学[M].天津：天津古籍出版社，2003：100-101.

子,荀子明确倡导重行的知行统一说。《荀子·儒效》说:"不闻不若闻之,闻之不若见之,见之不若知之,知之不若行之。学至于行之而止矣。行之,明也。明之为圣人。圣人也者,本仁义,当是非,齐言行,不失毫厘,无它道焉。已乎行之矣。"主张学习可以有不同的样式,但只有在知的前提下又去力行,才能达到学习的最高境界,即是人的道德的至高境界。《荀子·劝学》也说:"学不可以已……君子博学而日参省乎己,则知明而行无过矣。"衡量一个人的学习效果最终还是看他的"行"的效果。

跟西方哲学思想比较,更能看出中国"重行"的特点。钱穆先生在其《中国历史研究法》中有精辟论述。西方哲学往往追求一套纯知识、纯理论,这套知识与理论可以超越事物而先验存在。为了获得这套知识,他们认为应先超乎种种实际事务之外来运用思想,然后得到一套纯理论,再把这套纯知识、纯理论运用于实际社会人生。中国学术则喜欢结合实际,与实事接触,身体力行,重体验感悟,逐步有知。"行"不但是对"知"的实践,也是认识"知"的一种方法,或者说是"知"的来源之一。

中国古代哲人"求知"和"成圣"是统一的,求知方法往往也是道德修养的方法,即后世形成的"工夫论"。宇宙观、人性观、道德观、社会观都可在西方找到大体对应的部分,而"工夫论"却是中国儒家所独有的。工夫就是修养的方法,行的同时是在认知,也是在修道。行道之人,使寓于道之中的恢宏的精神尊严和力量在他的身上得到了具体的表现。儒家所推崇的"君子"的实现,也不仅在心理上达到健全,而且还在于发展其道德生活,也就是落实于其"行"之中。

(二) 由"内圣"到"外王"

中国哲学史上的知行问题和伦理学、人性论关系密切,先哲们虽然也从一般认识论的意义上讨论知行问题,但往往落脚于讨论道德意识和道德行为的关系问题。这在儒家就是体现为"内圣外王"的思想。这种思想在儒家的人格精神境界培养方面产生了深远的影响。

1. "内圣"的指向:"外王"

一个人内在的道德情感、心理品质的激活、确认和提升,最终要指向外在实践,即指向"修身齐家治国平天下",即所谓的"内圣外王"。"内圣外王"原出《庄子》。但孔子的"修己以敬""修己以安人""修己以安百姓"(《论语·宪问》),历来被视作儒家内圣外王之道的初声。后《礼记·大学》的"三纲八目"论述最详:"格物致知诚意正心修身齐家治国平天下。”

钱穆将中国传统学术分为两大纲：一是心性之学，二是治平之学[①]。“心性之学”就是“德性之学”，即正心、诚意之学，是“内圣”的方法。但心性之学和西方近代的心理学不同。近代心理学用狗、老鼠等动物做实验，研究其物理、生理反应，从而研究其心理，再由此迁移到人的心理上。这种研究方法把人的心性归入自然界的“物”的层面来认识。而中国的心性之学则不然。它反映在认识实际问题上，关注人类所共通的一种交往感应的心理，注重其“人群实践”。换言之，中国学术精神以社会人群的人事问题的实际措施为其主要对象。

而一个人的价值最终要体现在社会实践上，即“外王”。一个人的道德如何也要看其实践，即“践履”。《周易·系辞下传》曾说："是故履，德之基也。"将"履"视作德的根基。随后的孟子也曾说："舜，何人也？予，何人也？有为者亦若是。"（《孟子·滕文公上》）其中也蕴含着践履即美德的思想。《礼记·中庸》则说得更明白："力行近乎仁。"努力实践才是达到"仁"的方法。相对于西方苏格拉底的"知识即美德"，中国先秦儒家是"践履即美德"。

就儒家推崇的"礼"来讲："礼，履也，所以事神致福也。"（《说文解字》）履，履行，即实践。礼也必须通过人们的实际行为才能事神致福。实践包括对各种秩序和规范的严格遵守，而涉及的范围也比较全面，包括社会生产生活的各个方面。礼不是源于神的确立，它起源于巫术礼仪，产生于人类的环境，所谓"夫礼之初，始诸饮食"（《礼记·礼运》）。人们利用这种方式与环境保持一致。所以，"礼"具有实践性、过程性。人在实施"礼"的过程中，才能实现人的丰富的、完美的精神生活。这也就是前文分析的礼存在的境遇性。通过践履实现美德，通过践履也使"礼"得以实现，同样也实现一个人的社会价值，这就是"外王"的过程。

2. "外王"之法

如何践履？这种实践又是从生活中开始的。孔子主张弟子要回归具体情境，在日常生活中践履德行。《论语·学而》要求"弟子入则孝，出则弟，谨而信，泛爱众，而亲仁。行有余力，则以学文"，即先从现实生活的基本伦常、基本情感的表达出发。两千年后的陶行知提出的"生活即教育"，也是这个意思。"朱熹讲明正学其道必本乎人伦，明乎物理。其教自小学洒扫应对以往，修其孝悌忠信，周旋礼乐。其所以诱掖激励，渐磨成就之道，皆有节序。其要在于择善修身，自

---

① 钱穆.中国历史研究法[M].北京：九州出版社，2012：76.

乡下而至于圣人之道。"①中国哲学,无论儒道佛,都把重心放在现世生活本身的实践或修行上,而不是理论思辨上。因为中国哲学的根本宗旨是如何做人而不是建立什么理论体系,即如何成为圣人、君子、至人、真人,甚至成佛。实现这一根本目的,只能靠自己、自身主体的实践。而一个人如果能做到内在品德和外在行为的统一,即"内圣外王"的统一,就是人生的至高境界,他在精神和情感上最终就可达到"吾与点也"的"咏而归"的生命境界。

需要说明的是,"内圣"与"外王"不是一个简单的由此及彼的线性过程。如"知""行"关系一样,它是一个可以互动回环的过程,"内圣"要指向"外王",通过"外王"去实践、实现。反过来,"外王"的行为也是对"内圣"反思、修行、涵养的过程,是真正意义上的"内圣"。二者在互相渗透中共同促进行为主体的人格修养的提升。

这三点隐含、贯穿在先秦儒家情本思想脉络中,若隐若现。所谓"君子之道费而隐"(《中庸》),先秦儒家的情本思想本就是一种整体性思维。各要素在相互联系中,或相互制约,或相互辅助,保证整体和谐,发挥作用。立足于现世实际,立足于人内心的真实情感世界,既促动主体主观能动地自发成长,又强调境遇中的促进与约束,不至于使主体过于追求个体欲望而偏离,并让主体在实践中体悟践行,最终形成情理相融、内外合一的和谐的精神人格。

---

① 张世南.游宦纪闻·卷八[M]//崔大华.儒学的现代命运.北京:人民出版社,2012:88-89.

第六章　先秦儒家情本教育范式

儒家是先秦百家中最重教育,也是开展教育活动最多的一家,师承绵绵不绝。孔子及其后来者,如思、孟,在教育方面做了很多开创性的工作。这也是儒家两千多年兴盛不衰的原因之一。可以说,从教育史的角度来看,中国教育思想的正宗在孔子及其后续儒者。儒家思想包涵中华文化的丰富内涵,孔子统合了当时的全部文化与周代教育,才能融会贯通出教育的精神、教育的原则和实施教育的有效方法。

先秦儒家的教育政策是"有教无类",教育理念是"因材施教",教育方法是"不愤不发不悱不启",教育态度是"学而不厌诲人不倦",教育内容是"六经""六艺"。司马迁说:"《易》著天地阴阳四时五行,故长于变;《礼》经纪人伦,故长于行;《书》记先王之事,故长于政;《诗》记山川、溪谷、禽兽、草木、牝牡、雌雄,故长于风;《乐》乐所以立,故长于和;《春秋》辨是非,故长于治人。是故《礼》以节人,《乐》以发和,《书》以道事,《诗》以达意,《易》以道化,《春秋》以道义。"(《史记·太史公自序》)

而最能体现先秦儒家教育思想的是《论语》中的"志于道,据于德,依于仁,游于艺"(《论语·述而》),李泽厚称之为先秦儒家的教学总纲。儒家所"志于"的"道",不同于道家所说的"道"。中国古代思想所讲的"道",包含着"天道""地道""人道"。地道归于天道,天道是包含人在内的自然之道的总称。"天地之大德曰生。"(《周易·系辞下》)整个自然界被看作是生命不息的运动变化的整体。这是在自然哲学基础上的关于自然生命的哲学。

这种生命观是积极向上的生命哲学,它充分肯定世间万物生生不息的生命动力,深深地影响了儒道思想。如,儒家从中汲取"天行健,君子以自强不息"(《周易·易传·乾卦·象传》)的刚猛精进精神,以及"地势坤,君子以厚德载物"(《周易·易传·乾卦·象传》)的积极的人格建构理念。这种生命观不同于近代西方的生命哲学思想。近代西方叔本华、尼采、柏格森等人的生命哲学是悲观的、冲动的、反理性的，当然他们也有其特定的历史价值。

前文分析了先秦儒家情本思想的构成范畴及特点。这里包含着先秦儒家成人的路径和标准。这和西方哲学传统有重大不同。西方强调对本质的认知。古希腊抒情诗人品达（Pindar）说"成为你自己"，成为自己就要"人啊，认识你自己"，就是认识人的本质，并让它来决定你。柏拉图就力图找到一种手段，以使人能洞见不变的形式的"人"的本质。成为人，就是要最佳地成为这既定的理性目标（本质）。而所谓完美的人，就是能够认识并决定事物本质原理的人。

先秦儒家相反，它不强调对外在世界本质的认知，它强调对人的认识。但儒家又没有导向自我中心论。儒家思考的人，既不是作为生物的人，也不是孤立的人，而是社会人伦体系中的人。因此先秦儒家不把某个既定或固定的目标或标准作为其教育的方向。人是在不同的社会人伦层次结构中动态地存在的，在他所从事的实践活动中成长。而这活动本身就是一种创造生成而不是固定不变的。学者郝大维、安乐哲说："与造就人相联系的每一种活动都是一种创造；应该以作为自我造就、自我表现和自我创造的教育概念来说明人的每一种这样的活动。"①这说明了先秦儒家教育思想的特点，而这正是我们所分析的情本教育思想的重要内容。

儒家的教育思想根植于前文所分析的儒家的情本思想的特征。我们的研究，就是要剖析"情本"思想在教育中发挥作用的肌理，并试着整理、建构起"情本"教育范式。"诗""礼""乐"三个阶段及其演进是情本教育的基本范式，而每一个阶段又贯穿着情本思想的要素，并形成范式的子系统。如此，母系统与子系统整体协调运转，构成了情本教育范式的有机运行。

一、情本教育范式的提出

（一）范式简窥

这里用"范式"来解释先秦儒家的情本思想有用今人框古人之嫌。但是，为了说清楚古人，更为了使今人对古人有更清楚的认识和理解，借用今人的研究思维和方法也是可行的。"一切历史都是当代史。"（克罗奇语）历史要发挥当代的

---

① ［美］郝大维，安乐哲.孔子哲学思微［M］.南京：江苏人民出版社，2012：48.

意义,必须以当代人可以理解的方式去阐释,从而为当代所有。

范式(paradigm)的概念和理论是由美国著名科学哲学家托马斯·库恩提出并在《科学革命的结构》(*The Structure of Scientific Revolutions*)(1962)中系统阐述的,它指的是一个共同体成员所共享的信仰、价值、技术等的集合,指常规科学所赖以运作的理论基础和实践规范,是从事某一科学的研究者群体所共同遵从的世界观和行为方式。库恩并没有给出"范式"的明确定义,在他的文献中有二十多种不同情况的使用。在库恩看来,范式是一种对本体论、认识论和方法论的基本承诺,是科学家集团所共同接受的一组假说、理论、准则和方法的总和,这些东西在心理上形成科学家的共同信念,它表现为三种类型或三个方面:一是作为一种信念、一种形而上学思辨,它是哲学范式或元范式;二是作为一种科学习惯、一种学术传统、一个具体的科学成就,它是社会学范式;三是作为一种依靠本身成功示范的工具、一个解疑难的方法、一个用来类比的图像,它是人工范式或构造范式。

总而言之,范式是通过对科学中的关键性、全局性问题的解决,得出一个整体性的、具有"世界观"特点的总体性理论体系。

先秦儒家的情本思想属于哲学思想,但也渗透在社会生活的百姓日用之中,它是具有儒家世界观特点的一种理论体系,它是对原有的周公而来的礼乐制度的一种超越。原有的周公那套礼乐制度在春秋时期已经开始礼崩乐坏,社会政治实践和教育实践的需要,推动着新的范式的产生。

范式不是固定不变的,而是永不停止的过程。体现为"建构—失范—重建"的螺旋式循环。当社会实践发生巨变,教育实践也发生巨变,教育范式也自然会发生变化。

当然范式思想是在西方学术传统下产生的,很难将西方的范式概念和先秦儒家情本教育范式一一对应。本书的范式建构,借助于西方哲学的范式概念,但其内在理路还是根植于先秦儒家思想的自身特点,即情本思想特有的范畴、特征和规律。故此,我们试着整理先秦儒家情本教育范式。

(二) 情本教育范式的教育理念基础

"志于道,据于德,依于仁,游于艺。"(《论语·述而》)这是先秦儒家的教学总纲[①]。

[①]　李泽厚.论语今读[M].北京:生活·读书·新知三联书店,2008:193.

"诗""礼""乐"是实施这个总纲的教学材料,也是教学步骤,更是教学理念。为何是"诗""礼""乐"这三段进路,而不是"道""德""仁""艺",成为范式的理路?这就涉及"诗""礼""乐"与"道""德""仁""艺"的内在联系。这一点,清初学者李光地(1642—1718)在《读论语札记》中有段阐释,颇能说明问题:

> "志于道,据于德,依于仁,游于艺",首一字是用功处。"兴于《诗》,立于礼,成于乐",首一字是得效处。文虽同而意异。然二章之理有可相通者。感发兴起是志道中事,卓立不惑是据德中事,纯粹完成是依仁中事。至于《诗》、礼、乐,皆艺也。其精者,与道、德、仁同归,故可以兴、可以立、可以成。其粗者,为篇章、文辞、器数、声容之属,亦莫非至精之所寓。故彼言道、德、仁,又言艺。而此则混而一之。

"'志于道,据于德,依于仁,游于艺',首一字是用功处"是说,首字"志""据""依""游"是"用功处",即是要追求的根本目标。而"兴于《诗》,立于礼,成于乐"的关键是"得效处",所谓得效处,即发挥作用的途径。无论"精者"(即深层理念层次)还是"粗者"(即浅层表现操作层次),都暗合教学大纲之根本目标。"道""德""仁"是"兴""立""成"的内在之意和根本指向。"兴""立""成"是实现"道""德""仁""艺"的路径。它们之所以能成为路径,是因为其暗合了先秦儒家情本思维的特征和各种要素。诗、礼、乐,尤其是礼乐和性情有着直接的内在联系。正如东汉王充在《论衡·本性》中总结的:"情性者,人治之本,礼乐所由生也。故原情性之极,礼为之防,乐为之节。性有卑谦辞让,故制礼以适其宜;情有好恶喜怒哀乐,故作乐以通其敬。礼所以制,乐所为作者,情与性也。"情性是治理人的根本,礼乐由情性而生,礼乐制作的根据是情性,反过来,礼乐又可调适情性。

先秦儒家有明确的教育内容,即"六经""六艺","诗""礼""乐"是其教育内容和理念的浓缩。我们知道,在春秋战国时期或更早一些时候,"诗"与"乐"是不分的,同为"六艺"的"礼"与"乐"也总是结合在一起的。诗三百,皆可弦歌之,出现在《论语》中的著名音乐也是诗三百中的著名诗篇,赋诗、歌诗本就是一种音乐活动。而"礼"也是包含"乐"的。"事实上,对古人而言,分而言之,有'礼'有'乐',合而言之,则'礼'中有乐。以礼为主,以乐为辅。"①

---

① 陈来.古代宗教与伦理——儒家思想的来源[M].北京:生活·读书·新知三联书店,1996:275.

在实际生活中,有"诗"处皆有"乐",有"礼"处多有"乐","乐"总是伴随着歌"诗"与行"礼"的过程。与"乐"结合的"诗"与"礼",对人性人格也具有同样的陶冶塑造的功能。孔子的教育模式是"知(德)情一体",在孔子的思想中,诗、礼、乐,"兴""立""成"自然也是一个有机的整体。

"诗""礼""乐"的顺序非孔子首创。先秦文献有多处类似的表述。"志之所至,诗亦至焉;诗之所至,礼亦至焉;礼之所至,乐亦至焉;乐之所至,哀亦至焉。"(《礼记·孔子闲居》)这个顺序是以"情"为内在主线的。始于情,归于情。以《论语》为例,二十篇中几乎篇篇言及"礼",但很少有只言及"礼"而不言及"诗"和"乐"的,多数篇目都是把"礼"和"乐"连起来加以谈论。《论语》的《学而》《为政》《八佾》《雍也》《述而》《泰伯》《子罕》《先进》《子路》《宪问》《卫灵公》《季氏》《阳货》诸篇,莫不如此。由此可见,在孔子的思想中,诗、礼、乐是一个有机的整体。何晏的《论语集解》引汉代包咸《论语注》云:"兴,起也,言修身当先学诗。礼所以立身,乐所以成性。""诗"如何能"修身"?"礼"如何能"立身"?"乐"如何能"成性"?这正是本书要从其情本思想中发掘的教育理念。

(三) 情本教育范式的教育史基础

中国教育思想史这条长河,同中国历史一样长。古代的"巫",就是教师的滥觞。在三代时期,中国已经积累了丰富的教育实践经验和理论思想。有了夏商之鉴,周代更加注重教育,中国传统教育重道德、重人文的特点基本形成。这是先秦儒家情本教育思想的源头、土壤。从周代的教育体系可清楚见到这源头和土壤的丰富营养之所在。周代的较为完整的教育体系在《周礼》《礼记》等文献中有详细记述。

《周礼》分设天、地、春、夏、秋、冬六官。其中地官长官为司徒,"掌邦教,以佐王安扰邦国"。《周礼·地官·司徒·大司徒》载:

> 以乡三物教万民而宾兴之。一曰六德,知仁圣义忠和;二曰六行:孝友睦姻任恤;三曰六艺,礼乐射御书数。

这是"大司徒"一官的职能。

《周礼·地官·司徒·师氏》载:

　　师氏：掌以媺诏王。即用善良告诫王族。

　　以三德教国子。一曰至德，以为道本，二曰敏德，以为行本，三曰孝德，以知逆恶。教三行，一曰孝行，以亲父母，二曰友行，以尊贤良，三曰顺行，以事师长。

师氏负责教学"三德""三行"。
《周礼·地官·司徒·保氏》载：

　　保氏：掌谏王恶，而养国子以道。

　　教六艺，一曰五礼，二曰六乐，三曰五射，四曰五驭，五曰六书，六曰九数。

　　教六仪，一曰祭祀之容，二曰宾客之容，三曰朝廷之容，四曰丧纪之容，五曰军旅之容，六曰车马之容。

保氏负责教"六艺"和"六仪"。六艺和孔子所教学的"六艺"一样。
《周礼·春官》中，春官的长官是宗伯，"掌邦礼，以佐王和邦国"，也就是掌管国家的"礼"。但，施"礼"就要教"礼"，《春官》中，也有很多教育思想。
《周礼·春官·宗伯·乐师》载：

　　掌国学之政，以教国子小舞。

　　凡舞，有帗舞，有羽舞，有皇舞，有旄舞，有干舞，有人舞。教乐仪，行以《肆夏》，趋以《采荠》，车亦如之。环拜，以钟鼓为节。

　　凡射，王以《驺虞》为节，诸侯以《狸首》为节，大夫以《采苹》为节，士以《采蘩》为节。

　　凡乐，掌其序事，治其乐政。凡国之小事用乐者，令奏钟鼓。凡乐成，则告备。诏来瞽皋舞；及彻，帅学士而歌彻；令相。飨食诸侯，序其乐事，令奏钟鼓，令相，如祭之仪。

　　燕射，帅射夫以弓矢舞。乐出入，令奏钟鼓。凡军大献，教恺歌，遂倡之。凡丧，陈乐器，则帅乐官；及序哭，亦如之。

不同的舞蹈配的乐不一样，不同的身份用的乐也不一样。"乐"的使用，本身就是一种"礼"。

《周礼·春官·宗伯·大师》载：

> 大师：掌六律、六同，以合阴阳之声……教六诗，曰风，曰赋，曰比，曰兴，曰雅，曰颂；以六德为之本，以六律为之音。

和《诗经》有关的教学内容和教学方法，已经被列入教学内容。

《礼记·王制》载：

> 司徒修六礼以节民性，明七教以兴民德，齐八政以防淫，一道德以同俗，养耆老以致孝，恤孤独以逮不足，上贤以崇德，简不肖以绌恶。命乡，简不帅教者以告……乐正崇四术，立四教，顺先王诗书礼乐以造士。春秋教以礼乐，冬夏教以诗书。

《礼记》所记载的国家教育制度中，"礼""乐""诗""书"已经是教育的内容。

《礼记·文王世子》载：

> 凡学世子及学士，必时。春夏学干戈，秋冬学羽籥，皆于东序。小乐正学干，大胥赞之。籥师学戈，籥师丞赞之。胥鼓南。春诵夏弦，大师诏之。瞽宗秋学礼，执礼者诏之；冬读书，典书者诏之。礼在瞽宗，书在上庠。凡祭与养老，乞言，合语之礼，皆小乐正诏之于东序。大乐正学舞干戚，语说，命乞言，皆大乐正授数，大司成论说在东序……凡三王教世子必以礼乐。乐，所以修内也；礼，所以修外也。礼乐交错于中，发形于外，是故其成也怿，恭敬而温文。

此篇可谓完整的教学计划和实施方案，春夏秋冬各学什么，全都做了详细的安排。周代这套系统、完整的教育体系，不仅教育目标、教育内容、教育手段明确，而且司理教育的官职的分工也非常细致清晰。这套体系独具特色，和今天的教育体系差异很大，很值得研究。其总体特征，如果非要用一个词概括，就是"乐教"，乐教包括了诗教、礼教。这就是先秦儒家尤其是孔子的教育思想产生的基础，孔子的教育思想是在对三代历史、周代教育的总结基础上形成的。

而从整个教育内容来看，"乐"教贯穿始终。《周礼·春官宗伯》载：

> 大司乐掌成均之法，以治建国之学政，而合国之子弟焉。凡有道者，有德者，使教焉。死则以为乐祖，祭于瞽宗。以乐德教国子，中、和、祗庸、孝、友；以乐语教国子，兴、道、讽、诵、言、语；以乐舞教国子，舞云门、大卷、大咸、大磬、大夏、大濩、大武。以六律、六同、五声、八音、六舞、大合乐。以致鬼、神、示，以和邦国，以谐万民，以安宾客，以说远人，以作动物。乃分乐而序之，以祭、以享、以祀。

"成均"即周代之大学。音乐是教育的核心内容，也是教育的目的。所以，徐复观先生说，我国古代的教育是以音乐为中心的[①]。虽然说，周代以"礼乐"立国，"礼"的地位应该在"乐"之前。但考察历史，"乐"应该出现在"礼"之前。甲骨文中，没有正式出现"礼"字，但多次出现"乐"字。也许"礼"比"乐"更显性，更容易掌握，"礼"取代了"乐"在语言表述中的地位。但是"乐"依然是"礼"核心，且是最具精神性的内容。到了孔子时期，孔子说："郁郁乎文哉，吾从周！"孔子充分认识到周代教育的核心内容和价值，将"乐"从"礼乐"中独立出来，且给其以终极教育目标的地位，"立于礼"但最终"成于乐"。

到了春秋战国时期，社会政治经济的变革必然带动教育的变革。儒家本司相礼之职，文教更是其所长。所以儒家在这个时期，对中国教育思想的变革发挥了重大作用也是必然的，而孔子"万世师表"的地位在中国教育史上也得以确定。孔子的贡献很多，他开办私学，使教育普及化，整理文献，又将其作为教材，在"周室衰微，而礼乐废、诗书缺"的情况下，使知识、学术得以延续并普及。"非天子，不议礼，不作乐。"孔子还使本属于贵族阶层的"礼乐"下庶人。为此，他还"有教无类""因材施教""诲人不倦"等等。而这些都是教育社会学意义的贡献。随着历史的进步，西方或早或晚都出现过这些教育思想。本书想探讨的是，在深层原理层面，先秦儒家到底有何贡献，影响了这个民族后续的教育以及民族文化的进程？本书认为，先秦儒家深层的贡献就在于将其形成的"情本"思想渗入其教育思想、理念和教育实践中。

教育是一种实践活动，它不是孤立存在的，必然要受到教育实践者的哲学思

---

① 徐复观.中国艺术精神·石涛之一研究[M].北京：九州出版社，2014：16.

想的影响。如前我们对先秦儒家思维方式的分析,孔子以及先秦儒家的教育思想深深地烙上了其"情本"的印迹。在孔子教育思想中,他从"爱人"这一"仁"的最高原则出发,"有教无类"即是博爱的体现。在教育目标上,培养人的"仁"的目标,贯穿始终。"君子去仁,恶乎成名。"(《论语·里仁》)即认为抛弃了仁德的人,怎能成为出名的人才呢?"舜有天下,选于众,举皋陶,不仁者远矣;汤有天下,选于众,举伊尹,不仁者远矣。"(《论语·颜渊》)由此不难发现"仁"在人才培养中的重要作用。为了能真正选拔具有仁德的人才,孔子认为不能看其出身尊卑贵贱,而要视其是否真正德才兼备。孔子说:"先进于礼乐,野人也,后进于礼乐,君子也,如用之,则吾从先进。"(《论语·先进》)显然,是否符合"仁道",是选拔人才的重要标准。孔子同时以人内心的祥和快乐为教育目标之一,"一箪食,一瓢饮,在陋巷,人也不堪其忧"可仍然"不改其乐"(《论语·雍也》)的颜回便是其中一例,所谓"孔颜之乐",也都被先秦其他儒者所普遍认可。在教学方法上,孔子提倡师生之间"如切如磋,如琢如磨"(《论语·学而》),"不愤不启,不悱不发"(《论语·述而》),注重学生心理世界的琢磨、启发。

在深层的教育理念上,孔子的教育思想不是对概念、理念的阐释,也不是以概念、理念为中介对客观知识进行理解记忆。他重视的是开放的磅礴的生命体悟。所以,他虽然重视历史和文化典籍,但他并没有把典籍作为唯一的意义的储藏所,而是认为传统的智慧,以及获得这些智慧的方法,往往保留在口头传播或保存在社会结构、机构、仪式和音乐之中。他的教育思想体系,需要后人从其言论以及其他的文献记载中去梳理总结。本书无意整理出其完整的教育理念和课程体系,只想以"情"为暗河,探寻"情"在孔子的教育实践和理论中的脉络。本书并不流连于具体教育内容的研究,而是致力于发掘先秦儒家的教育方法和理念。

关于孔子的课程体系,有学者做过总结:"志于道,据于德,依于仁,游于艺"为课程设置的四项基本要求,"文、行、忠、信"为四大教学领域,"礼、乐、射、御、书、数"为六门学习科目,《诗》《书》《礼》《乐》《易》《春秋》为六本经典教材,"兴于诗,立于礼,成于乐"为课程推进的三个阶段①。这种总结整体上描绘出了儒家教育的大致蓝图。但这依然是用现代教学理念的框架去套先秦儒家的教育活动,而对其深层理念依然缺乏把握。我们研究先秦儒家教育思想不能就教育研究教育,一是要放在当时的时代背景下,只有这样才能看清其来龙去脉;二是要

① 李保强,汤瑞丽.孔子的课程思想体系及其教育改革启导意义[J].教育科学研究,2016,(1).

放在其哲学思想背景的观照下,只有这样才能看清其真正的价值和贡献。

把孔子教育实践与周代的教育体系相比,孔子很明显地对原用于贵族子弟教育的官方教育系统进行了改造。原因是:第一,教育下放、普及,有教无类扩大了教育对象;第二,个人无法全面承担官方那么庞大的教育体系,只能把握其精髓,拣其精要,在教育生涯中实践。

余英时先生在认同韦伯说法的基础上,认为:"孔子的礼乐实践既未采取官方立场,也未从其中抽身而出;相反地,他是在实践中对礼乐的精神重新赋予一种根本性的哲学阐释。"①"更重要的则是他一生都在追问:礼乐的本质是什么?怎样才能使礼乐和人生融化成一体?"②精要并不等于肤浅,恰恰相反,孔子抓住了传统教育资料的内核,对其进行了新哲学阐释,这种阐释中贯穿了情本思想,这是将礼乐和人生融为一体的内在理路。"诗""礼""乐"的教育就可以实现其教育理念,而且这三者是一个动态的推进过程,是对"六艺""六经"等综合运用的过程和理念的体现,贯穿了先秦儒家的"情本"思想。

为什么是"诗""礼""乐"的顺序呢? 后世研究,多认为这并非随意为之,而是有其内在逻辑。从前文周代教育史的资料可看出,当为先贤根据历史上的教育实践有意提炼、设计的教学路径。

有学者认为,"兴于诗,立于礼,成于乐",实是对乡饮酒礼、燕礼、射礼之类的礼乐活动的比较普遍化的表述。其前后的顺序大致是:宾主经过献、酢、酬之后,进入诗乐的娱宾阶段:歌《诗》用瑟(升歌)→立饮行礼→乐《诗》用笙(笙奏)→立饮行礼→歌《诗》用瑟、乐《诗》用笙,相间演奏(间歌)→合乐用瑟、用笙(合乐)。这个程序简化一下就是:歌《诗》用瑟(升歌)→立饮行礼→合乐用瑟、用笙(合乐)③。如前文分析,先秦的礼以及与之相关的德、乐,都来源于原始巫术。经过周公理性化后而成周礼,并逐渐抽象化、普遍化。"兴于诗,立于礼,成于乐"的产生,也经历了这样一个过程。

所以,"诗""礼""乐"三者,学之序也。宋人谢显道总结二程、朱熹等人观点,论说比较全面到位:"诗吟咏情性,能感动人之善心,使有所兴发;礼则动必合义,使人知正位可立;乐则存养其善心,使义精仁熟,自和顺于道德。"④这是一个动

①　余英时.论天人之际——中国古代思想起源试探[M].北京:中华书局,2014:86.
②　余英时.论天人之际——中国古代思想起源试探[M].北京:中华书局,2014:86.
③　余群,陶水平.先秦诗乐之"成"释义——兼论孔子"成于乐"的文化蕴含和创新意义[J].学术交流,2014,(7).
④　钟华."成于乐"索解[J].天府新论,1998,(6).

态的过程,翕如、纯如、皦如,绎如,后进入合乐"以成"的境界。

(四) 情本教育范式纲要

先秦儒家的教育不是现代意思上的知识教育,也不是技能教育。其核心是关于人的存在、人的价值,人生意义的追寻和实现,而不是关于外在自然界的认识问题。它有其独特的发生机理,既有形而上的"道"的层面的概念、思想,又有形而下的"器"的方面的方法、手段、实践,具备了范式形成的条件。

先秦儒家的情本思想,已经渗透进中华文明的各个方面,只是百姓日用而不自知,习焉不察。其思想已成为中国人的一种无意识的信念,自然也成为一种学术传统,后世对中华文化的发展基本还是沿着先秦儒家的思维脉络开展的。两千多年延续下来,自然有它的价值,有可能成为认识今天的社会现象,包括教育现象的有效工具和方法。鉴于此,我们试着构建先秦儒家情本教育思想范式。这是一个由多种因素构成的整体系统。作为其要素之一的情感既是教育的内容,也是教育的手段。"情本"思维为其教育提供方法论意义上的指导。但作为存在方式的"情感"并不是先秦儒家的最终目标,其最终目的还是追求真理,即"道"。这个"道"不同于道家的自然哲学,也不是西方哲学的客观真理,而是人生的真理,也就是人生的意义和价值真理。

情本思想是先秦儒家情本教育的范式总纲。这个总纲是由前文所分析的情本各要素组成的整体结构。范式的理路是"兴于诗""立于礼""成于乐"。在孔子这里,诗(语言)、礼(实践)和音乐都是形式的中介,个人通过这些中介而成长。这些中介不仅是组织、传递意义的结构,也是意义的源泉。

诗、礼、乐,就基本属性而言,都是艺术形式。诗是发自心灵、外化外显为语言表达的艺术;礼是表现为身体动作、行为,追求行为合理、优雅化的艺术,是人类行为的艺术化、规范化的统一物;乐是既基于心灵又基于社会秩序,进而追求精神自由与超越的艺术。西周初年,周公没有像殷商一样一味侍奉鬼神,也没有用僵硬的强制性的法律去建构国家,而是将这套艺术形式巧妙地应用于社会政治秩序的建构。孔子是中国古代艺术精神的发现者和实践者,也是一位颇有成就的音乐家。

诗、礼、乐作为艺术形式,必然具有艺术活动的特征。艺术活动是一种情感活动。与思维不同,情感不是一种认识活动。情感伴随着认识活动出现,但不是认识活动的派生物。情感是人对事物的态度的反应,是一种特殊的体验。这种特殊的体验就是审美体验。

中西方在对待艺术、对待诗人的问题上，在轴心时期表现出不同的取向。西方在柏拉图之前，就有"诗歌和哲学之间的古老争论"。柏拉图是将诗人赶出理想国的。他认为艺术只是描摹自然影像，而远离真理。亚里士多德和柏拉图不同，他注意到了艺术在净化人格方面的效应，将艺术的地位提高，使艺术成为培养人的情感的重要手段。"诗是比历史更哲学的。"诗歌比历史的记载更接近真理。诗歌能够表现人生普遍的情感及意义。之后西方人逐步认同艺术、诗人、诗对人类的重大价值。尼采说："艺术是生命的最高使命和生命本来的形而上活动。"①尼采将艺术上升到生命的艺术，这一点和先秦儒家不谋而合。

先秦儒家情本教育范式以"兴于诗""立于礼""成于乐"为三段路径和基本模式。而这三段既是三个阶段，又是一个紧密联系的环环相扣的进程，也是一个最终浑然一体的整体。"诗乐"本一体，"礼乐"也一体，它们或同体共发，或分工并发，最终共同发挥成人育人的作用。

二、仁者，人也

任何一门思想理论首先要考虑人是什么。"人啊，认识你自己。"古希腊的这句名言，是任何一门人文社会学科的逻辑起点。这也是教育的起点。人是教育的对象。教学必须首先认识人，进行人学的研究，即对人的本质、人的目的、人的价值等基本内容的研究。对这些问题持有不同的理解思路、研究立场，会提出不同的教育理论、教育观点，形成不同的教育流派。先秦儒家自然也有自己的人学立场。其实前文在阐释"情本"内涵与特征时，部分内容已做阐述。为了范式的完整性，此处再做简要梳理总结。

要对人进行教育，先要回答一个问题：人可教育吗？人需要教育吗？现代哲学、教育学的回答当然是肯定的。先秦儒家也认可这一点。《礼记·学记》："君子如欲化民成俗，其必由学乎！""玉不琢，不成器；人不学，不知义。是故古之王者，建国君民，教学为先。"教育无论对个人的成长，还是对国家的管理都是必需的。孔子也认为："我非生而知之者，好古敏以求之者也。"（《论语·述而》）这一点，中西文化是有共识的。人在社会学意义上是"未完成的"。他必须经过后

---

① ［德］尼采.悲剧的诞生［M］.周国平，译.南京：译林出版社，2014：16.

天的教育才能生存下去,而这种"未完成性"也给人以无限多样的可能性和可塑性,使之是"可教育的"。

先秦儒家的教育以对人性的充分认识为基础。关于人性的问题,孔子没有对人性做善恶区分,但他认为"性相近,习相远"(《论语·阳货》)。孟子明确认为人性本善。他从人情基本的"四端"引申:"乃若其情,则可以为善矣,乃所谓善也。""人性之善也,犹水之就下也。"(《孟子·告子上》)荀子清楚认识到人的利欲性,承认人的"食色"等生理欲望,圣人也概莫能外。但只要对之加以克制和引导,人是可以向善的。进而,孔、孟、荀都提出了自己的教育目标。孔子提倡"君子"人格,孟子推崇"大丈夫",荀子提出"成人"目标:"德操然后能定,能定然后能应。能定能应,夫是之谓成人。"先秦儒家教育的目标是伦理性的,"仁者,人也。"教育的目标就是使人成为人,具有"仁"的人,才能真正称得上"人"。

先秦儒家对人性的认识,都是基于人的真实情况的。在今天,科技急速发展,人越来越多地被科技以及现代理性所格式化,人沦为技术的附庸,教育更应该回到"人"这个出发点,回到人的本真。"兴于诗""立于礼""成于乐"范式的教育理路,就是基于这样的出发点。

三、兴于诗

在先秦诸子中,孔子对诗的重视程度,明显超出同一时代的墨家和道家,和古希腊一些思想家的态度更是迥异。古希腊柏拉图就曾公开宣称要将诗人和诗逐出他的理想国,因为诗不仅不真,而且撩拨情欲,伤风败俗,使人乱性。但孔子却将诗作为教育的内容和手段。

关于"诗"的育人价值,蔡元培的一段论述很有说服力:"人人都有情感,而并非都有伟大而高尚的行为,这由于感情推动力的薄弱。要转弱而为强,转薄而为厚,有待于陶养。陶养的工具,为美的对象,陶养的作用,叫做美育。"[①]蔡元培意在阐释美育的价值,而孔子的教育理念可以说就是美育。

《史记》云:"孔子以诗书礼乐教,弟子盖三千焉,身通六艺者七十有二人。""古者诗三千余篇,及至孔子,去其重,取可施于礼义,上采契、后稷,中述殷周之盛,至幽、厉之缺,始于衽席,故曰:'《关雎》之乱以为《风》始,《鹿鸣》为《小雅》始,

---

① 蔡元培.美育与人生[M].北京:中国文联出版社,2017:151.

《文王》为《大雅》始,《清庙》为《颂》始.'三百五篇,孔子皆弦歌之,以求合《韶》《武》《雅》《颂》之音。礼乐自此可得而述,以备王道,成六艺。"①(《史记·孔子世家》)虽然孔子删诗说一直有争议,但可以肯定,孔子当时是对《诗》做了仔细考证、整理,然后用作教材的。

从《论语》《大学》《中庸》中大量引《诗》的情况,也可见孔子及其门人对《诗》的重视。"《孟子》一书引《诗》、论《诗》凡三十八处,引《书》、论《书》凡二十处"②,而《荀子》中引《诗》多达八十次,引《书》记十一次③。先秦儒家典籍中,除了"子曰"就是"诗云"了。以《论语》为例,《论语》中直接论及"诗"的有九节:

> 子贡曰:"贫而无谄,富而无骄,何如?"子曰:"可也;未若贫而乐,富而好礼者也。"子贡曰:"诗云:'如切如磋,如琢如磨。'其斯之谓与?"子曰:"赐也,始可与言诗已矣,告诸往而知来者。"(《论语·学而》)

> 子曰:"诗三百,一言以蔽之,曰:'思无邪。'"(《论语·为政》)

> 子夏问曰:"'巧笑倩兮,美目盼兮,素以为绚兮。'何谓也?"子曰:"绘事后素。"曰:"礼后乎?"子曰:"起予者商也! 始可与言诗已矣。"(《论语·八佾》)

> 子所雅言,诗、书、执礼,皆雅言也。(《论语·述而》)

> 曾子有疾,召门弟子曰:"启予足! 启予手! 诗云:'战战兢兢,如临深渊,如履薄冰。'而今而后,吾知免夫! 小子!"(《论语·泰伯》)

> 子曰:"兴于诗,立于礼,成于乐。"(《论语·泰伯》)

> 子曰:"诵诗三百,授之以政,不达;使于四方,不能专对;虽多,亦奚以为?"(《论语·子路》)

> 陈亢问于伯鱼曰:"子亦有异闻乎?"对曰:"未也。尝独立,鲤趋而过庭。曰:'学诗乎?'对曰:'未也。''不学诗,无以言。'鲤退而学诗。他日,又独立,鲤趋而过庭。曰:'学礼乎?'对曰:'未也。''不学礼,无以立。'鲤退而学礼。闻斯二者。"陈亢退而喜曰:"问一得三,闻诗,闻礼,又闻君子远其子也。"(《论语·季氏》)

> 子曰:"小子何莫学夫诗? 诗,可以兴,可以观,可以群,可以怨。迩之事

①　司马迁.史记[M].长沙:岳麓书院,2012:774.
②　姜广辉主编.中国经学思想史第1卷[M].北京:中国社会科学出版社,2003:187-188.
③　姜广辉主编.中国经学思想史第1卷[M].北京:中国社会科学出版社,2003:213.

父,远之事君;多识于鸟兽草木之名。"(《论语·阳货》)

间接用及《诗》的就更多了,如"南容三复白圭,孔子以其兄之子妻之"(《论语·先进》)。"白圭"即《诗·大雅·抑之》篇。诗曰:"白圭之玷,尚可磨也。斯言之玷,不可为也。"南容一日三复此言,孔子就把自己的侄女嫁给他了。而后发现的上博简《孔子诗论》,就是孔子的"《诗》教"笔记。

孟、荀继承拓展了孔子的思想。《孟子》不但用《诗》,还引用《诗》和孔子的阐释,说明孔子从《诗》中兴发人生与社会的哲理。"诗云:迨天之未阴雨,彻彼桑土,绸缪牖户,今此下民,或敢侮予。孔子曰:为此诗者,其知道乎? 能治其国家,谁敢侮之? 今国家闲暇,及是时,般乐怠敖,是自求祸也。祸福无不自己求之者。诗云:永言配命,自求多福。"(《孟子·公孙丑上》)

这里我们做一说明,孔子的"《诗》教",也是"诗教","《诗》教"是说以《诗》为教学内容,"诗教"即用"诗"这种形式、方法和理念进行教育。那么,"诗"对孔子及先秦儒家到底意味着什么? 对其育人思想又意味着什么?"兴于诗,立于礼,成于乐"这九字箴言,一直是人们用来解释诗的作用的直接依据。

但要想尽可能地贴近孔子时代的先贤们对"诗"的理解,必须将其放在那个时代的背景和语境中,探讨以下三个方面的问题。

(一) 释"诗"

由于古代文献没有标点符号,所以古人论述"诗"时,所论究竟是"诗"还是《诗》很不容易分辨。孔子当然强调《诗》教,但也是"诗教"。虽然他以当时的《诗》为教材,但其"诗教"思想并不局限于《诗》。所以,我们多以"诗"为表述用语。所释之"诗",也并不局限于《诗》即《诗经》。南朝钟嵘《诗品序》:"动天地,感鬼神,莫近于诗。"此"诗"已不是《诗》。

1. "诗"之源——巫

中国古代"诗"源于何时? 人类为什么会产生"诗"这种形式? 诗歌是最早产生的文学形式。从历史和考古的证据看,各个国家、地区,诗歌都比散文产生得早。原始人遇到值得流传的事迹、经验,都会用诗的形式记载下来。这里大约有两种类型,一种是应用型的,如医方脉决,记载的是经验,用诗的形式是为了便于记忆。另一种则是为了节奏,也就是鲁迅所说的"杭育杭育派",如原始劳动的号子、歌谣。那么,诗歌到底起源于何时?

这又有两个问题：第一，从时间角度，最早的诗产生于什么年代？第二，人类为什么会产生诗？人类心理的起源是什么？限于篇幅，本处不做细究，可参见朱光潜《诗论》，本处合在一起稍作分析。

现有文献中最早论诗的是《尚书·虞书·尧典》。该篇有言："帝曰：'夔！命女典乐，教胄子。直而温，宽而栗，刚而无虐，简而无傲。诗言志，歌咏言，声依永，律和声，八音克谐，无相夺伦，神人以和。'"

这段话是论诗的经典之论，从中我们可以发掘出很多有关"诗"的信息。舜帝命夔创制典乐，用于教化子弟，祭祀神灵。"诗""歌""声""律"均属于乐教的内容。中国上古就非常注重音乐及其教化作用。《吕氏春秋》的论述再次证明了这一点："昔葛天氏之乐，三人操牛尾投足以歌八阕……帝尧立，乃命质为乐。质乃效山林溪谷之音以歌……瞽叟乃拌五弦之瑟作……以祭上帝。"

从中我们可以看到"诗"产生的时间。汉朝郑玄将此作为"诗之道"产生于此的一个重要论据："诗之兴也，谅不于上皇之世。大庭、轩辕，逮于高辛，其时有亡，载籍亦蔑云焉。《虞书》曰：'诗言志，歌永言，声依永，律和声。'然则诗之道，放于此乎。"郑玄认为，诗的兴起，应该不是伏羲时期。炎帝、黄帝，直到高辛时期，都没有诗，典籍中也没有记载。《尚书·虞书》中有这样一句："诗言志，歌永言，声依永，律和声。"也就是说："诗表现的是情感与意志，延长其声、徐徐吟咏诗句时，声音的高低应与咏唱相配合以律吕来调和歌声。"诗，应该就是从这时候开始的吧。唐代孔颖达也认为："经典言诗，无先此者。"孔颖达在《毛诗正义》中说："其唐虞之诗，非由情志不通，直对面歌诗以相诫勖，且为滥觞之渐，与今诗不一，故《皋陶谟》说皋陶与舜相答为歌，即是诗也。《虞书》所言，虽是舜之命夔，而舜承于尧，明尧已用诗矣，故《六艺论》云唐、虞始造其初，至周分为六诗，亦指《尧典》之文。谓之造初，谓造今诗之初，非讴歌之初。讴歌之初，则疑其起自大庭时矣。然讴歌自当久远，其名曰诗，未知何代。虽于舜世始见诗名，其名必不初起舜时也。"唐虞可能是"诗"这种文体产生之始，但用"诗"这种形式去表达，即"讴歌"应该是更久远了。

第二，我们可以看出《尧典》中所记的上古时期，舞、乐、诗（歌）诗综合一体。《墨子·公孟》所谓"诵诗三百，弦诗三百，歌诗三百，舞诗三百"也是一证。上古时期，"诗"还不是一个独立的文学观念，"诗"在当时主要的文化功能是祭祀礼仪，还属于巫术、原始宗教的附庸。诗属于宗教观念与原始乐教的一个部分，是表达"神人以和"的一种手段，但"诗"已经开始出现并发挥作用了。从"诗"的有形文本来看,《诗经》成了中国最早的诗的呈现。"诗"一经形成,就成了一种奇妙的存在。唐代皎然概括得精妙:"夫诗者,众妙之华实,六经之菁英。虽非圣功,妙均于圣。彼天地日月,元化之渊奥,鬼神之微冥,精思一搜,万象不能藏其巧。其作用也,放意须险,定句须难,虽取由我衷,而得若神表。至如天真挺拔之句,与造化争衡,可以意冥,难以言状,非作者不能知也。"①

下面我们想进一步探讨的就是,诗在人类心理上的起源,即"诗"的这种形式或思维何以产生? 人类为什么要唱歌作诗? 也可以问,诗对人有什么用? 即何谓"言志"?

2."诗"之用——言志

从《尚书·虞书·尧典》的那段话中,我们还可以读出另外一个信息:"诗言志","诗"的作用是"言志"。"诗言志"是否为《尚书》独论? 在周代是不是共识? 翻阅同时代或其后的典籍,此论不孤。《左传·襄公二十七年》文子告叔向曰:"伯有将为戮矣! 诗以言志,志诬其上,而公怨之,以为宾荣,其能久乎? 幸而后亡。"赵孟请七个人赋诗,"观七子之志"。七位臣子按要求分别赋诗。此处是赵文子对伯有所"赋"的诗的评价,依然以"诗言志"为标准。

《国语·楚语上》曰:"教之诗,而为之导广显德,以耀明其志。"《庄子·天下篇》亦说:"诗以道志,书以道事,礼以道行。"《荀子·儒效》同样说:"《诗》言是其志也。"可见,"诗言志"是先秦诸子的共识,而后世基本延续此说。于是"诗言志"成了最早、最权威的诗论,以至于朱自清先生说其为"中国诗论开山的纲领"②。

"诗言志"的关键是"志",何谓"志"?

从文字学角度分析,东汉许慎《说文解字》:"志,从心之声。志者,心之所之也。"闻一多《歌与诗》也从字源上解释"志":"志从止从心,本义是停止在心上。"停在心上亦可说是藏在心里,"志"即藏在人心里的东西。藏在心里的是什么呢?

《诗序》即《毛诗序》(作者和成书年代一直有争议),作为古代中国诗歌理论,其论述有代表性。其《大序》曰:"诗者,志之所之也。在心为志,发言为诗,情动于中而形于言。言之不足,故嗟叹之。嗟叹之不足,故咏歌之。咏歌之不足,不知手之舞之足之蹈之也。""诗"是表达"志"的,"志"是人的内心所在,而这内心是因情而动的,志就是以人的情感为主要内容的内心世界的表达。

---

① [唐]皎然.诗式校注[M].北京:人民文学出版社,2003:25.
② 朱自清.诗言志辨序[M].长沙:岳麓书社,2011:15.

唐孔颖达更进一步阐释为："诗者,人志意之所之适也。虽有所适,犹未发口,蕴藏在心,谓之为志,发见于言,乃名为诗。言作诗者所以舒心志愤懑而卒成于歌咏。故《虞书》谓之'诗言志'也。包管万虑,其名曰心。感悟而动,乃呼为志。志之所至,外物感焉。言悦豫之志,则和乐声而颂声作;忧愁之志,则哀伤起而怨刺生。"所言同意,诗言志,即等于"诗言情"。

南宋朱熹对"诗言情"做了进一步解说。朱熹在《诗序辨说》中说:"或有问于予曰:诗何为而作也? 予应之曰:人生而静,天地之性也;感于物而动,性之欲也。夫既有欲矣,则不能无思;既有思矣,则不能无言;既有言矣,则言之所不能尽而发于咨嗟咏叹之余者,必有自然之音响节族音奏而不能已焉。此诗之所以作也。"①

"诗言志"的"志",不是以"知"或"意"为中心的理性活动,而是以"情"为主的感情活动。后代作家都认同此说,且以此说为创作经验的精髓。明代戏剧家汤显祖说:"《书》曰:'诗言志,歌永言,声依永,律合声。'志也者,情也。"后人对此也有基本共识,清代诗人袁枚说:"千古善言诗者,莫如虞舜,教夔典乐曰:'诗言志'言诗之本乎性情也"。② 现代学者徐复观说:"大家公认最早说明诗的来源的诗言志的志,乃是以感情为基底的志,而非普通所说的意志的志……情才是诗的其正来源,才是诗的真正血脉。"③

的确,人的性情与诗本来就有着天然的联系。别林斯基说:"感情是诗情天性的最主要的动力之一,没有感情,就没有诗人,也没有诗歌。"④除了上述引文,中国文学思想史上,还有情为诗主、情为诗本、情为诗源、情为诗根、情生诗歌等种种说法。它们以不同形式强调了情感是诗歌的本质。总之,诗是表达且来自人的内在心理世界的。即使这个"志"有广义心理的意志、意向等内容,也是和"情感"紧密联系在一起的。故,"诗言志"即"诗言情"。

但,古人为什么不说"诗言情"呢?

第一,考察古代文献,"情"字较"生""性"等字均为晚出。"情"字的流行,尤其作"情感"的意思,更是以后的事⑤。我们综述中对《论语》《孟子》《荀子》等文

---

① ［宋］朱熹.诗序辨说［M］.上海:上海古籍出版社,2002:15.

② ［清］袁枚.随园诗话［M］.南京:凤凰出版社,2009:12.

③ 徐复观.释诗的比兴——重新奠定中国诗的欣赏基础［M］//徐复观.中国文学论集.台北:台湾学生书局,1985:25.

④ 中国社会科学院文学研究所.古典文艺理论译丛［C］.知识产权出版社,2010:5.

⑤ 王文生.释"志"——"诗言志"诠之一［J］.文艺理论研究,2009,(3).

献的分析,也阐明了这一发现。《论语》中只出现两个"情"字,《尚书》《诗经》全篇各仅一处"情"字。所以《尚书·虞书·尧典》没有说"诗言情",而说"诗言志",此时的"情"还包含在"志"中。

第二,此"志"中之"情"也有时代特点,不完全等同于个体性的情感。魏晋陆机有"诗缘情"的提法,一时间有了"诗言志"与"诗缘情"之争。志中之"情"和"诗缘情"的"情"还是有区别的。发端于原始巫术传统的诗,其要表达的"志",其"情"更偏重群体的伦理情感。而魏晋时期,随着个体自觉意识的加强,其"情"的个体成分更多一些。无论群体之情、个体之情,表达人的以"情"为主要内容的心理世界,是毋庸置疑的。

所以,"诗言志"之"志",本质意义在于表现人们的思想感情、意志和愿望等内心世界。而这种内心世界的情感、意志、愿望,绝不纯粹是个体的情感,而是有社会性的。所谓"八音克谐,无相夺伦,神人以和",是其社会人伦关系的表现。那么,放在中国哲学体系内,"情"就绝不孤立,而是在和"性"、和"天"联系的整体中存在的。荀子的论述已见此意:"生之所以然者谓之性。性之和所生,精合感应,不事而自然谓之性。性之好、恶、喜、怒、哀、乐谓之情。"而诗言志的"言"是表达、表现。这个"言"字作动词用,有宣泄、吐露的意思,着重于内在情绪冲动之表现为语言①。

从此"诗言志"成为中国古代思想以及古代文艺理论的一个基本理念。后世学者都在延续这一脉络。荀子"称情而立文"的思想也是该思想的表现,后世的文质观特别是刘勰的"情采"观继续发挥。《文心雕龙·情采》中说:"夫铅黛所以饰容,盼倩生于淑姿;文采所以饰言,而辩丽本于情性。故情者,文之经;辞者,理之纬;经正而后纬成,理定而后辞畅,此立文之本源也。"(《文心雕龙》)情是文学创作的本源,情正辞自畅。

而比较西方诗论,更能看出中国诗学"情本"的特点。

西方对"诗"的起源和功能的认识,与中国有很大区别。西方以古希腊一脉最为显著。古希腊学者认为,诗是"模仿的艺术"(imitative art)。模仿的对象,可以是心理活动,包括情感、思想,也可以是其他外在现象,包括自然现象。他们认为,诗的主要功能是"再现"外界事物的印象。柏拉图在《理想国》中说:"从荷马起,一切诗人都只是模仿者,无论是模仿德行,或是模仿他们所写的一切题材,

---

① 王文生.释"言"——"诗言志"诠之二:"言"是表现而不是模仿.文艺理论研究,2009,(5).

都只得到影像，并不曾抓住真理。"①而其学生亚里士多德在《诗学》里一开始就说：

> 史诗、悲剧、喜剧、赞美诗、横笛与竖琴演奏的大部分音乐——所有的一切，主要的都是模仿。
>
> 诗的普通起源由于两个原因，每个都根于人类天性。人从婴孩时期起，就自然会模仿。他比低等动物强，就因为他是世间最善于模仿的动物，从头就用模仿来求知。大家都欢喜模仿出来的作品。这也是很自然的。这第一点可以拿经验来证实：事物本身纵然也许看起来令人起不快之感，用最写实的方法将它们再现于艺术，却使我们很高兴看，例如低等动物及死尸的形状。此外还另有一层理由：求知诗最大的快乐，这不仅哲学家为然，普通人的能力虽较薄弱，也还是如此。我们喜欢看图画，就因为我们同时在求知，在明了事物的意义，比如说'那画的人就是某某'。如果我们从来没看过所画的事物，那么，我们的快感就不是因为画诗模仿它，而是因为画的手法，颜色等等了。②

在亚里士多德看来，诗起源于模仿，其功能有二，一是模仿，二是认知。模仿作为动词则指制造一个复制品，作为名词则指对客体的重复再现。模仿认知和"言"——即从人主体内心的"表达"，完全不同。"认知"更是一种理性思维，认知的目的是靠近真理，而不是情感。亚里士多德的《诗学》，被俄国作家车尔尼雪夫斯基称为西方"第一篇最重要的美学论文，也是迄至前世纪末叶一切美学概念的根据"③，可见"模仿说"在西方影响之大。

诗言志之"言"即表现，表现内心情感世界。这与西方的"模仿说"有重大区别。王文生先生总结出四点，很能说明该问题："第一，表现的对象是内在的情感；模仿的对象是外在的客体。第二，表现的目的是使内在的感情获得外在的形式；模仿的目的则是制造一个相似物。第三，表现的手段是用象征来点示；模仿的手段则是用形象来描述。第四，表现的结果是用部分来代表整体；模仿的结果

---

① ［古希腊］柏拉图.理想国［M］.北京：商务印书馆，2009：25.
② ［古希腊］亚里士多德.诗学［M］.罗念生，译.上海：上海人民出版社，2016：35.
③ 车尔尼雪夫斯基.美学论文选［M］.北京：人民文学出版社，1957：174.

则是被模仿者的整体呈现(当然不是毫发无遗的客体再现)。"①而这也就是中西方以"诗"为代表的文艺创作的差别,进而是中西方思想的差别。就"诗"而言,中西比较再次凸显了中国先秦"重情""尚情"的思想特征,而这可能是孔子看重《诗经》最主要的原因。因为"情"是其"仁"学的基础,不达情则无以至仁。何以达情? 兴是重要手段。

(二) 释"兴"

在中国古代思想、中国传统美学观念中,"兴"是一个很独特也很难解释的概念。这个概念也体现了中国人思维方式的独特性。叶嘉莹教授曾在《中国古典诗歌中形象与情意之关系例说》一文中指出:"至于'兴'之一词,则在英文的批评术语中,根本就找不到一个相当的字可以翻译。"②

以"兴"论诗,始于先秦。孔子"兴于诗""诗可以兴"是先秦儒家"诗论""诗教"最著名的两句。孔子称"诗"发挥作用的机制为"兴"。"诗"当然还有其他用处,比如"观群怨",比如"迩之事父,远之事君",比如"多识鸟兽草木之名"。但孔子最看重的是"兴"这一功能。孔子不厌其烦地要求弟子、儿孙学诗,并将其列入课程体系,正是认识到诗的"兴"这一机制的价值和意义。何也?

"兴"是人的内在情感的体验,这种体验是对世界的感受,"诗"的审美属性,因"兴"得以感受。所以,"兴"也是一种审美体验。这种体验又是发自人的本性的,人对审美感受有着天然的追求。人本主义心理学大师马斯洛也认同此点。他说:"从最严格的生物学意义上,人类对于美的需要正像人类需要钙一样,美使得人类更为健康。""对美的剥夺也能引起疾病。审美方面非常敏感的人在丑的环境中会变得抑郁不安。"③孔子充分发挥"诗"的"兴"的审美特点,完全是从人性角度出发的。

1. "兴"的起源

以"兴"论诗,非孔子独创,也非首创。"赋、比、兴"的说法,最早见于《周礼》:"大师……教六诗:曰风;曰赋;曰比;曰兴;曰雅;曰颂。"《毛诗序》又说:"故诗有六义焉:一曰风;二曰赋;三曰比;四曰兴;五曰雅;六曰颂。"所谓《诗经》"六义"一般认为,风、雅、颂是《诗经》在内容上的分类;赋、比、兴是它的表现方法。孔颖

---

① 王文生.释"言"——"诗言志"诠之二:"言"是表现而不是模仿[J].文艺理论研究,2009,(5).
② 叶嘉莹.迦陵论诗丛稿(修订本)[M].石家庄:河北教育出版社,1997:33.
③ [美] 马斯洛.人性能达到的境界[M].方林,译.昆明:云南人民出版社,1992:194.

达在《毛诗正义》中曾经概括地说："风、雅、颂者，《诗》篇之异体；赋、比、兴者，诗文之异辞耳……赋、比、兴是《诗》之所用；风、雅、颂是《诗》之成形，用彼三事，成此三事，是故同称为义。"

那么，在当时人们是如何运用《诗经》及其"六义"的呢？对礼乐制度有详细记载的《周礼》，也有这方面的内容。

《周礼·春官·宗伯》有言："瞽蒙：掌播鼗、柷、敔、埙、箫、管、弦、歌。讽诵诗，世奠系，鼓琴瑟。掌《九德》、六诗之歌，以役大师。"

《周礼·春官·宗伯》："大司乐：掌成均之法，以治建国之学政，而合国之子弟焉。凡有道者、有德者，使教焉；死则以为乐祖，祭于瞽宗。以乐德教国子：中和、只庸、孝友。以乐语教国子：兴、道、讽、诵、言、语。以乐舞教国子，舞《云门》《大卷》《大咸》《大韶》《大夏》《大濩》《大武》。以六律、六同、五声、八音、六舞大合乐，以致鬼神示，以和邦国，以谐万民，以安宾客，以说远人，以作动物。""乐语"就是"谓言语应答，比于诗乐，所以通意旨、远鄙倍也。"[1]即，与诗乐相关相应，带些仪式性、专用性的语言。

《国语·楚语上》："叔时曰：教之《春秋》，而为之耸善而抑恶焉，以戒劝其心；教之《世》，而为之昭明德而废幽昏焉，以休惧其动；教之《诗》，而为之导广显德，以耀明其志；教之《礼》，使知上下之则……教备而不从者，非人也，其可兴乎！"

这和我们前面的考证结论一样，《诗经》和礼乐是结合在一起的，是当时的教育内容，而"兴"则是周代教育（教国子）运用的教学方法。赋、比、兴虽然各有特点，但由于"诗"的特点决定了它们都具抒情作用，所以兴其实在一定程度上包含了"赋""比"，所以唐皎然认为"比兴等六义，本乎情思"[2]。

而在这一过程中，"兴"恰恰是"诗"能够发挥作用的独特方法。反过来说，"兴"之所以能够发挥作用，和"诗"这种表达形式的特质有关。

2."兴"的含义

秦汉时期的毛亨为《诗经》作传，特意用"兴"这一术语区分诗经修辞的专用模式。305 首诗，毛亨注明"兴也"的有 116 处，占《诗经》总篇数的 38％[3]。可见，"兴"作为一种手法，在《诗经》里被广泛运用。"兴"发挥作用的机制是什么呢？

---

① 孙诒让.周礼正义[M].北京：中华书局，1987：35.
② 皎然.诗式校注[M].北京：人民文学出版社，2003：25.
③ 叶舒宪.诗经的文化阐释[M].西安：陕西人民出版社，2005：394.

"兴"是如何在"情本"的整体思维中发挥作用的呢？

东汉许慎《说文解字》云："兴,起也。从舁从同。同,同力也。"又释"舁"为"共举也"。甲骨文中,"兴"象四只手抬一抬盘之形。所以,"起"是"兴"的本义,后来才引申为抽象的精神层面的意义。《论语》文本中,除论诗"兴"二语外,尚有四处,其用法都体现了"兴"的本义和引申义。

> "在陈绝粮,从者病,莫能兴。"(《论语·卫灵公》)
>
> "名不正则言不顺,言不顺则事不成,事不成则礼乐不兴。"(《论语·子路》)
>
> "一言而可以兴邦。"(《论语·子路》)
>
> "君子笃于亲,则民兴于仁。"(《论语·泰伯》)

第一例的"兴"是具体的,即"站起",第二、第三例即"具体—抽象"的变化,第四例则是抽象的、精神事物层面的意义,与"兴于诗"的用法完全相同。

"兴"的解释,后世有一个演变的过程。汉儒和宋儒的解释就有很大区别,而这恰恰是对"兴"教思想的认识逐渐丰富的过程。简而言之,归出三类以作阐释。

(1)为学次第说。"兴"是学习次序的排列,即学习的起步阶段。何晏在《论语集解》中引东汉包咸注:"兴,起也。言修身当先学《诗》。"北宋邢昺作疏:"此章记人立身成德之法也。兴,起也。言人修身,当先起于《诗》也。"清代刘宝楠也持这种观点,认为"兴于诗,立于礼,成于乐"是指学习《诗》、礼、乐三门课程的先后顺序,"学《诗》之后,即学礼,继乃学乐"。学习即成就人格,先从"诗"兴起。

(2)引譬连类说。汉代孔安国说:"兴,引譬连类。"[1]譬者,比喻也。类者,种类或相似,引申为相关之意义也。"引譬连类"就是通过引用具体的他物作比以领会相关的意义。东汉郑众说:"兴者,托事于物。"唐代孔颖达说:"取譬引类,起发己心。《诗》文诸举草木鸟兽以见意者,皆兴辞也。"即把人的"志"用与其类似的事物表达出来。读者通过读解诗的字面文意而获取文本的"意象","意象"以其多义复意的功能引发读者的想象和联想,和自身内心世界联系,进而激发其"志"。这是我国古人的一种基本思维。唐皎然说:"取象曰比,取义曰兴,义即象

---

① 程树德.论语集释[M].北京:中华书局,2013:1389.

下之意。凡禽鱼、草木、人物、名数，万象之中义类同者，尽入比兴。"①"比"和"兴"，都依赖于譬类相连的他物。比，是外表的相似，兴，其内义是表达。先秦诸子包括孔子很善用这种方法。孔子说："能近取譬，可谓仁之方也已。"（《论语·雍也》）"举一隅不以三隅反，则不复也。"（《论语·述而》）即是强调了"引譬连类"的思维能力。《论语》中，孔子经常用这种方法。

"为政以德，譬如北辰，居其所而众星共之。"（《论语·为政》）

"朽木不可雕也，粪土之墙不可圬也。"（《论语·公冶长》）

"赐乃瑚琏之器。"（《论语·公冶长》）

"逝者如斯夫！不舍昼夜。"（《论语·子罕》）

"岁寒，然后知松柏之后雕也。"（《论语·子罕》）

"君子之德风，小人之德草。草上之风，必偃。"（《论语·颜渊》）

"智者乐水，仁者乐山。"（《论语·雍也》）

而从当时人们引用《诗经》情况来看，他们确实是用《诗》来"比兴"其要表达的思想的。《左传·成公·成公八年》中有一段：

八年春，晋侯使韩穿来言汶上之田，归之于齐。季文子饯之，私焉，曰："大国制义以为盟主，是以诸侯怀德畏讨，无有贰心……《诗》曰：'女也不爽，士贰其行，士也罔极，二三其德。'七年之中，一与一夺，二三孰甚焉！士之二三，犹丧妃耦，而况霸主！"

晋是当时的霸主，七年前曾将齐国的汶上之地划归给鲁，现又命鲁归还于齐，于是鲁臣季文子引《诗》对此提出责难。此类例子众多，此处不一一列举。相似的地方，多为《诗》中所包含的伦理道德。如此方式是接近"仁"的重要方法，所谓"能近取譬，可谓仁之方也已"（《论语·雍也》），就是这个意思。

（3）感发志意说。唐韩愈、李翱师徒都认为"诗者，起于吟咏情性者也"，以性情言诗。南宋朱熹承接此说，并集合二程之说，发论认为"兴"是"感发志意"。朱熹在《论语集注》中说："'兴于《诗》'云：兴，起也。《诗》本性情，有邪有正，其

---

① 皎然.诗式校注［M］.北京：人民文学出版社，2003：35.

为言既易知,而吟咏之间,抑扬反复,其感人又易入。故学者之初,所以兴起其好善恶恶之心,而不能自已者,必于此而得之。"①朱熹承认次第说,同时他进一步认为"兴"是对人的内在心理好善恶恶之心的感发。也就是说,诗不仅能表达,还能激发人内心的道德情感。孔子推崇"诗"并非仅仅推崇《诗经》这部文本里所包含的伦理思想,也是推崇"诗"这种人类的表达形式的特征。

这三种解释并不矛盾,是先贤对"兴"的认识不断丰富的结果。"兴"的确可以从以上三个方面进行阐释。我们再进一步分析,"兴"这种机制是如何体现先秦儒家情本思想的。

3. 诗情的激发——"兴"的机制

如前文分析,"诗言志",诗所表达的"志"即以情感为主的人的心理。所以"兴"即表达、兴起、激发人的内心情感。兴是赋、比、兴三种抒情方式中最重要、最常用,也是最有力的方式,因而受到孔子以及历代诗人、文学思想家最多的关注。

《诗经》三百余首诗,从时间上来讲,形成于西周初年至春秋中叶(前十一世纪至前六世纪),跨度五百年;地域上来讲,涉及黄河流域、长江流域、汉水流域等广大地区。仅《风》这部分就包括今陕西、山西、河南、河北、山东、湖南、湖北等十五个地区。其内容从日常生活到国家政治,从婚丧嫁娶到扩土征伐,从花鸟鱼虫到天地阴阳,几乎无所不及,展示了丰富的现实和历史世界。其中的情感自然也丰富多样,普遍地反映着周代五百年特别是春秋时期各个阶层人们的精神、心理状况和思想意识,这正是儒家情本思想的现实基础。《诗经》就是这样为儒家思想提供了丰富的现实材料。所以说《诗经》是我国现实主义作品的源头,而现实主义是整个中国文学的主流。至于屈原的楚辞,一般认为其是浪漫主义的源头,这是就其手法上而言的,但就内容来讲,楚辞是对现实家国兴衰的幽愤,依然是现实主义的。

在对情感进行分类时,中国有七情的分法,即"喜怒忧思悲恐惊",《诗经》依据具体的内容,其所表达的"情"可分为:

(1)男女情:相思、哀怨。

(2)夫妻情:恩爱、凄怨。

(3)父子情:关切、感恩、孝敬。

---

① 朱熹.四书章句集注[M].北京:中华书局,2014:100.

（4）朋友情：欣喜、畏、紧张。

（5）君臣家国情：愤懑、忧患、赞美。

（6）天地情：敬畏、感恩、怒怨。

其中,既有日常生活中的世俗人伦情感（情爱、亲人、朋友、君臣）,也有社会政治中的忧患情感（讽刺、颂美、怀旧、愤懑）。限于篇幅,不一一举例。

而这些情感都是类型化的群体情感。《诗经》中具体篇目的作者以及创作背景等,多无明确记载。其创作也不是纯粹的个人情感,而是有明确的讽或颂的目的。因此,《诗经》所涉及的情感领域也具有明显的公共指向和群体伦理性。这和我们前面分析的"志"的情感内容是一致的。"诗"以"兴"的手法表现了这些情感,进而又激发了人心中本有的这些情感。

而孔子在自己的教学活动中,也是以"情"释诗。被公认为孔子《诗》教学笔记的《诗论》,就多处以"情"解诗,重视阐发诗中蕴涵的情感因素。在第十简中,"《关雎》之改,《樛木》之时,《汉广》之知,《鹊巢》之归,《甘棠》之保（报）,《绿衣》之思,《燕燕》之情",孔子用"改、时、智、归、褒、思、情"等表达情绪情感的词语概括了各篇的主旨。第十一简、十六简又进一步解释了产生这种情感的原因：

　　"《关雎》之改,则其思赋（益）矣。《樛木》之时,则以其禄也。《汉广》之知,则知不可得也。《鹊巢》之归,则离者……[召]共也。《绿衣》之忧,思古人也。《燕燕》之情,以其独也。"①

《关雎》是男子对淑女的思念；《樛木》是君子对福禄的欲望；《汉广》是男子对不可求思的女子有理智的思慕；《鹊巢》有女子出嫁时与家人的离别；《绿衣》中见绿衣而对故人的思念；《燕燕》中深笃的感情。孔子在解释这些诗的时候,点明了诗中表达的情感意义,引导学生从"情"的方面来理解诗。

4.诗情的真实性——"兴"的依据和指向

孔子论诗："一言以蔽之,曰：思无邪。"何谓"思无邪"？多年来争议不断。有人说是"思想纯正无邪"。还有人说指的是《诗经》的内容"广阔无边,包罗万象"②。清人郑浩解释此语曰："夫子盖言诗三百篇,无论孝子、忠臣、怨男、愁女

---

①　马承源.上海博物馆藏战国楚竹书（一）[M].上海：上海古籍出版社,2001：12.

②　孙以昭.孔子"思无邪"新探[J].安徽大学学报（哲学社会科学版）,1998,（4）.

皆出于至情流溢,直写衷曲,毫无伪托虚徐之意,即所谓'诗言志'者,此三百篇之所同也,故一言以蔽之。"①今人李泽厚《论语今读》中注:"《诗经》三百首,用一句话概括,那就是:不虚假。"②"至情流溢""直写衷曲",即强调《诗经》其情之真。所以"思无邪"指"诗"是真实情感的表达,这基本上是学界共识。本研究也采此说。"无邪",真也,"思无邪"指的是人真实的情感。哪怕是"淫声"如"郑"乐,虽然不一定"正",但只要是源自人内心真实的情感,就是"无邪"。孔子极其在意的诗情之"真",正是其"仁学"的根基。而诗要激发人在"经夫妇,成孝敬,厚人伦,美教化,移风俗"过程中的真性情。上博楚简中《孔子诗论》有云:"诗亡隐志,乐亡隐情,文亡隐言。"③("隐"从李学勤、庞朴等释,饶宗颐释为"吝")这志、情、言概括出"诗""乐""文"抒发意志、情感、胸臆之性质与功能。诗、乐、文三者本来就不可分离,诗本身就是由乐与文组成的。

"诗"能表真情,也是由诗的特点决定的。"诗者天地之心也。"(《诗纬》)真正优美玄妙的诗必直达人的真实的心灵深处。清代陈继云:"诗者非得乎天地之清气,则无以极其妙。"所谓"清"也就是心地澄明之态。西人也有类似观点,荷尔德林说:"作诗乃是最清白无邪的事情。""诗"缘情而发,情因性而来,性受命于天。故,诗是和宇宙天地相通的。这样的人,其"情"是最本真的状态。孔子用诗,就是为了找到最真挚最自然无邪的状态,这是所谓的天地之心。

所以,先秦"情"的分类以真假为标准,这和现代心理学不同。现代心理学将"情感"分为所谓的"积极情感"和"消极情感"。积极情感指客观事物满足个体需要而产生的情感,比如爱、快乐、放松、幸福、热情、兴奋等,而消极情感指客观事物没有满足个体的需要而产生的情感,如恨、忧愁、伤心、痛苦、恐惧等。而且认为,积极情感对人的发展是有利的,而消极情感是无利的。但儒家不这么分类,在儒家这里,情感只有真假之分,没有积极消极之别。消极情感只要是人的真实感受,就是值得肯定的,积极情感如果是虚假的,就不是"无邪"的。

5. 诗情的内源性——"兴"的源头

教育最根本的意义就在于唤醒人的灵魂,激活其内心的意识,形成自觉。如前所述,先秦儒家思想是以人内在的心理为基础和出发点的。喜怒哀乐是"情",其未发状态就是"性"。情感是人本有的,在没有表达出来的时候,是人之"性"。

---

① 程树德.论语集释[M].北京:中华书局,2013:77.
② 李泽厚.论语今读[M].北京:生活·读书·新知三联书店,2008:49.
③ 马承源.上海博物馆藏战国楚竹书(一).上海:上海古籍出版社,2001:35.

"兴"所引发、激活之情,是人本就有的。所以"兴"不是虚构本来没有的情感,而是唤起本就有的原发之情,使其再一次呈现出来。所兴之物是先天地存在于人性之中的。而此情感不是孤立的,是源于并受制于心性的。"气藏于中为性,发形于外为情。""情"是"性"的表现形式。

上博楚简《孔子诗论》中,孔子在讨论诗作的时候,多次反复申明作品纯为"民性固然":"民性固然,其有隐志必有以俞(抒)也。""孔子曰:'吾以《葛覃》得敬初之诗,民性固然。见其美,必欲反其本。'""吾以《甘棠》得宗庙之敬。民性固然,甚贵其人,必敬其位;悦其人,必好其所为。恶其人者亦然。"等等。这里的"民性"就是指芸芸众生之性,是来自生命本源深处之性。《诗经》里的这些篇目反映的都是人们发自内心的固有的情感。

这正是儒家的"天命性情"思想,即所谓"天命之谓性"(《中庸》)、"性自命出,命自天降。道始于情,情生于性"(《性自命出》)的"性情"观,以此来激发人的主观能动性,进而发挥人的主体性,使人由内而生发成长。《诗经》及诗,就是人内在心理情感的再现形式。诗教,就是让人找到这本就存在的内发之情,并将其激活、规导、升华。

南齐的顾欢很早就是孤儿,其母去世后,每读《诗》至《小雅·蓼莪》"蓼蓼者莪,匪莪伊蒿。哀哀父母,生我劬劳"时,"未尝不三复流涕""辄执书恸哭",这正是"引譬连类",抱根丛生的"莪"的形象勾起了顾欢对母亲的情感。而之所以能勾起顾欢的情感,是因为其内心原就有对母亲的敬爱。

《礼记·乐记》:"诗言其志也,歌咏其声也,舞动其容也,三者本于心,然后乐器从之。是故情深而文明,气盛而化神。"诗、歌、舞都是源于人的内心,"情深"指的是它们直接从人的生命根源处流出来,经过"诗"等的激活,潜伏于生命深处的"情"得以发扬出来,生命得以充实,灵魂得以升华,所谓"气盛""化神"是也。

孔子说:"不学诗,无以言。"一方面,从语言的角度,诗可以培养表述的准确性、修辞的典雅性,这种作用不仅仅是"诗"的作用,其他语言类型,如赋、散文也有这方面的功能。另一方面的功能则是"诗"所独有的,就是"诗"的这种发自人内心的真情的表达,这样的语言文字形式,可以激发人内心天然的情感,以及真诚的熏陶,涵泳性情,形成人真切的意向。缺乏诗的熏陶,便难以培养真切的意向,由此可能会导致"言不由衷"或"无病呻吟"。

明末清初的王夫之对"兴"的作用予以极高的评价:

> 能兴者谓之豪杰。兴者,性之生乎气者也。拖沓委顺,当世之然而然,不然而不然,终日劳而不能度越于禄位田宅妻子之中,数米计薪,日以挫其气,仰视天而不知其高,俯视地而不知其厚,虽觉如梦,虽视如盲,虽勤动其四体而心不灵,惟不兴故也。圣人以诗教以荡涤其浊心,震其暮气,纳之于豪杰而后期之以圣贤,此救人道于乱世之大权也。(王夫之:《俟解》)

所谓的"兴",就是天性中与浩然之气同在的东西。人没有了兴的能力,其实就失去了与"气"对接的能力,也就失去了天命之谓的"性",人也就变得迟钝麻木,失去了对天地自然的审美能力,从而也失去对现实生活的超越性。反过来,"兴"能涤荡人的污浊的俗心,振奋人的精气神,使人具有豪杰之气,进而可以成圣贤。

"兴"的能力可以由"诗"来激发,然后形成一种心灵能力,也就是以感性能力感知世界。这种能力是人成长的基础,由此可以去感知以后人生成长中的万事万物,以至整个宇宙。如果一个人的感性能力枯竭了,那么整个身心发展的根据就枯竭了,也就会失去自我成长的能力。传统教育强调灌输,强调三中心(以课本为中心、以教师为中心、以课堂为中心),强调理性知识体系的绝对权威,学生只能无条件地记忆、模仿、服从,久而久之,学生的心灵装满了各类僵死知识,唯独缺乏鲜活的感受力。从历史来看,这种教育不是我们国家固有的,而是深受西方影响的。大背景是近代以来随着科学的发展,学科体系精密划分,科学和理性取得绝对主导权。小背景是,民族危亡的特殊时期,不得已向西方学习寻求自救的思想。今天全世界都在反思这种教育的弊病,并以各种方式寻求突破,而两千五百年前的孔子已经提供了宝贵的经验。

(三) 诗的境遇性

境遇就是诗内外构成的特定的环境,这个环境的要素及要素之间构成了一种可以和人的心理相对应以及感应的关系。诗为什么能够和人的心理感应? 也许,这和中国的传统思维有密切关系。中国的思维是一种"两极性"思维,但这不同于"二元论"思维。这两极之间并非对立,而是在差别中相互联系、相互依赖,成为一个整体,如"阴"和"阳"、"心"和"身"、"内"和"外",中国的传统思维并不认为它们在本质上是不同的存在。所以,也就是没有建立不同的语言体系,而是共同使用一套语言。比如,"厚"可以用来形容物体的厚度,但也可用在人的品德上,如"厚道";薄,也可以形容物体的厚度,但也可以用来形容一个人轻浮、刻薄等品质。这就是为什么中国人惯用比喻，习惯托物观情。诗的语言就是这种思维的体现。

西方人认为孔子的思想是一种内在宇宙论，即认为秩序和价值原则本身依赖或者处于与其自身相关的环境①。这种内在论，用西方的超越性的哲学语言是无法解释的，而是需要一种依赖于社会环境或者自然环境的语言。我们认为"诗"的语言能满足这一需要。

在孔子眼中，"诗"不仅仅是历史知识和传统文化的宝库，也不仅仅是伦理道德的教育范本。"诗者，思也。""思"却不止于概念之思，此思乃"言不尽意"之思②。"诗"是开启与维持本真之"学"与"思"的最好的辅佐。学"诗"的目的不仅仅是认同、确认和获知，而且在于个体的参与意义的生发（转化），为我所用、为当前所用，使之不断适用于当下具体而独特的境遇。

这就要借助于"兴"的机制。"引譬连类"导致"感发志意"。反过来说，为了感发适机之意，领会事物（情）的要义，需要引用他物作譬，以构成一种可以隐含意义生成的新的意境。简言之，"引譬连类""感发志意"，即"兴"，就是建构起一种意义的构成境域，以生发适时之"思"。所谓"兴于诗"者，即进入"诗"的构成境域，开启无邪之"思"、诗化之"思"的过程。由于"诗"和"兴"的以上特点，"诗"在起兴的过程中是开放的，也是动态的。诗之境与读者之情相遇，形成情境，激发出独特的个体情感。对每个人所形成的心理影响，也是个别的，在生成的过程中熏染性情、教化人格。

1. 情境性

所谓情境，就是人之情和外在环境的交互性，这个环境可以是"景"，也可以是其他事物。所以我们没用"情景"。情境是在先秦思想原有的整体思维的基础上产生的。现代心理学已经非常注重分析情境的价值。格式塔学派的代表人物之一勒温强调："要从整体情境分析入手，而不能只是从刺激情境中抽取一两个孤立的要素。"③建构主义和格式塔的理论仅将学习囿于认知领域，而同样是强调情境的社会学习理论则将学习拓展到人的社会性发展上。

在中国传统美学中，"情境"是我们分析文学作品的重要范畴，和它相关的是"意境""境界"等概念。因此传统文论常常以意境、境界的高下定诗的优劣。有

---

① ［美］郝大维，安乐哲.孔子哲学思微［M］.南京：江苏人民出版社，2012：6.
② 李泽厚.论语今读［M］.北京：生活·读书·新知三联书店，2008：230.
③ 施良方.学习论［M］.北京：人民教育出版社，2001：143－146.

学者认为,这"意境"中的"意"更准确地说就是"情"①。《礼记·乐记》云:"其本在人心之感于物也。""情"虽本于人心,但却是在和外物的交互过程中激发、升华的。所谓"情以物兴""物以情观"(《文心雕龙·诠赋》)、"情以物迁,辞以情发"(《文心雕龙·物色》)就是这个意思。情感的兴发与表现都与外物有密切的关联,并通过这种关联创造出多种抒情的方法,如陈物写情的"赋"、以物喻情的"比"、触物寓情的"兴"、融物寄情的"融"等。这里所说的"物"是什么呢?《说文解字》说:"物,万物也。"刘勰说:"物沿耳目。"(《文心雕龙·神志》)即人的耳目所能接收的一切。孔颖达在《礼记·乐记》疏中云:"物,外境也。"②物包括事物、人物、景物、动物、植物等,是涵盖外在一切的总称。"物"的最大特点是什么? 不同的抒情方式,以及抒情的种类、深浅、程度,取决于情与物交互的结构,所谓"情境结构"。明代作家陶望龄说:"诗之道本情而发于境。"总而言之,好诗就应该追求"情"与"境"的完满结合。

而"诗"就构建了这样的"情"和"境"。孔子说"多识鸟兽草木之名",识其名确实有农耕文明生产生活的需要,但更重要的是,这种需要也使人们对自然界的一草一木、一花一果均有一种天然的亲近关系,最终将自然人格化了。农业社会中人与自然万物的天然亲近关系,决定了诗人在创作过程中也惯用鸟兽草木来起兴。《诗经》中,"关关雎鸠,在河之洲""蒹葭苍苍,白露为霜""桃之夭夭,灼灼其华"等诗句比比皆是。它们都是以动植物起兴,而不是以劳动工具、猎物或某个神灵起兴。在三代之时,中国文化里的鸟兽草木就与人感通交融,人与自然万物本源一体(后又融入山水,形成绘画领域的独特题材)。因此,人们学诗并非简单地为了"识于鸟兽草木之名",而是能获得与生命本源处的感通。"诗"就提供了这样一种生命本源的境,最后直指人心深处的"仁"。

恰如钱穆先生所说:"故学于诗,对天地间鸟兽草木之名能多熟识,此小言之。若大言之,则俯仰之间,万物一体,鸢飞鱼跃,道无不在,可以渐跻于化境,岂止多识其名而已。孔子教人多识于鸟兽草木之名者,乃所以广大其心,导达其仁。诗教本于性情,不徒务于多识。"③《诗经》给了读者阔达之情境空间,任其深情徜徉,使诗意和人性在情境中开放,在开放中生成。

---

① 王文生.释"志"——"诗言志"诠之一[J].文艺理论研究,2009,(3).
② [汉] 郑玄注,[唐] 孔颖达疏.礼记正义[M].北京:北京大学出版社,1999:35.
③ 钱穆.论语新解[M].北京:生活·读书·新知三联书店,2017:408.

2．开放性

开放性是事物的一种必然存在状态，是事物本质特征的外现。"诗"何以能开放？首先，诗的语言是一种文学性语言，具有形象性、象征性、模糊性、多义性。这种语言不同于概念化的语言，不传达现成意义，不指称固定对象。这种象征性、多义性也就给了"诗"之"兴"以开放性。人们在读诗时，能够巧妙地沿用原诗"兴"义的"能指"范围，改变原诗兴义定向"所指"的对象，而转换成新的"所指"对象。

其次，诗的特点是以丰富的意象表达情感，而意象具有不确定性。《诗经》中的意象也是如此。而多识"鸟兽草木虫鱼"，也并不是僵化地认识对象，而是表情达意的譬类之托。而这些"鸟兽草木虫鱼"，是天地万物之指代，无不与宇宙天地相通，天道无不在其中。《诗经》以此构建了一个通达天道而又开放的世界。

再次，就《诗经》来讲，其创作主体也是不确定的。这些不确定性给读者留下了极大的联想空间和再创造余地。清人劳孝舆《春秋诗话》说："风诗之变，多春秋间人所作。然作者不名，述者不作，何与？盖当时只有诗，无诗人，古人所作，今人可援为己作；彼人之诗，此人可庚为自作，期于'言志'而止。人无定诗，诗无定指，故可名不名，不作而作也。"①作者的缺失，可使"今人"和"此人"把"古人之诗"和"彼人之诗"为迎合自己的"志"而"援为己作"。现代解释学也认为，诠释活动并非是诠释者对文本原意丝毫不差的复制和重述，而是总会渗入诠释者自身视域的生产活动。不同的心理和不同情境结合，形成了多元的组合。

所以早在春秋战国时期，对《诗经》的断章取义就已经形成风气。"庆舍之士谓卢蒲癸曰：……赋《诗》断章，余取所求焉。"（《左传·襄公二十八年》）后世继续发挥，汉董仲舒："《诗》无达诂，《易》无达占，《春秋》无达辞，从变从义，而一以奉人。"②董仲舒提出的著名的"诗无达诂"论认为，《诗经》没有通达的或一成不变的解释，因时因人而有歧义。所谓"《诗》无定形，读《诗》者亦无定解"。由此，读者就有了自由的天空。清代的王夫之说："作者用一致之诗，读者各以情而自得……人情之游也无涯，而各以其情遇斯所贵于有诗。"③

这些特点使人们在读诗用诗时可以"断章取义"自由发挥。孔子即是如此，他并不固着于诗的原意，而是根据情况，对其加以巧妙处理和创造性的诠释，以

---

①　董运庭.春秋诗话笺注[M].北京：中国社会科学出版社，2013：25.

②　[汉] 董仲舒撰，[清] 卢文弨校.春秋繁露[M].上海：上海古籍出版社，1986：35.

③　[清] 王夫之著，戴鸿森笺注.姜斋诗话[M].北京：人民文学出版社，1981：25.

适应具体的语境。他强调学诗要灵活运用,举一反三,所谓"不愤不启,不悱不发,举一隅不以三隅反,则不复也"(《论语·述而》)。《论语·八佾》记载一则孔子教诗的实例:子夏问曰:"'巧笑倩兮,美目盼兮,素以为绚兮',何谓也?子曰:'绘事后素。'曰:'礼后乎?'子曰:'起予者商也,始可与言诗也已。'"这句本是表现女子化妆的诗句,被孔子用来阐释"仁""礼"先后的问题。而子贡以"如切如磋,如琢如磨"这一原本用于歌颂情人的诗句表达对修身的理解,获得了孔子的赞赏。"诗"的开放性正是人的心灵世界的开放性的展示。

3. 生成性

"诗"的情境性、开放性,决定了人们读诗的过程就是生成的过程。"生生之谓易。"(《周易》)中国古代思想从来就不乏生成性思维。现代西方哲学出现了由科学主义世界观向生活世界观、由本质主义向生成性思维的转折。当用生活世界观来观照诗教时,诗教便是学习者的生存方式或生存状态,"诗"本身就是学习者的生活,或者说是其生活的一部分。"现代生活世界观所蕴含的是'一切将成'的生成性思维。"尼采认为:"两种最伟大的哲学观点:生成、发展;生命价值观(但首先必须克服德国悲观的可怜形式)——这两者被我们以决定性的方式糅合在一起。一切都在生成,在永恒地回归。"①

现代哲学也能解释"诗"的以上特征。李泽厚先生曾用"文化心理结构"来概括人性。而结构是"历史积淀"而成的,根据积淀的主体的不同,有三个层次,即人类的、文化的、个体的。个体因为先天生理不同和后天教养不同,即使同一社会文化所形成的个体心理的"积淀"和"情理结构"仍有很大不同。每个人都生活在一个特定的、有限的时空环境和关系里,都拥有一个特定的心理状态和情境。个体的精神家园在个体的心灵里和积淀而来的各不相同的情理结构里。"诗"的意义就在于它不是只具有普遍性的科学认识和伦理准则,而是诉诸人的既普遍又有个别差异的心灵。每个人都能从诗中找到自己的心灵和外在世界交互的空间,形成自己的"情理结构",即人性。

这时候"思"就发挥重大作用。先秦儒家的"思",同"情"一样是个复合统称概念,并非局限于逻辑思维的"思考"。它包括考虑、沉思、认为、想象、计算以及推理,是在不同的情境下,人的不同的心理存在状态。对于不同的人如此,对于同一个人也如此。同一个人,同一首诗,每一次阅读,每一次"思",都会生成不一

---

① 李文阁. 生成性思维:现代哲学的思维方式[J].中国社会科学,2000,(6).

样的心理。故"诗"不是一次性读物，"温故而知新，可以为师矣"，诗必常读常新。"艺术帮助人培育自我，如同每个人都将有只属于为自己设计但大家又能共同欣赏的服装一样。"①"诗"就是这样，它就是能够符合每个人的心灵的服装。

生成是在动态和实践中形成的，生成离不开经验、实践。在经验和实践中，人的认识得以形成，并最终落实于经验和实践。"诵诗三百，授之以政，不达；使于四方，不能专对，虽多，亦奚以为？"（《论语·子路》）学诗不在于记诵多少，而在于最终能否在实践中落实。这不仅反映了孔子反对刻板、呆滞的学习态度，而且表明了孔子对学诗意图的认识：学诗本身不是目的，学诗是为了形成人格，最后体现为行为。说到底，学诗、思诗，是一段重要的生命经历，是生命意义的重要构成。学诗不是为了"诗"，而是为了生成更为广阔、丰富而真实的人生。

四、立于礼

"礼"在儒家思想中的地位不言自明，以至后世将儒家思想称为"礼教"。笔者统计，《论语》中，"礼"字出现了 75 次。有的地方虽没有出现"礼"字，但其阐释的内容就是"礼"，如《论语·乡党》中记载了大量的关于各种场合、事件的"礼"的内容和形式。《孟子》一书出现"礼"字 68 次。而在孔孟之后，把"礼"推向极致的人非荀子莫属。《荀子》32 篇，笔者统计出现了"礼"字达 343 次之多，几乎篇篇谈"礼"，《礼论》更是专门集中讨论"礼"。

（一）释"礼"

"礼"体现在现实生活的各个方面。语言、服饰、饮食、居住、婚姻、生育、祭祀等等各个方面，几乎无处无礼。关于"礼"的含义或本质，先秦的文献可谓壮观，我们知道直接以"礼"命名的著作就有"三礼"（《周礼》《仪礼》《礼记》）。

现将先秦文献中关于"礼"的解释抽取如下，然后再进行分析。

> 《礼记·问丧篇》："人情之实也，礼义之经也，非从天降也，非从地出也，人情而已矣。"
> 《礼记·礼运》："夫礼之初，始诸饮食。"

---

① 李泽厚.人类学历史本体论[M].天津：天津社会科学院出版社，2008：561.

《礼记·昏义》："夫礼，始于冠，本于昏，重于丧祭，尊于朝聘，和于乡射。"

《礼记·曲礼上》："修身践言，谓之善行，行修言道，礼之质也。"

以上解释很容易懂，但也有的解释比较晦涩。

《礼记·礼运》："夫礼，先王以承天之道，以治人之情，故失之者死，得之者生。"

《礼记·礼器》："礼也者，合于天时，设于地财，顺于鬼神，合于人心，理万物者也。"

礼有两个方面：一是以人情为本，二是以节仪为文。"无本不立，无文不行。"（《礼记·礼器》）

那么，"礼"的起源是什么，中华文明的"礼"的观念和形式从何而来？

从字源上看，礼为"示"和"豊"二字的组合。《说文解字》解释：

礼，履也，所以事神致福也。从示，从豊。豊亦声。

示，天垂象见吉凶，所以示人也。从二（古文'上'字），三垂日、月、星也。观乎天文，以察时变，示神事也。[1]

豊，行礼之器也，从豆，象形。凡豊之属皆从豊。读与礼同。[2]

从字形来看，"礼"源于原始巫术，即礼源于"巫"是也。礼，源出于远古的祭祀活动，本为宗教之礼，后演化为较为规范和系统的典章、制度、规矩和仪节，成为政治之礼、伦理之礼。

王国维、郭沫若等皆认可这种解释。王国维在《观堂集林·释礼》中说："盛玉以奉神人之器，谓之若豊，推之而奉神人之酒醴亦谓之醴，又推之而奉神人之事，通谓之礼。"礼字是从祭祀用的仪器演化而来。郭沫若在《十批判书·孔墨的批判》也说："礼是后来的字。在金文里面，我们偶尔看见用丰字的。从字的结构

---

① ［汉］许慎，［宋］徐铉等校.说文解字［M］.上海：上海古籍出版社，2007：2.
② ［汉］许慎，［宋］徐铉等校.说文解字［M］.上海：上海古籍出版社，2007：235.

上来说,是在一个器皿里面盛两串玉具以奉事示神。《盘庚》里面所说的'具乃见玉'就是这个意思。大概礼之起于祀神,故其字后来从示,其后扩展而为对人,更其后扩展为吉、凶、军、宾、嘉各种仪制。"奉什么事?示什么神?"礼"的起源的核心是:尊敬和祭祀祖先。

李泽厚认为,"所谓'周礼',其特征确是将以祭神(祖先)为核心的原始礼仪,加以改造制作,予以系统化、扩展化,成为一整套宗法制的习惯统治法规('仪制')。"①《礼记·礼运》所说:"夫礼之初,始诸饮食,其燔黍捭豚,污尊而抔饮,蒉桴而土鼓,犹若可以致其敬于鬼神。"也是很好的说明。而以血缘父亲家长制为基础(亲亲)的等级制度是这套法规的骨脊,分封世袭、井田、宗法等政治经济体制则是它的延伸扩展。也就是说,"礼"由人与超自然事物之间的关系,转变为人类社会成员之间的关系,其运用层面也从宫廷(氏族贵族)扩展到文明社会的各个层次。从"礼"的集大成者《周礼》来看,其内容不仅指通常所说的礼仪、礼制,还包括周代的政治、经济、文化、教育、军事、刑法、科学技术等内容,是当时社会各种制度的总称。

《周礼·地官》记载:"保氏掌谏王恶,而养国子以道,乃教之六艺:一曰五礼,二曰六乐,三曰五射,四曰五驭,五曰六书,六曰九数。"所谓"一曰五礼",郑玄注云:"五礼,吉、凶、宾、军、嘉也。"孔颖达疏曰:"五礼,吉、凶、宾、军、嘉,大宗伯文。"结合《周礼》中《大宗伯》,从其中所述各自的作用,大抵可以看出五礼的内涵:"以吉礼事邦国之鬼神示……以凶礼哀邦国之忧……以宾礼亲邦国……以军礼同邦国……以嘉礼亲万民。"②吉礼是用来祭祀人鬼(祖先)、天神、地神(祇),以表示对其尊崇的典礼;凶礼是用来表达对丧葬、灾荒、寇乱的哀伤、怜恤、慰问,或援助,以表示关怀的典礼;宾礼是诸侯朝见天子,或天子会见诸侯,使彼此互相亲附的典礼;军礼是用以表达军队征伐,或训练军队、兴建军事工程、勘定国家疆界、厘订赋税,以协同保卫国家的典礼;嘉礼是用以表达祝贺,如冠礼、婚礼、宴享礼,以及其他值得庆祝道贺之事,来敦睦感情的典礼。五礼其实又各自包括许多项目的礼,如吉礼中祭祀天神的礼就包括了祭昊天上帝,祭日月星辰,祭司中、司命、风师、雨师的礼,可见周礼之繁缛庞杂。

繁缛庞杂而又脱离人的真情实感的礼,必然引起人们的反感。而争权夺利者以礼为工具,剽窃名位,祸害天下,率兽食人,也引起了知识阶层的深切痛恨。

---

① 李泽厚.中国古代思想史论[M].天津:天津社会科学院出版社,2003:25.
② [清]孙诒让.周礼正义[M].北京:中华书局,1987:35.

礼也成为春秋战国时期诸子批判的对象。如老子说："失道而后德，失德而后仁，失仁而后义，失义而后礼。夫礼者，忠信之薄，而乱之首。"(《老子·三十八章》)墨子批判："繁饰礼乐以淫人，久丧伪哀以谩亲。"(《墨子·非儒下》)

知识阶层也对礼进行不断的提炼抽取，"礼"已经不是具体的"礼仪"(仪式)，而具有了普遍性。《左传·昭公二十五年》有一段大叔与赵简子的对话。这是公元前517年的对话。

> 子大叔见赵简子，简子问揖让、周旋之礼焉。对曰："是仪也，非礼也。"简子曰："敢问何谓礼？"对曰："吉也闻诸先大夫子产曰：'夫礼，天之经也。地之义也，民之行也。'天地之经，而民实则之。……"简子曰："甚哉，礼之大也！"对曰："礼，上下之纪，天地之经纬也，民之所以生也，是以先王尚之。故人之能自曲直以赴礼者，谓之成人。大，不亦宜乎？"简子曰："鞅也，请终身守此言也。"①

这时的"礼"已经开始抽象化、普遍化而具有概括性了。

因此，起初礼以"天道"为本，意在确定一种与天相通、符合"天经地义"宇宙之道的"本有秩序"。《左传·文公十五年》有"礼以顺天，天之道也"之说。后来，随着社会及思想的发展，礼为统治服务的功能得到强化，礼建立一种"应有秩序"(政治的及生活的)的理性意义逐渐加强。"礼，上下之纪、天地之经纬也，民之所以生也，是以先王尚之。故人之能自曲直以赴礼者，谓之成人。"所以，"礼，人之干也，无礼，无以立"②。

战国末期，荀子对礼作了总结："礼有三本：天地者，生之本也；先祖者，类之本也；君师者，治之本也。无天地，恶生？无先祖，恶出？无君师，恶治？三者偏亡，焉无安人。故礼，上事天，下事地，尊先祖而隆君师。是礼之三本也……贵始，得之本也。"(《荀子·礼论》)"礼"是有着丰富来源和内涵的综合体，既是"天命"，也是"人理"。礼的外在价值和意义在于能建立一种安定的人间秩序规则。

随着由神性中心向人类中心的过渡，礼更多被认为是人类关系的范例，礼表征人类行为方式及其关系的社会性意味越来越浓。孔子一生"述而不作"。他

---

① 杨伯峻.春秋左传注(四)[M].北京：中华书局，2009：1457.
② 杨伯峻.春秋左传注(四)[M].北京：中华书局，2009：1266.

说："周监于二代,郁郁乎文哉！吾从周。"(《论语·八佾》)他所要遵从和维护的正是周公制定的在他看来较为完美的"礼",他所想恢复和追求的正是周朝时在他看来较为安稳和理想的社会秩序。经过孔子的改造,"人理"替代"天道"成为"礼之本",以"应有秩序"置换"本有秩序"作为礼之建构目标。在孔子看来,人不仅仅是一种生物性存在,更是一种历史性、社会性存在。人一生下来,就生活在人的世界里,人被抛向具有特定传统文化的社会生活中并在人间秩序中生活,是人之所以为人、之所以成人的原始的和现实的生存状态。"礼"的意义正在于确立、恢复和维系人的这样一种生存(活)状态。

依据李泽厚对"礼"的总结,其特征为：第一,它有上下等级、尊卑长幼等明确而严格的秩序规定。本是原始氏族的全民性礼仪,已改变为少数贵族所垄断。第二,由于经济基础延续着氏族共同体的基本社会机构,从而这套"礼仪"一定程度上又仍然保存了原始的民主性和人民性。

礼不但能齐家治国平天下,还能正心、修身,而且是前者的前提。"故人之能自曲直以赴礼者,谓之成人。""礼,人之干也,无礼,无以立。"[1]"礼"是"成人"的过程。虽然不同时代"礼"的活动重心和应用范围不断变迁,但"礼"把特定的人和整体融为一体的类似宗教性的机能却一如既往。"礼"为社会成员提供了一种在社会交往中达到精神发展的中介。孔子后的学者充分认识到这一价值,把"礼"的社会意义广泛放置于广阔的宇宙论范围内。"夫礼者,阴阳之际也,百事之会也,所以尊大地、傧鬼神、序上下、正人道也。"(《白虎通·礼乐》)后世中国由此形成了"礼教"。

"礼"是构成文化传统的意义和价值的体现或形式化。它既是一种文化传统中的先驱们积累的意义,又是有待于人们在传统的发展中重新解释、增添新意的东西。我们不应该把"礼"作为一套固定的礼仪和规范。正如郝大维等学者所说："礼像体一样,具有多种'形态',在不同的情况下具有不同的含义。作为体现在传统中的积累起来的意义的'礼'是一种形式化的结构。传统的延续需要靠这种结构,借此,才能使文化发扬光大。"[2]

很多学者又认为"禮"和"體"的字源是一致的,它们在内涵上有相通性。"礼"如"体"。"像文学的'体'或者音乐的'体'一样,'礼'历经世代而绵延下来,

---

[1]　杨伯峻.春秋左传注(四)[M].北京：中华书局,2009：1266.
[2]　[美] 郝大维,安乐哲.孔子哲学思微[M].南京：江苏人民出版社,2012：61.

成为先人的道德、理性和美学的观念的载体。"就如"格律诗"这样一种诗歌形式，唐诗、宋诗本身成为历史，但它的形式美学被保留了下来，并被后人模仿，当一个人按照格律诗格式音律的要求写诗时，就已经获得了某种意义。这时的"礼"变成了一种抽取化的中介和形式了。"礼"发挥作用的机制是什么？我们将通过情本思想要素及机理进行分析。

（二）"礼生于情"

"礼"是"巫"演变并理性化之后的产物。它把巫术中有关爱等迷狂情感和神秘魔力理性化了，成了世俗化和人际化的道德、品格、心理。所谓"理性化"就是将理智、认识、想象、了解等各种理性因素渗入、融合在原始迷狂情绪之中，并控制、主宰这种迷狂，成为对人们，特别是对部落首领、巫君的行为、心理、品格的要求和规范。"巫"里包含的原始情感开始发展转化了。

李泽厚著名的"由巫到礼"的观点，详细阐释了这个转变过程。"礼"是早孔子五百年的周公将这套从远古到殷商的原始礼仪加以大规模的整理、改造和规范化而形成的。"巫"不仅转变成了"礼"，也同时转变了"巫"中的原始情感。这种情感转向"仁"和"德"。

在"由巫到礼"的整个过程中，周公起到非常大的作用。所以，周礼的集大成者为周公而非孔子。但是，孔子时代，礼崩乐坏，如何复礼？不仅复外在的规范，也需要复内在的心理。原始神明早就不具备说服力。孔子导向了人的内心，导入了人内心的情感"仁"。这是孔子的创举和贡献——"释礼归仁"。李泽厚分析："西方由'巫'脱魅而走向科学（认知，由巫术中的技艺发展起来）与宗教（情感，由巫术中的情感转化而来）的分途。中国则由'巫'而'史'，而直接过渡到'礼'（人文）、'仁'（人性）的理性化塑建。"[①]

人的"立"，不是靠外在的规范，而是靠内在的德性。朱熹说："吕节详明，而德性坚定，故能立。"这内在的德性，就是灌入了"仁"而理性化的"情"。郭店楚简《语丛二》："情生于性，礼生于情。"礼的基础是仁，仁的基础是情。所以礼由情而生，是情感的表达和外在表现。郭沫若说："他（孔子）是把仁道的新精神灌注到旧形式（礼）里面去了。"（《十批判书·孔墨的批判》）《礼记·儒行》云："礼节者，仁之貌也。"

---

① 李泽厚.由巫到礼 释礼归仁[M].北京：生活·读书·新知三联书店,2015：13.

如前所述，道德情感是社会化的产物，是在社会实践中逐渐形成的。感性情感必须社会化才有意义于个人的发展成长，成为道德情感。"礼"便是使情感具有社会性的方式。前文追本溯源，礼是原始人类尊神祈福的宗教典仪。宗教祭祀可以说是原始道德的来源，而对宗教神灵的崇拜与禁忌，就产生了道德情感。"礼"的存在，也不应是外在强加的，而是在遵循人性、人的情感规律基础上自然形成的。《礼记》有云："夫礼者，因人之情而为节文，称性而立文……（礼）非从天降，非从地出也，人情而已。""礼"是人情感表达的需要和方式。后来，礼发展为礼仪以及和政治法律相关的典章制度。礼一旦成为社会典章制度，固然有规范约束的作用，但在先秦儒家那里，礼更有对情感表达和培养的内在意义。孔子对那些只重外在形式而忽略内在情感的礼仪，是持批判态度的："礼云礼云，玉帛云乎哉？乐云乐云，钟鼓云乎哉？"（《论语·阳货》）荀子的《礼论》可佐证此观点："凡礼：事生，饰欢也；送死，饰哀也；祭祀，饰敬也；师旅，饰威也。是百王之所同，古今之所一也。"所以，礼也是儒家进行道德情感教育的方式，就如我们今天升国旗、唱国歌、敬礼之类的仪式一样，是表达也是培养学生的爱国情感。反过来，人的"礼"也是对人的情感的节制方式。情感要怎么样表达才合适呢？内在的程度实在不好把握。外在的就用"礼"为依据。"是故先王有大事，必有礼以哀之；有大福，必有礼以乐之。哀乐之分，皆以礼终。"先王有了死丧之类的大事，一定要用适当的礼表示悲哀；先王有了喜庆之类的大事，一定要用适当的礼表示欢乐。悲哀和欢乐的程度，都以礼的规定为标准。

《论语·八佾》中，有一段孔子和子夏的对话，可以做一定的说明。

> 子夏问曰："'巧笑倩兮，美目盼兮，素以为绚兮。'何谓也？"子曰："绘事后素。"曰："礼后乎？"子曰："起予者商也，始可与言诗已矣。"（《论语·八佾》）

关键是对"绘事后素"的解释。朱熹《四书章句集注》解释：

> "倩，好口辅也。盼，目黑白分也。素，粉地，画之质也。绚，采色，画之饰也。言人有此倩盼之美质，而又加以华采之饰，如有素地而加采色也。子夏疑其反谓以素为饰，故问之。"[①]

[①]　朱熹.四书章句集注[M].北京：中华书局，2014：63.

所谓"绘事后素",即"谓先以粉地为质,而后施五采,犹人有美质,然后可加文饰……礼必以忠信为质,犹绘事必以粉素为先"。也就是说,"仁"在"礼"之先,仁是礼的前提,而《诗》言之志,就是以"仁"为主要内涵的人的内心世界。"强调巫术的礼仪中敬、畏、忠、诚、庄、信等基本情感、心态而加以人文化、理性化,并放置在世俗日常生活和人际关系中,使这个生活关系本身具有神圣意义。"①

"仁"包括"敬"和"爱"。《礼记·哀公》:"孔子对曰:'古之为政,爱人为大。所以治爱人,礼为大。所能治礼,敬为大……弗爱不亲,弗敬不正,爱与敬,其政之本与。'""子曰:居上不宽,为礼不敬,临丧不哀,吾何以观之哉?"敬和爱就是礼应该有的内在的情感,也是礼存在的依据,无情则无礼。"仁"也就因之成为人之为人的内在依据。李泽厚说:"如果说周公'制礼作乐',完成了外在巫术礼仪理性化的最终过程,孔子释'礼'归'仁',则完成了内在巫术情感理性化的最终过程。"②李泽厚将中国文化分为大传统和小传统,小传统承接了巫的"形"(外表、仪式),大传统承接了巫的"神"(实质、特征),即成了"礼"。

"巫术礼仪内外两方面的理性化,使中国没有出现西方科学与宗教、理性认知与情感信仰各自独立发展的局面场景。巫术礼仪理性化产生的是情理交融,合信仰、情感、直观、理智于一身的实用理性的思维方式和信念形态。"③李泽厚这段话概括得非常到位,把中国文化的特征和原因都说清楚了。

后来出土的文献也在不断地完善我们的认识。1993年10月,在湖北省荆门市郭店村出土了《郭店楚简》。其中儒家文献的出土,在相当大程度上填补了先秦思想史研究在孔子到孟子之间的缺环,使我们对儒家思想的发展有了一个相对清晰的认识。

《郭店楚简·语丛一》:"礼,因人之情而为之。"

《郭店楚简·语丛二》:"礼生于情。"

《郭店楚简·性自命出》:"礼作于情,或兴之也,当事因放而制之。"

该文献不断表明,"情"是"礼"内在的依据、基础和前提。礼来源于人的情感,礼的作用也在于真情的促动。这个意义上的礼并不是一套固定的行为规范,

① 李泽厚.由巫到礼 释礼归仁[M].北京:生活·读书·新知三联书店,2015:22.
② 李泽厚.由巫到礼 释礼归仁[M].北京:生活·读书·新知三联书店,2015:31.
③ 李泽厚.由巫到礼 释礼归仁[M].北京:生活·读书·新知三联书店,2015:31.

而是一种行为的原则。人对这个原则的把握，不是通过知识化的学习，而是源于发自内心的认同和感动，即所谓"兴之"。人对礼如果是发自真情的，则无需过于看重外在的形式，在具体的环境中可以"当事因方"，随机应变，权衡处理，都能做到恰到好处。

而"情"是率真、真诚的。"人情为可兑也。苟以其情，虽过不恶；不以其情，虽难不贵。苟有其情，虽未之为，斯人信之矣。"

如前所述，"敬"等情感，是在原始巫术活动中产生的。"敬"即敬畏，包括恐惧、崇拜、敬仰等种种心理情感。周初文诰中多"敬"字，这源于对神明的畏惧、恐怖、敬仰的情感。这种情感和宗教的情感又不同。徐复观说："周初所强调的敬的观念，与宗教的虔敬，近似而实不同。宗教的虔敬，是把人自己的主体性消解掉，将自己投掷于神的面前而彻底皈依于神的心理状态。周初所强调的敬，是人的精神，由散漫而集中，并消解自己的官能欲望于自己所负的责任之前，凸显出自己主体的积极性与理性作用。"①

而这恰恰是周代思想人文性的体现。徐复观认为，这就是由殷商到周的转变时期，人的原始的宗教意识逐步人文化。这种人文化的过程是通过周人的"忧患意识"而发展的，而这种"忧患意识"则是通过"敬"的观念来表现的。他将这种"忧患意识"与原始宗教所依托的"恐怖意识"加以对比：在原始宗教当中，人往往在恐怖与绝望中感到自己过分渺小，而放弃自己的责任，将自己的命运委诸外在的神；反之，"忧患意识"却是起源于人在精神上的自觉，而表现为对事物的责任感，故是一种道德意识②。

这里生发不出"超越"（超验）的客观存在的上帝观念，而是将此"与神同在"的神秘敬畏的心理状态，理性化为行为规范和内在品格。巫术理论逐渐演化为巫术品德。这是"德"的内向化或内在化，而最终成为首先要求于政治首领的个体品德力量。这是后世道德的伏笔。简而言之，原始巫君所拥有的与神明交通的内在神秘力量的"德"，变而要求后世天子所具有的内在的道德、品质、操守。

"德字不仅包括主观方面的修养，同时也包括客观方面的规模——后人所谓'礼'……礼是由德的客观方面的节文所蜕化下来的，古代有德者的一切正当行为的方式汇集了下来便成为后代的礼。德的客观上的节文……《周书》说得很

---

① 徐复观.中国人性论史[M].上海：华东师范大学出版社,2005：11.
② 徐复观.中国人性论史[M].上海：华东师范大学出版社,2005：11.

少,但德的精神上的推动是明白地注重在一个敬字上的。"①《荀子·礼论》中讲道:"礼义文理之所以养情也。""故礼者,养也。"

(三) 礼中之"理"

"礼"始于人的内在情感。如前所述,先秦儒家情本思想中的"情"从来不是单独存在的,而是同时伴随着"理"。"礼"本来也源于巫术,巫术分化为二,一个向内即"德",另一个往外即"礼"。后来,礼分化为"数",即"礼数",即"理"。

"数"就是祭祀等活动的具体规范,如各种秩序、过程、行为、规矩等细节。"礼有五经,莫重于祭。"五经即五礼,所谓"经历三百,曲礼三千"。这么多繁文缛节,其依据何在? 比如要寻找其背后的"理",赋予其神圣的意义,"礼"就是"理"了。《礼记·仲尼燕居》:"礼也者,理也。"《礼记·乐记》:"礼也者,理智不可易者也。"那么,经过理性化和体制化,那些巫术礼仪,就成了社会秩序的规范准则,此即所谓"亲亲尊尊"的基本规约。周公"制礼作乐"即是理性化的体制建树。如果这样,这些"理"给人的感觉就是外在的行为、礼仪、社会规范。

以我们对儒家情本思想的认识,我们认为"礼"虽然是外显的形式,但其内在依然是和内心交互的,交互的方式就是"义",所谓"始者近情,终者近义"(《性自命出》)。"义"在"理"上赋予了含情之"礼"以更多的"理性"内蕴。孔子开始,将"礼"和"仁"和"义"结合起来,有一礼必具一义,礼本于周公,义是孔子发挥的。《礼运》篇云:"礼者,义之实也。"这即是说,"礼"是"义"的实体表现,而"义"是"礼"的内在精神,而且"义"也成为内在的依据。"君子之于天下也,无适也,无莫也,义之与比。""适"也罢,"莫"也罢,都要依据"义"。

孔子又说,"君子义以为质,礼以行之,孙以出之,信以成之。君子哉!"(《论语·卫灵公》)在孔子看来,"义"是内在的"质",也就是摄礼归义的精髓。换言之,"礼"依于"义"而成立,"义"是"礼"之所以为礼之本,"礼"是"义"的表现或呈现。孟子延续此说:"君子所性,仁义理智根于心,其生色也睟然,见于面,盎于背,施于四体,四体不言而喻。"(《孟子·尽心上》)在孟子看来,仁义礼智都是根植于人的内心的,面背四肢无不是其体现。这种内在的"义"就是"良知""良能"。而"义"不是某种高级品质,是每个人内心都有的,具有普遍性、规律性,也就是人共通的理性。所以孟子说:"至于心,独无所同然乎? 心之所同然者何也? 谓理

---

① 郭沫若.青铜时代[M].北京:中国人民大学出版社,2005:35.

也，义也。"(《孟子·告子上》)

何谓"义"？现代汉语的解释一般是正义、合乎正义或公益的。思想史上通常有两种理解，而这两种解释可以互训，让我们全面认识"义"。

其一，《说文解字》释曰："义，己之威仪也。""义"与自我的某种状态有关。"人皆有所不为，达之于其所为，义也。"(《孟子·尽心下》)我们认为"义"不应该仅仅是外在的教义、教条、规矩，它还是源于人的内在心理。"仁之于人，义之于我者，不可不察也。"而"义"的作用，也在于规范自我，而不是规范别人。所谓"义之法在正我，不在正人。我不自正，虽能正人，弗予为义"(《春秋繁露·仁义法》)，"义"就是人的自我的内在理性，强调人对自己的体悟和把握。但中国文化的特点又决定了这个"理性"是需要智慧的。因为，它依然不是单一的固定的思维方式。第二个含义可以解释这个问题。

其二，《中庸》云："义者，宜也。"韩愈在《原道》中说："博爱之谓仁，行而宜之之谓义，由是而之焉之谓道。"意思即"恰当地去实现'仁'就是'义'"。"宜"字源出于祭祀，其甲骨字形若屋里俎上有肉的形状，《尔雅·释天》有言："起大事，动大众，必先有事乎社而后出，谓之宜。"《说文》释为"宜，所安也。"《仓颉篇》另有"宜得其所也"的说法。据此可知，"义"为正当、得当、恰当、适合、适宜之意，即宜于事，宜于所。所以，汉代哲学家董仲舒一方面说"义之法在正我"，另一方面又说"义者，谓宜在我者；宜在我者，而后可以称义"。董仲舒又将"义"的两种意义合二为一。他说："故言义者，合我与宜以为一言，以此操之，义之为言我也。"(《春秋繁露·仁义法》)简单地讲，所谓"义"者，正当也，具有"宜我""宜事""宜所"("宜境")的意思，要和一个具体的情境相一致。也就是说，"义"是在一定的语境中产生的，根据我、事、所等各种要素的不同而变化。而这种语境就是"理"，它赋予行礼的人以个性，但也给它以社会依据性。

先秦儒家摄"礼"归"义"，不仅使礼仪行为有别于一般的人类行为，而且以"义"为"礼"之本，更意味着孔子对仪式中"礼"的意义的内在自觉性的追求。"礼"原有象征意义，后来才与仪式分离，成为单纯的、机械的和形式化的仪式，要复活"礼"，就必须恢复"礼"的意义，这个意义不仅是原初的，更是当下的。这就是礼的境遇性、生成性问题。

(四) 礼的境遇性

"礼"是儒家典章制度和道德规范的总称，但"礼"从来不是一个静态的、固定的、僵死的规范概念。"礼,履也,所以事神致福也。"(《说文解字》)履,履行,即实践。礼必须通过人们的实际行为才能事神致福。这里所说的"实际行为"包括对各种秩序和规范的严格遵守,而涉及的范围也比较全面,包括社会生产生活的各个方面。

保罗·康纳顿在《社会如何记忆》一书中,根据信息与人类生物体(身体)之间的关系把社会实践分为两类:一为体化(incorporating)实践,一为刻写(inscribing)实践,体化实践意指人们以其当下的、进行时的身体举动来传达信息,身体的在场、参与是传达信息的必要前提;与体化实践相对,刻写实践则要求人们在人类生物体早已停止发送信息之后,通过印刷、百科全书、索引、照片、录音带、计算机等手段来捕捉和保存信息①。"礼"就是一种体化实践。

"礼"也是一个有机的整体,必须吸收营养加以培育,以保持自身的完整性,并且不断地赋予它活力,使之适应当时的环境以发挥影响。"礼"既是过去的成果,又是将来生长的基础。它不是不可改变的,而是不断变化的过程。它总是与环境做出互动的创造性的反应,无所谓完全理想固定的形式。

所以,"礼"具有实践性,也具有时间性,也就是过程性。人在实施"礼"的过程中,才实现人的丰富的、完美的精神生活。这也就是礼存在的境遇性。这种境遇性也体现在先秦儒家对"时"的认识和重视上。儒家对"时"有着独特的理解,不仅把它视为事业能否成功的关键性因素,而且还把"时"与"礼"联系起来。对原始儒家来说,礼从来就不是一个静态的既定规则。《礼记》谓:"礼,时为大,顺次之,体次之,宜次之,称次之""礼也者,合于天时。"(《礼记·礼器》)也就是说,"礼"是根据时代境遇而变化的。

先秦儒家还把"时"作为制礼、行礼的文化性参照标准。"麻冕,礼也;今也纯,俭,吾从众。拜下,礼也;今拜乎上,泰也;虽违众,吾从下。"(《论语·子罕》)这说明,礼是变动的,今日之礼不同于昨日之礼,而明日之礼亦当异于今日之礼。在儒家看来,无论是指涉典礼仪式、社会习俗,还是行为规范,实践礼是对礼的再创造。儒家提出"礼以顺时"、行礼必从"时"的理念,以原有道体的认识为基础,根据内在情感与外在情境之间的冲突和交融不断修改并重构。

礼因地而宜、因时而变,是流动的。因此,"五帝殊时,不相沿乐;三王异世,不相袭礼"(《礼记·乐记》)。汉代礼学专家叔孙通概括为:"礼者,因时世、人情为之

---

① 闫旭蕾.一种体化实践——身体社会学的视角[J].海南师范学院学报(社会科学版),2006,(2).

节文者也。故夏殷周之礼所损益可知也,谓不相复也。"(《史记·刘敬叔孙通列传》)

这种境遇性也体现在前文对"义"的分析上。先秦儒家通过对"义"的强调,不仅强调了"礼义"的整体性,而且也强调了"礼"通过"义"的自我意识以及与环境融合的特性;"礼"与"义"连用,说明"礼"具有内化为自然而然地在行为中展现自我之禀性的倾向和必然性。这样,"礼"就不是对传统礼仪或社会规范的单纯的因袭和强制的模仿,而是在具体的语境中呈现出来的具有自我意识的个体行为。这种自我意识的个体性也就是其情景性、境遇性。反过来,如果缺乏这种境遇性的智慧,各种情感或品质就会发生混乱。如《论语·泰伯》云:"恭而无礼则劳,慎而无礼则葸,勇而无礼则乱,直而无礼则绞。"

所以,"礼"以"义"为质,而无论外在的"礼"(礼仪、规范)还是外在的"义",都是在一定的时空境遇中生成的。最后生成的状态就是"和"。"礼之用,和为贵。先王之道,斯为美,小大由之。"(《论语·学而》)

所谓立,不是静态的存在,而是发乎于内心,涵融于群体和环境,内外协调,自我确证,并赋予外界以新的意义的过程。"立"要靠情感与理相谐,更要靠"义"的自我体认和确证。所以"礼"不是被动的完全接受,而是一种对话式的存在,在人的内心与外界对话的过程中确立。

如果说"兴于诗"使人具备了内在的人性力量和人性境界,为"成人"提供了内在根据。那么,"立于礼"则为"成人"提供了某种行为规范、外在条件,更提供了如何处理人与外在环境之间关系的心理能力,这样的"礼"赋予了传统以持续性的力量。

五、成于乐

"乐"源于音乐,但又超出音乐。"乐"是孔子的教学内容,也是他的教学方法和目标。孔子是位了不起的音乐家,他对音乐的特性有着丰富而深切的体悟。孔子的音乐活动在《论语》中有多处记载。

> 子在齐闻韶。(《论语·述而》)
> 子语鲁大师乐,曰:"乐其可知也:始作,翕如也;从之,纯如也,皦如也,绎如也,以成。"(《论语·八佾》)

《关雎》乐而不淫,哀而不伤。(《论语·八佾》)

子在齐闻韶,三月不知肉味,曰:"不图为乐之至于斯也。"(《论语·雍也》)

子于是日哭,则不歌。(《论语·述而》)

子与人歌而善,必使反之,而后和之。(《论语·述而》)

子曰:"兴于诗,立于礼,成于乐。"(《论语·泰伯》)

子曰:"师挚之始,《关雎》之乱,洋洋乎盈耳哉!"(《论语·泰伯》)

子曰:"吾自卫反鲁,然后乐正,雅、颂各得其所。"(《论语·子罕》)

子击磬于卫,有荷蒉而过孔氏之门者,曰:"有心哉,击磬乎!"既而曰:"鄙哉,硁硁乎!莫己知也,斯己而已矣。深则厉,浅则揭。"子曰:"果哉!末之难矣。"(《论语·宪问》)

颜渊问为邦。子曰:"行夏之时,乘殷之辂,服周之冕,乐则韶舞。放郑声,远佞人。郑声淫,佞人殆。"(《论语·卫灵公》)

子曰:"恶紫之夺朱也,恶郑声之乱雅乐也,恶利口之覆邦家者。"(《论语·阳货》)

子之武城,闻弦歌之声。夫子莞尔而笑,曰:"割鸡焉用牛刀?"子游对曰:"昔者偃也闻诸夫子曰:'君子学道则爱人,小人学道则易使也。'"子曰:"二三子!偃之言是也。前言戏之耳。"(《论语·阳货》)

齐人归女乐,季桓子受之,三日不朝,孔子行。(《论语·微子》)

孔子精通音乐,且生活中处处充满音乐。《史记·孔子世家》记载"孔子学鼓琴于师襄"的经历:

孔子学鼓琴师襄子,十日不进。师襄子曰:"可以益矣。"孔子曰:"丘已习其曲矣,未得其数也。"有间,曰:"已习其数,可以益矣。"孔子曰:"丘未得其志也。"有间,曰:"已习其志,可以益矣。"孔子曰:"丘未得其为人也。"有间,有所穆然深思焉,有所怡然高望而远志焉。曰:"丘得其为人,黯然而黑,几然而长,眼如望羊,如王四国,非文王其谁能为此也!"师襄子辟席再拜,曰:"师盖云《文王操》也。"[①]

---

① [汉]司马迁,韩兆琦评注.史记[M].长沙:岳麓书社,2012:765.

在孔子那里，音乐不是生活的娱乐项目，而是悟道的路径。

关于"乐"，我们有两个问题首先要明确。

第一，我们今天阐释礼乐之"乐"，不自觉地会将其等同于西方的"music"。先秦之"乐"不仅仅是"音乐"，还是"艺术的"，也是"文化的"。我们应该更多地从文化层面来理解。

第二，"礼"与"乐"的关系。儒家思想史的研究，一直有一个普遍的观念，儒家思想有社会功能和审美功能的矛盾。从教育的角度讲，就是儒家思想多注重社会伦理教化的作用，而忽视了以个体为主体的审美教育。从"礼""乐"的关系上讲，自然就认为礼是主体，乐是附庸，乐是用来辅助"礼"的，也就是说，"礼"是"乐"的目的，"乐"是"礼"的工具，这是对"乐"的一种"外在目的论"的理解。这种源于对儒家功能地位的认识，对"乐"的定位是不准确的。再加上《乐记》收录在《礼记》中，属于《礼记》的一篇，研究《乐记》者多割裂开来分析。前文已表，中国思想根本上是有机的、整体的。礼乐正是一种相互内在、彼此为目的的存在，古人言"礼乐相须""无礼不乐，无乐不礼"，说的正是礼乐的这种关系。南宋杨简认为"礼乐无二道，吾心发于恭敬品节，应酬文为者，人名之曰'礼'，其恭敬文为之间，有和顺乐易之情，人名之乐'乐'"[①]即是说，乐即礼，礼即乐，名殊而实一。

（一）释"乐"

音乐与人类关系亲密，通过喉舌、敲击，人人都可发出音乐，无需外求。人类很早就在弦上管上发现音乐规律里的数的比例关系，这增加了音乐的神秘性，人们认为音乐和宇宙有某种暗合的联系。而"中国人很早就把律、度、量、衡结合，从时间性的音律来规定空间性的度量，又从音律来测量气候，把音律和时间结合起来"[②]。《史记》有言："阴阳之施化，万物之终始，既类旅于律吕，又经历于日辰，而变化之情可见矣。"音乐和时间是有内在对应关系的，音乐可以表现时间的变化。这是对时间的审美化认识，或者说是对时间的审美性规划。《吕氏春秋·大乐》曰："音乐之所由来者远矣。生于度量，本于太一。"其所谓"度量"即时空之坐标系；其所谓"太一"即为"宇宙之源"，也可称为"道"。音乐源于宇宙之源，源于"道"。音乐直接把宇宙的数理秩序转化为情感世界。人类对音乐所带

---

① 转引自罗艺峰《从天人秩序到内在道德自觉：礼乐关系的思想史意义》，交响——西安音乐学院学报（季刊），2015（9）.

② 宗白华.美学散步［M］.上海：上海人民出版社，1981：189.

给人的情感感受产生不同一般的神秘性。现代西方美学也开始对原有的"二元思维"进行反思。他们认为,艺术不仅仅是对人类特有的经验的美化和复制再现,更应该能揭示人类与其他物种和事物的共同性。音乐尤其有这种功能。"人们越是听到这些音乐的连续性,就越是沉浸在它的发展过程中。这种感觉就好像是人逐渐变成了这些音乐的一部分,陷入音乐的河流并随其飘荡——不是作为一个听音乐的欣赏者,而是作为其中的一个组成元素。人们进入了一个不再相互独立的而是相互依存的世界关系之中。"①这和两千五百年前中国儒家的音乐观何其相似!

中国最早的美学或艺术理论就是关于音乐的。儒家对音乐的重视自不用说,墨家虽然"非乐"(从功利观点出发反对音乐),但也是在反思、研究音乐。季札更是留下了对当时音乐的总的深刻评论。

在中国上古乐论中,"乐"包括诗歌乐舞等诸种艺术形式,可以说,"乐"是当时艺术的总称。《礼记·乐记》第一次给"乐"下了一个明确的定义,即"乐者,乐也"(《礼记·乐记·乐象》)。《乐记》虽成书在孔子之后,但它是对上古时期乐论的总结,依然可以反映孔子时期人们对"乐"的看法。我们首先要明确"乐"是音乐,也是一种情感体验,即"乐"(lè)。而作为一种情感体验的"乐"是先秦儒家的最终指向。"盖古人之教,以乐为第一大事。"②体验这种情感,首要的方法就是"乐教"。"乐教"是先秦早就采用的教育内容和教育方式。如前文,其具体发挥作用的方式,《周礼》多有记载。

> "乐也者,人之所乐也,可以善民心,感人深,移风易俗,先王著其教焉。"又曰:"君子曰:礼乐不可斯须去身。致乐以治心,易直子谅之心油然生矣。易直子谅之心生则乐,则安,则久,则天,则神。天则不言而信,则不怒而威,乐以治心者也。"(《礼记·乐记》)

先秦最后一位大儒荀子,也充分认可"乐教"的价值,并做了总结。

> "故乐在宗庙之中,臣上下同听之,莫不和敬;闺门之内,子兄弟同听之,

---

① [德]沃尔夫冈·韦尔施.美学与对世界的当代思考[M].熊腾,等,译.北京:商务印书馆,2018:36.
② 程树德.论语集释[M].北京:中华书局,2013:612.

莫不和亲；乡里族长之中，少同听之，莫不和顺。故乐者审一以定和者也，物
以饰节者也，合奏以成文者也，以率一道，以治万变。"（《荀子·乐论》）

但是，从周初到春秋战国，人们对"乐"的作用的认识有一个变化的过程。
"乐"是"礼"的一部分。"乐"一定要体现了周礼。所以"乐"的实施是有一个严格
的过程的，每种"乐"要表达的情感也是固定的。也就是说，"乐"给人们的不是纯
粹个体的情感反应，而是程序化的礼节反应。《左传·桓公九年》有个案例："冬，
曹大子来朝，宾之以上卿，礼也。享曹大子，初献，乐奏而叹。施父曰：'曹大子其
有忧乎？非叹所也。'"曹大子在鲁国听到初献的礼乐发出了叹息。按照当时国
家之间的交往礼仪，这种叹息是非礼的，不合适的，但这可能是曹大子的直接的
情感反应。

可见，孔子时代存在一个"乐"的礼仪化和情感的个人化之间的矛盾。而孔子
在继承礼的精神的基础上，开始重视、承认情感的个人化。经过前代的理性的积
淀，孔子时的"乐"又具有了意义的深度和精神的高度。这个过程也可以称之为是
从道德"善"的评价向审美"美"的转移的过程。"乐"依然具有伦理性，但它是被审
美精神渗透和灌输的伦理。因而，先秦儒家将其放在人生发展、教育的最高位置。

所以，"成于乐"是先秦教育进路的最后一步也是最高一步。"成"于乐，是一
个过程，由"兴"到"立"，才到"成"。"成"必须经过"兴""立"这个过程，没有前二
者，无所谓"成"。"成于乐"是最后升华的阶段，也是个难解的阶段。理解它很
难，说清它更难。一则"乐经"文本失传，二则"乐"是个用心体悟的存在，最需情
感体验，它又是至高的境界，不是每个人都能悟到的，悟到了又不是用文字能说
清的。正如《四书翼注》所言："'兴诗''立礼'易晓，'成于乐'之理甚微。"[1]"兴
诗""立礼"好解释，"成于乐"不好解释。

但在理论上，我们还是要做一分析，以厘清其在情本思想中的肌理。如果说
"兴于诗，立于礼"是对生命形态的激活和形成，那么，要达到理想的人格和"仁"
的境界，还需要用"乐"陶冶性情，才能情理相融，谐和统一，使人由道德人格境界
上升到精神审美境界，此之谓"成于乐"。孔子以它来形容人格修养的完成与生
命的圆融。"礼者所以立身也。乐所以成性。""乐"就是使人得到人性的完成。
由《周礼》来看，周人是极其重视乐的，以至于有学者认为，周代的教育就可以叫

---

① 程树德.论语集释[M].北京：中华书局，2013：612.

做"乐教",它将"诗教""礼教"包含其中。俞正燮:"通于三代以上书,乐之外无所谓学。"①

孔子以周文化的传承者自居,非常喜爱和重视音乐。他不仅喜欢欣赏音乐,而且还主动学习、亲自演奏。《论语》描述了孔子欣赏音乐的如痴如醉的状态:"子在齐闻韶,三月不知肉味,曰:不图为乐之至于斯也。"(《论语·述而》)不仅如此,孔子还身体力行地学习音乐。《论语·述而》云:"子与人歌而善,则必反之,而后和之。"可以看出孔子对于音乐是随地得师,学而不倦的。《史记·孔子世家》说"三百五篇,孔子皆弦歌之,以求合韶、武、雅、颂之音,礼乐自此可得而述",可见孔子中国古代音乐的贡献。从《史记·孔子世家》中我们可以看出孔子对音乐精进的痴迷:

> 孔子曰:"丘已习其曲矣,未得其数也。"有间,曰:"已习其数,可以益矣。"孔子曰:"丘未得其志也。"有间,曰:"已习其志,可以益矣。"孔子曰:"丘未得其为人也。"有间,有所穆然深思焉,有所怡然高望而远志焉。曰:"丘得其为人,黯然而黑,几然而长,眼如望羊,如王四国,非文王其谁能为此也!"师襄子辟席再拜,曰:"师盖云《文王操》也。"

从"得其数""习其志"到"得其人",这是孔子对音乐不断精进领悟的过程。"曲"与"数"指技术上的问题;"志"是乐章所表达的思想内容;"人"则象征着乐章中所呈现出来的某种生命精神和意识。由此过程,一可见孔子对乐的痴迷,二可见孔子的悟性之高,不是每个人都能对音乐有这样的领悟。我们一直把孔子当成教育家、思想家,其实孔子还是位音乐家。《论语》中随处可见琴、瑟、磬等乐器,感觉孔子的身边总是有琴的,哪怕讲学的时候也可弹琴。

如前所述,诗、礼、乐都是形式的中介,音乐是最不依赖参照物的形式中介。因为它没有场景,没有对象,没有事实,只有音调的结构。因此音乐是最高层次的交流。孔子因音乐而感动,因音乐而忘我地投入和沉醉,恐怕并不仅仅是因为音乐本身的形式美所带给他的一种感官享受和满足,更多的可能是因为在艺术世界里承载了他对生命意义的一种终极体认,并由此而引发了精神上、情感上的强烈共鸣。

徐复观先生曾说:"孔子对于音乐的重视,远出于后世尊崇他的人们的想象,

---

① 蔡先金.西周官学之乐教分科[J].孔子研究,2009,(1).

这一方面是来自他对古代乐教的传承,一方面是来自他对于乐的艺术精神的新发现。"①孔子既传承了古代的乐教传统,又通过自己的体验发现了乐的艺术特质与人的精神世界、人格境界是相通的,甚至是人的境界的至高层。

古代的"乐"除了作为艺术之"乐"(名词,音"岳"),还有作为审美愉悦之"乐"(动词,音"洛")的含义。《荀子·乐论》开篇即云:"夫乐者,乐也,人情之所必不免也。故人不能无乐。"《吕氏春秋·大乐》亦云:"大乐,君臣父子长少之所欢欣而说也。"《礼记》也强调:"乐者,乐其所自生。""乐者,乐其所自成。"这和荀子"夫乐者,乐也"的观点一致。音乐最终的境界一定落实到人内心的"乐"(情感)!

(二) 释"成"

"乐"到底如何能"成"呢?"成"是何意?

先秦典籍中存在大量与"成"相关的礼乐术语,如"一成""三成""六成""成均""永观厥成""乐成""以成""成之""成于乐"等相关词语。这些词语在其语境下有着丰富的内涵,而理解这些词的关键在于对"成"的把握。"成"是礼乐文化中的一个特殊术语,既有名词的用法,又有动词的意义。"成"有以下几个意思。

第一,诗乐的量词。它可以理解为一首、一章、一阕之诗乐。如《仪礼·燕礼》:"升歌《鹿鸣》,下管《新宫》,笙入成。遂合乡乐。"郑玄注:"三成,三终也。"②三成,三终,即演奏完三章之乐。此外还有"六成""九成"等用法。可见"成"是诗乐演奏的独特的结构方式,构成诗乐艺术的一个单元、段落,像今天戏剧中的一场。

第二,指整遍、整套、整场诗乐。《周礼·春官·乐师》云:"凡乐成,告备。"郑玄注:"成,所奏一竟。"③"成"就是指一整套诗乐演奏完毕、完成,乐工之职责亦告完成。

以上二意,皆作名词讲。

第三,做动词,完成、成就之义。《说文解字》曰:"成,也。从戊,声。"《诗经·国风·樛木》云:"乐只君子,履成之。"《毛传》对"成"的解释是:"成,也。"④《礼记·乐记》云:"夫乐者,成者也。"郑玄注:"成,已成之事也。"⑤《周礼·春官·大

①　徐复观.中国艺术精神[M].北京:九州出版社,2014:3.
②　[清]阮元刻.十三经注疏[M].北京:中华书局,1980:1025.
③　[清]阮元刻.十三经注疏[M].北京:中华书局,1980:794.
④　[清]阮元刻.十三经注疏[M].北京:中华书局,1980:279.
⑤　[清]阮元刻.十三经注疏[M].北京:中华书局,1980:1542.

司乐》云:"大司乐掌成均之法,治建国之学政,合国之子弟焉。""成均之法"是什么? 郑众注曰:"均,调也。乐师主调其音,大司乐主受此成事已调之乐。"[①]"成均之法"涉及"乐德""乐语"和"乐舞"等多方面的技能。周朝礼乐文化和教育制度下,"成均"代指以诗乐造士的大学。

在先秦典籍中,有时"成"可以用"备"来表示。《仪礼·燕礼》曰:"大师告于乐正曰:'正歌备。'"郑注曰:"正歌者,歌及笙各三终,歌三终,乐三终,一备。备亦成也。"[②]所谓"正歌",就是礼仪规定所必需演奏的诗乐。"备"就是"成",表示成套、完备之义。所以,"成"不仅指诗乐演奏的一个段落、一个单元,还有"完成""成就"之义。

《论语·八佾》中,孔子论诗乐"以成":"子语鲁大师乐。曰:'乐其可知也:始作,翕如也,从之,纯如也,皦如也,绎如也,以成。'"这句话表现了一首乐的完整的过程。"翕如"指闻金奏而翕如变动之象。"纯如"指升歌时乐工演唱的歌声非常纯一。"皦如"指笙奏之际其声清别,其声而知其义。"绎如"指间歌之际人声笙奏相间而作,绵不断,绎不绝。"以成"则指乡乐合奏、正歌完备。孔子所说的"以成"之"成",其实包括了金奏、升歌、笙奏、间歌和合乐的整个过程。当然,这个"成"实际上也可以理解为动词,指诗乐的整个曲目演奏完成。"以成"是一个连绵不断、此起彼伏的过程。因为礼仪的过程,实际上是诗乐演奏的过程[③]。"成于乐"也意味着一个完全的诗乐演奏进程。其步骤大致是:金奏、升歌、笙奏、间歌与合乐。在完整的行礼奏乐活动中,乐是为礼服务的。在礼乐的表演中,人们起始于诗歌,经历礼仪,完成于乐歌。

这里我们要明确一点,"一成"的具体环节并不是一成不变的,要视具体环境场合而定。因为在礼乐盛行的时代,乐是有等级和场合之分的,不同等级和场合,演奏的诗乐并不完全相同。

第四,"成"之延伸——"集大成者"。在特定的表述中,"成"引申为人格、境界的完成和提升。

"集大成者"是孟子对孔子的评价。

---

① [清]阮元刻.十三经注疏[M].北京:中华书局,1980:787.
② [清]阮元刻.十三经注疏[M].北京:中华书局,1980:1021.
③ 余群,陶水平.先秦诗乐之"成"释义——兼论孔子"成于乐"的文化蕴含和创新意义[J].学术交流,2014,(7).

　　孟子曰:"伯夷,圣之清者也;伊尹,圣之任者也;柳下惠,圣之和者也;孔子,圣之时者也。孔子之谓集大成。集大成也者,金声而玉振之也。金声也者,始条理也;玉振之也者,终条理也。始条理者,智之事也;终条理者,圣之事也。"(《孟子·万章下》)

　　这是一个比喻的说法,以"乐"喻人。孟子以"乐"之"成",来比喻孔子的成就。"成"是诗乐的一个段落,若干个小的章节汇集成一场大的诗乐,称为"大成"。所以,孔子就好像诗乐中的"大成",那是集众多诗乐而组成的一场盛大的礼乐演奏。在演奏过程中,以金(钟)奏起始,经过若干的章节,后以玉磬收尾。"金声也者,条理也;玉振之也者,条理也。"当演奏进入高潮以后,八音并奏,钟鼓齐鸣,脉络通贯,无所不备,合众小成而为一大成,所谓"金声而玉振""集大成也者",赞扬孔子知无不尽而德无不全。

　　所以,"成"从一个诗乐的单位,变成一个表示完成、完备的动词,进而上升到人格的完成。再到后来,又衍生出文化的代表和中心,或某个领域的象征等含义。"成于乐"就是表示诗乐的一个完整过程,同时也是参与者受到洗礼的历程。这整套乐教,既是诗乐的,也是礼仪的,更是礼乐的境界。刘宝楠《论语正义》云:"学诗之后,即学礼,继乃学乐。盖诗即乐章,而乐随礼以行,礼立而后可用乐也";"乐以治性,故能成性,成性即修身也。"[1]所谓"乐以治性",即"乐"能通过改变人的性情品行,从心灵深处培养个体主体的操守,将体现社会规范的外在的"礼"化为内在的心灵需要或心理自觉。李泽厚概括得颇为到位:"'成''成人''为己之学'等等都远非知性理解,而是情感培育即情感性、意向性的塑造成长,此非理性分析或概念认知可以达到,而必直接诉诸体会、体认、体验;融理于情,情中有理,才能有此人性情感及人生境界,所以说'成于乐'也。"[2]

　　那么,"乐"作"成"者何?"乐"能"成"什么呢?归纳起来,大致有如下几种具有代表性的观点[3][4][5]:

　　(1)"成性"说。此说为汉儒孔安国、包咸所倡。孔曰:"乐,所以成性也。"包

　　① 刘宝楠.论语正义[M].北京:中华书局,1990:36.
　　② 李泽厚.论语今读[M].北京:生活·读书·新知三联书店,2008:231.
　　③ 余群,陶水平.先秦诗乐之"成"释义——兼论孔子"成于乐"的文化蕴含和创新意义[J].学术交流,2014,(7).
　　④ 钟华."成于乐"索解[J].天府新论,1998,(6).
　　⑤ 张明."成于乐":孔子"仁"境的诗性呈现[J].中国文化研究,2009年夏之卷.

曰："乐所以成性。"宋儒邢昺、清儒刘宝楠等亦持此说。

（2）"成学"说。此说为南朝皇侃所倡。皇曰："此章明人学须次第也。"宋儒陈祥道、朱熹，明儒胡广等亦持此说。

（3）"成德"说。此说为宋儒邢昺所倡。邢曰："此章记人立身成德之法也……修身当先起于诗也，立身必须学礼，成性在于学乐……既学诗礼，然后乐以成之也。"宋儒程颐、谢显道、元儒刘因、清儒黄式三皆持此说。

（4）"成心"说。此说为刘因所倡，亦甚有影响。刘曰："'兴于诗'，兴此心也；'立于礼'，立此心也；'成于乐'，成此心也。"人止一心，兴立成，都是学者因心而获的；诗、礼、乐，即学者治心之材料。

此外，还有刘宗周"成性情"说，王弼、范祖禹等人的"成有为之政"说等。其实这些说法大同小异，着力点不同而已，根本上是相通的。中国哲学思想史中"心""德""性（情）"原本就关系紧密，而"学"不过是修养它们的手段和过程，因此先贤们在表面分歧的背后又有着根本性的相似或一致。

"乐"与"仁"是相通的。"仁"是"乐"的内在依据。"人而不仁，如礼何？人而不仁，如乐何？"（《论语·八佾》）这很清楚地告诉我们，"仁"就是"礼"和"乐"的价值根源，没有对"仁"的表现，所谓的"礼"和"乐"也就毫无意义可言。所以，即使是具有相对独立性的音乐美本身，也应该是从人的生命根源处流淌出来的（即孔子所说的仁心、仁德）。因为音乐美本身的主要形式要素如声音、节奏、韵律等，只有配合人自身内在的生命节奏才能够产生艺术效果。《礼记·乐记》中所说的"凡音者，生于人心者也"，（乐）"本于心，然后乐器从之，是故，情深而文明，气盛而化神"，强调的也是这一点。"仁"是内核，"仁"一方面是自我德性的充盈，另一方面又以一种仁民爱物之心去扩展生命，以求达到贯人己、通物我、彻天地的精神境界，也就是孔子说的"随心所欲不逾矩"。一个人只有具备这种精神品质，他的人格修养才算完成。

（三）"乐"——情感的艺术形式

"乐者，乐也。""乐"首先是人的内心情感的表达。《礼记·乐记》关于音乐与人的内心的关系，有很多论述："凡音者，生于人心者也""故乐也者，动于内者也"等等。《礼记·乐记》云："乐者，音之所由生也，其本在人心之感于物也……"音乐是人的情感、心情的表达，喜怒哀乐皆可通过音乐表达出来。乐是发自人的内心的，比起视觉所见的东西，"声音具有直接的情感表现的力量。声音以其本身的性质而给人以威胁、哀怨、抚慰、压抑、凶猛、温柔、催眠之感"①。正如黑格尔所言:"音乐凭声音的运动直接渗透到一切心灵运动的内在的发源地。所以音乐占领住意识,使意识不再和一种对象对立着,意识既然这样丧失了自由,就被卷到声音的急流里去,让它卷着走。"②音乐是所有艺术中最直接、最强烈、最细腻、最能充分表达内心情感的艺术形式。如果说音乐"反映"任何东西的话,那么,它只反映感情状态;如果说音乐有所传达,即传递什么东西给别人的话,那么,它只传达感情状态。"我们叫作'音乐'的音调结构,与人类的情感形式……在逻辑上有着惊人的一致。"③

孔子说:"人而不仁,如乐何?"(《论语·八佾》)"仁"也是"乐"的基础,没有"仁"就没有真正的"乐"。而"仁"又以人内心的真实情感为基础,要使人们实行"仁",根本是要使"仁"成为人们内心情感上的自觉要求而不是靠外部强制。"德者性之端也。乐者德之华也。金石丝竹,乐之器也。诗言其志也,歌咏其声也,舞动其容也。三者本于心,然后乐气从之。是故情深而文明,气盛而化神。和顺积中而英华发外,唯乐不可以为伪。"(《礼记·乐记·乐象》)所谓德,是人性的发端,也是"仁"之端。所谓乐,则是由内在德性开放出来的花朵。金石丝竹,是乐器。诗是抒发人的心志的,而歌则是拉长声调表达心志的声音,舞则是用种种姿态表达心志的动作。诗、歌、舞三者都是发自内心的,然后用乐器为之伴奏。因此,乐所表达的心志,情感深厚而文采鲜明,气氛浓烈而使人潜移默化。和顺的品德积累于心,才能使乐的精华表现于外。有什么样的德,便有什么样的乐,只有乐是虚伪不了的。

人的情感是复杂的、有层次的。"诗"是思与言的文字表达,"礼"是"情"外显行为的表达。语言和行为表达人的情感、思想,都是有限的。超越语言和行为之外的精神境界、思想情感,靠什么去表达呢? 靠音乐。而音乐是无形的,是一种诉诸情感的艺术,所谓"知之者不如好之者,好之者不如乐之者"(《论语·雍也》)。

反过来,乐对人的情感又有调节、涵养的作用。"是故先王之制礼乐也,非以极口腹耳目之欲也,将以教民平好恶而反人道之正也。"(《礼记·乐记》)先王制礼作乐,其目的并不是要满足人们口腹耳目的享受,而是要教育人民辨别好坏,

---

① [美] 杜威.艺术即经验[M].高建平,译.北京:商务印书馆,2005:277.
② [德] 黑格尔.美学·第三卷上[M].朱光潜,译.北京:商务印书馆,2016:349.
③ [美] 苏珊·朗格.情感与形式[M].刘大基,等,译.北京:中国社会科学出版社,1986:36.

回到做人的正道上来。荀子作了较为全面的总结：

> "是故先王之制礼乐，人为之节；衰麻哭泣，所以节丧纪也；钟鼓干戚，所以和安乐也；昏姻冠笄，所以别男女也；射乡食飨，所以正交接也。礼节民心，乐和民声，政以行之，刑以防之，礼乐刑政，四达而不悖，则王道备矣。"（《礼记·乐记》）
>
> "夫声乐之入人也深，化人也速。故先王谨为之文。乐中平则民和而不流，肃庄则民齐而不乱。"（《荀子·乐论》）

"乐"和"礼"以及刑政在共同发挥调节社会的作用，而"乐"可以调节、净化人的情感、涵养人的性情。朱熹《四书章句集注》曰："古人之乐：声音所以养其耳，采色所以养其目，咏所以养其性情，蹈所以养其血脉。"就是说，乐"可以养人之性情，荡涤其邪秽，融其查滓。故学者之终，以至于义精仁熟，自和顺于道德者，于此而得之，学之成也"。

"乐"和情之所以能相通，因为乐和情一样，共同的来源是天。天的规律是不能"过"，过犹不及，以求"中和"境界。相对来说，人对情感和欲望的追求，更容易过分，而不是不及。所以，《乐记》关注"过"的危害。因此，音乐也要有标准，不然也会使人迷，乱人神，扰人心。孔子对"乐"是有要求的："子在齐闻《韶》，三月不知肉味，曰：'不图为乐之至于斯也。'"（《论语·述而》）"子谓《韶》：'尽美矣，又尽善也。'谓《武》：'尽美矣，未尽善也。'"（《论语·八佾》）孔子之赞美《韶》《武》和贬斥"郑声"，并非以其艺术水平上的高低为标准，而是着眼于一个更高远的道德精神层面。这种层面是什么？子曰："《关雎》乐而不淫，哀而不伤。"（《论语·八佾》）孔子称赞《关雎》，正是因为它体现了无与不及、哀乐不过度的中和之美。这种中和正是天地之道。

（四）"乐"的生成性——时空的流动

"乐"之成，首先是一个过程，有其时间性和空间性。每"乐"之"成"的过程不是固定不变的，往往要根据使用"乐"的场合，作具体改变调整，以适应实际的需要。所以，乐是一个在情境中生成的过程。

"境"与"界"，都是界域的意思，它们的原始意义均出自音乐。音乐的领域无法以具体的大小、长短、深浅来度量。它的界域，就是从演奏、歌唱至停止时所表现的一切。以乐曲尽作为界域,恰好反映了音乐的模糊混沌而无具形的品质和特性。诗,作为音乐的姊妹艺术,和音乐一样,也是不可度量的。情与境联系起来,表述情感的性质、层次和范围,实在是再贴切不过的了。它不仅准确地反映了情的本质特点,也表达了诗与乐密不可分的历史联系。情境与情象的不同层次的结合乃是衡量抒情诗与乐的水平的标准。

音乐是流动的音符,是在当下的瞬间呈现出来的。杜威认为:"声音来自于身体之外,但是声音本身就在附近,与人关系密切……声音直接刺激一个当下的变化,是因为它就是变化的呈现。"声音里蕴藏着使人情感激动的因子,"声音传达即将发生的事,传达某种正在发生的情况,也表示某种可能发生的情况"①。音乐中流动的音符虽随生随灭,但就在其生灭的瞬间,却将声音及其节奏浓缩于"此时"迸发,传递出它所包孕的意味,这种意味因立即的否定自己而转化为下一个"此时"的否定性对象而获得存在。在音乐中,"所有的音调都以相互参照的方式排列起来,每一个音调都是此前音调的总结,又是此后音调的预告"。"此时"迸发的音响不在此时,却联结或勾连着此时,此时迸发曰"明",此时不在曰"幽",音乐就在这明与幽、在场与不在场的交互中呈现出变化的韵律,正如王夫之指出的,乐的本质就在于"无间于幽明,流行不息"。

至于说"乐"所能达到的境界,也因人而异,不是所有人都能领略到"乐"的至高境界。因为每个人的内心"仁"的层次是不同的,情的层次也是不同的。对于一个缺乏"听的耳朵"的人来说,"乐"几乎是没有作用的。所以,情本教育范式,还有另外两种方式,即语言(诗)和行动(礼)。此二者和"乐"三者偕通,方能"耳顺"。

(五)"乐"的超越性——精神的自由

先秦儒家最终的价值导向是"仁"。如前文分析,"仁"从孝悌血亲到泛爱众,到天地宇宙之爱。但是,之所以说"成于乐"而不是"成于仁"? 这就涉及"仁"与"乐"在精神深处的内在联系。

"大乐与天地同和,大礼与天地同节。""乐者天地之和也,礼者天地之序也。"(《礼记·乐记》)美学家宗白华先生曾说:"宇宙是无尽的生命、丰富的动力,但它

① [美]杜威,高建平译.艺术即经验[M].北京:商务印书馆,2005:276.

同时也是严整的秩序、圆满的和谐。""和谐与秩序是宇宙的美,也是人生美的基础。"①伦理生活的至境,同审美生活的至境,在最后总是自然地融通,都是"非功利"或"超功利"的境界。非功利的幸福生活和道德人格由于人的自由本质的灌注,必然具有肯定人的特征,幸福生活其实就是诗意人生,道德人格其实就是审美人格。

"仁"讲究"和","乐"的至高境界也是"和"。致中和的音乐,符合宇宙的和谐秩序,与天地通,也与人的心性相通。这样的音乐,可以使人直达其心性深处,体悟其深层的生命意蕴,获得心灵的解放和自由,构筑个人的道德高地。

熊十力如此解释:"乐者,和乐也。正和乐时,浑然无物我分别,而吾人与天地万物一体畅通之血脉,于此可验也。"②这正是一致与天地融通的境界。"道始于情,情生于性,性自命出,命自天降。"由此,经过志之发源、诗之陶冶、礼之立身、乐以达性这一逐层递进过程,先秦儒家完成了从"天命之谓性"出发,最终又回到也达到了至情至性的天命境界的道德情感历程。

这时的"乐"不仅仅指音乐,也指音乐等艺术所引发的人的精神的愉悦性和超越性。人在这时超越自我的有限性,获得精神上的自由感和解放感。人超越自我的牢笼,回到万物一体的人生家园,从而在心灵深处引发一种满足感和幸福感。这种满足感和幸福感,可以和多种色调的情感反应结合在一起,构成一种非常微妙的复合的精神愉悦。这是人的心灵在物我交融的境域中和整个宇宙的共鸣和颤动。

从"诗"到"礼",从"礼"到"乐",本来就是一个生成的过程。生成后,三者又和谐不分,"诗"本就是"乐","礼""乐"本就在一起。所以,关键是这个"成"字。徐复观先生解释:"'成'即是圆融。在道德(仁)与生理欲望的圆融中,仁对于一个人而言,不是作为一个标准规范去追求它,而是情绪中的享受。这即是所谓快乐的乐(洛)。以仁德为乐(洛),则人的生活,自然不与仁德相离而成为孔子所要求的'仁人'。"③

"乐"自身的艺术特征决定了它可以通达"仁"的最高境界——"天人合一"之境。众所周知,音乐是一种有意味的形式,它具有形式的结构和音律的节奏,可以说这些因素就是音乐的本体,而其中生生的节奏更是中国艺术境界的最终源

---

① 宗白华.美学散步[M].上海:上海人民出版社,1981:35.
② 刘梦溪主编.中国现代学术经典——熊十力卷[M].石家庄:河北教育出版社,1996:402.
③ 徐复观.中国艺术精神[M].北京:九州出版社,2014:3.

泉。因为在这些音律、节奏等因素中蕴含的正是精神的意义、生命的境界和心灵的幽韵。

在孔子看来，人生的境界即是艺术的境界。真正的人生是艺术化的，真正的艺术无疑也是人生的。这样的艺术化的人生，在时间的流转中仰观造化，俯览时物，自强不息，激扬蹈励，与时俱进，与天同悲，与地同喜，这是何等的超越与自由的境界！现代美学也认为，人在这个层面上，与宗教感有相通之处①。

儒家关于乐的教育被称为"乐教"。先秦儒家的"乐教"绝不是音乐教育、艺术教育，而是以艺术教育为手段的精神的教育。或者说，先秦儒家是按照美的规律在育人。

六、范式特点

先秦儒家基于情本思想的教育范式，即以内心真情实感为出发点，以"兴于诗，立于礼，成于乐"为进路，以境遇生成为整体方式，这正是一个"成人"的生命进程。"诗""礼""乐"，从教育的内容抽象为教育的理念，分别发挥语言、行为、音乐在人与人、人与世界的交流以及人格形成中的作用。这种范式以先秦儒家情本思想为基础，必然具有其独特性：一为整体结构呈现的内在张力，二为教育理念中所具有的审美主义精神。

（一）教育目标的内向性

现代教育目标多指向外在，根据社会的需要、市场的需要，甚至政治的需要培养人才。这是资本主义、工业革命、市场经济兴起后教育目标的重大转向。古典教育是不同于此的。孔子说"古之学者为己，今之学者为人"，很有宿命感地点出了这种差别。孔子的教育是整体教育，他教技术，教驾车、射箭，教礼、乐、射、御、书、数。但孔子的教育不是职业教育，他的最终目的是"成人"，伴随着"成人"教育，技术也成为成人教育的手段。在孔子那里，教育的首要目的是让一个人精神成长、人格提升，"学"是为了成就自己，不是为了给别人所用。所谓"君子不器"，人是目的，不是手段。既然是为己之教，那么教育必然指向以情为基础的内心的成长。孟子也说"学问之道无他，求其放心而已"，直指人的内心。

① 叶朗.美学原理[M].北京：北京大学出版社，2009：148.

（二）发展过程的外延拓展性

先秦儒家以个人以及个人的内心为圆心和出发点，不断向外拓展，这种拓展不是线性的，而是空间的立体的辐射，辐射到家庭、朋友、社会乃至自然宇宙。"诗"是激发人心的出发点，以"礼"去关照家庭、社会，再以"乐"去融通自然宇宙。这种拓展不是生硬的以认知为目的的扩张，而是情感不断延伸、升华的过程，这一过程中，人的内心和世界是和谐的。这种拓展虽以"我"为出发点，但不是以"我"为中心的，不是个人中心主义或人类中心主义。人的成长是一个持续不断的过程，人的精神的前进是一个永无止境的过程。孔子说自己"七十而从心所欲不逾矩"，他73岁便去世了，如果他像孟子一样活到83岁，他又会如何评价自己的73岁呢？又会如何评价自己的83岁呢？如果他能活到83岁，73岁一定不是他人生最完满的时候。所以，人性的成长在空间和时间上都具有未完成性、外延拓展性，只要我们活着，就无止境。

（三）整体结构的内在合力

可以想象，上古时代，实施教化，还没那么多科目划分。《尚书·舜典》里的"敬敷五教"就是为了实施"五教"，有人说就是五伦之教。教育的方法是："诗言志，歌永言，声依永，律和声。"随着教育实践的发展，教育活动的内容逐渐细分，所以有了孔子的"诗书礼乐"的教学科目。但，这只是为了方便实现教育目标和功能，并非真的就能把"诗""礼""乐"完全划分开来，它们的指向是共通共同的。所以，"诗""礼""乐"三者本为一体，又在不同阶段各自承担育人的职责，三者既相互区别又相辅相成，具有一种整体性的内在张力，支撑起整个范式。

春秋之前，乐是教育的中心内容，这种乐教是诗歌与音乐统一的教育。《周礼·春官·大司乐》有云："以乐德教国子，中、和、祗庸、孝、友；以乐语教国子，兴、道、讽、诵、言、语；以乐舞教国子，舞云门、大卷、大咸、大磬、大夏、大濩、大武。以六律、六同、五声、八音、六舞、大合乐。"所谓"乐语"即诗，"乐舞"即配着音乐的舞蹈。《墨子·公孙篇》也云："诵诗三百，弦诗三百，歌诗三百，舞诗三百。"又《毛诗传·〈郑风·子衿〉》曰："古者教以诗乐，诵之，弦之、歌之、舞之。"可见周一代，凡诗必入乐，凡舞必合乐。

刘勰《文心雕龙·乐府》进一步提升、总结道："故知诗为乐心，声为乐体；乐体在声,瞽师务调其器;乐心在诗,君子宜正其文。"①诗与乐是互为表里、互相彰显的不分主次的关系。

礼、乐有别又相辅相成,《礼记·仲尼燕居》记载:

> 子曰:"礼也者,理也;乐也者,节也。君子无理不动,无节不作。不能诗,于礼缪;不能乐,于礼素;薄于德,于礼虚。"子曰:"制度在礼,文为在礼,行之其在人乎!"子贡越席而对曰:"敢问夔其穷与?"子曰:"古之人与? 古之人也。达于礼而不达于乐谓之素,达于乐而不达于礼谓之偏。夫夔达于乐而不达于礼,是以传于此名也。古之人也。"

孔子不厌其烦地强调礼、乐的分工与合作,二者相辅相成,共同发挥作用。

"乐者为同,礼者为异。同则相亲,异则相敬,乐胜则流,礼胜则离。合情饰貌者礼乐之事也。"(《礼记·乐记》)乐和礼不能偏废,过于强调一方或否定另一方都不可。乐的作用在于表达共同的东西,礼的作用在于区别身份地位。大家有了共同的情感,就会互相亲近,但又能区分彼此,就会互相尊重。过分强调乐会使人际关系随便,过分强调礼会使人际关系疏远。要使人际关系达到内心感情融洽、外表互相尊重,这就是礼、乐应尽的职能了。

先秦儒家的情本教育范式中,"诗""礼""乐"并重。孔子之后,荀子崇"礼",但亦重"乐",故专作《乐论》。《史记》谓:"孔子以诗、书、礼、乐教。"亦将"诗""礼""乐"等而视之。班固《汉书·礼乐志》也将"礼""乐"相提并论。这三者是一个不可分割、共同运行的整体。

由"诗"之兴发鼓舞到"礼"之自立,再到"乐"之融通圆成,三者首尾相贯。"诗"是对生命的激活,"礼"对"诗"所激活的主体进行引导、生成和确立,然后由"乐"来升华、完成;"乐"又回过头来衔住"诗","诗"又被"乐"引导,这三者构成了"始于美育,终于美育"的循环范式。这是一个巧妙的过程和转释,构成了有机的内在逻辑,不仅高度形象地表达了礼乐文化的具体内涵,还给礼乐文化和中国古代教育赋予了崭新的意义。受教育主体就在这个范式中,以内在的心理世界为生发点,在一种整体的、动态的过程中不断生成、升华。正如杜威所言:"教育的

---

① 周振甫.文心雕龙今译[M].北京:中华书局,2011:70.

过程是一个不断改组、不断改造和不断转化的过程。"①"兴于诗,立于礼,成于乐"是一种转化的过程,本身也是一种转化的方式。

透过孔子的诗礼乐教,可以发现孔子始终持有对生命终极意义的关切。所谓"不知命,无以为君子也"(《论语·尧曰》)。这"命"就是世界上活生生的生命,只要是君子,就一定要追寻、体悟生命存在的价值与意义。"兴于诗,立于礼,成于乐",这是一个多么具有生命意义的艺术过程,健全的生命自"诗"开始,这"诗""礼""乐",既是艺术的内容与形式,体现艺术的精神,又成为生命的内容与形式,体现着生命的存在状态。"风乎舞雩,咏而归"(《论语·先进》)的超然洒脱,就是这种生命状态的体现,这是一种何等自由、审美的人生境界!

(四) 教育理念的审美性

儒家思想史的研究中,如何看待儒家思想的社会功能和审美功能的定位,一直是一个有争议的问题。很多人认为,儒家思想注重社会功能而忽视艺术审美诉求,儒家的特征就是让人一味地服从秩序。马克斯·韦伯甚至认为,这是中国文化没能发展出理性并进而走向资本主义的原因。从教育的角度讲,很多人认为儒家思想多注重社会伦理教化的作用,而忽视了以个体为主体的审美教育。以此引申到"礼""乐"的关系,一直有人认为"礼"是主体,"乐"是附庸,"乐"是用来辅助"礼"的。也就是说,"礼"是"乐"的目的,"乐"是"礼"的工具。真的如此吗? 笔者认为也不尽然。大一统后的儒家被政治化后或许有以上成分,但仔细考察先秦时期的儒家思想,并非如此。秩序当然也是先秦儒家所强调的,但这个秩序不是政治秩序,而是审美秩序。这种审美秩序是对社会之美的追求,也必然会影响渗透在其育人理念之中。王国维在 1904 年发表的《孔子之美育主义》中称:"(孔子)其审美学上之理论,虽不可得而知,然则其教人也,则始于美育,终于美育。"②

先秦儒家教育思想集真、善、美于一体,追求的善也最终导向人格美。如前文分析,先秦儒家的人生境界就是艺术的境界、审美的境界。荀子说:"礼者,长续短,有余,不足,爱敬之文,滋成行义之美者也。"(《荀子·礼论》)礼文之美在于取长补短,以有余而补不足,表现出爱慕、恭敬之礼仪文饰,能培养出行义之

---

① [美] 杜威.民主主义与教育[M].王承绪,译.北京:人民教育出版社,2001:58.
② 王国维.王国维文集(第 3 卷)[M].北京:中国文史出版社,1997:157.

"美"。这种美是道德美,也是一种精神美。先秦儒家诗礼乐的教育,从美育角度来讲,也是一套完整的审美教育体系。关于审美素养,现代教育一般从审美知识、审美能力、审美意识等角度认识和培养,但儒家的审美教育是从涵养性情着手的,以人内心的真性情的发掘为出发点。

先秦儒家教育理念的审美性特点也体现在其教育方式上。教育是一种交流。郝大维将交流分为两个目标:"第一,说出事物是什么或不是什么。第二,建议、比喻、暗示或者提及。第一种是表达的活动,第二种是暗指。"①这两种方式的不同,体现在语言上,就是逻辑秩序和美学秩序的对立。逻辑秩序只能用一种语言命名描述对象、概念、词,以及它们的类型和关系。真实的或约定的一般概念是这种语言的基础。美学秩序的语言不是建立在这种逻辑形式之上的,而是用隐喻性的语言。这种语言是简洁的。它不是通过与抽象名词相联系来传达意思,而是通过寓言的语言、故事的语言来引发感情。它通过唤醒、领悟来启迪人性的真。"诗"和"乐"都是隐喻性的交流方式。有意义关系的确立和修养都是通过比喻来达到的。这种方式不同于古希腊"定义、概念"和"构造、发现"原则,这种原则引导学生走向老师认为的真理。先秦儒家似乎不会给学生某个明确的概念、定理,一切的意义都是在学生的体悟中得到。这是一种美学秩序的语言,是审美教育的方式。

这种隐喻性的交流方式在教育上体现为"启发教学"。所谓"不愤不启,不悱不发"(《论语·述而》)。朱熹解释:"愤者,心求通而未得之状也;悱者,口欲言而未能之貌也。启,谓开其意;发,谓达其辞。"②启发教育不仅仅是从各个个体中引出已经存在于教师身上的相同的情感和观念,而且意味着从受教育的个体身上引发出新的反应,而这种反应是发自其内心的真实体悟。这是对生命的一种审美性活动。审美活动本身具有鲜明的个性化、创造性特征,常参与美育活动,十分有助于培养学生的个性意识和创造能力。所以美育也是启智增识的一种方式。《学记》里说:"不兴其艺,不能乐学。"先秦儒家这种情本教育思想就是在肯定现实生存世界以及现世的"肉身"的基础上,引发受教育者的精神创生,追求精神的超越,最后形成"天地之境"这种最高的情感体验和人生境地。这也形成了中国审美主义教育传统。二十世纪以来,王国维、蔡元培、梁启超、朱光潜都深刻

---

① [美]郝大维,安乐哲.孔子哲学思微[M].南京:江苏人民出版社,2012:223.
② 朱熹.四书章句集注[M].北京:中华书局,2014:36.

论述过美育纯洁人心、美化人生的重要作用,正是人的审美素养和道德、人格形成最切近的关节点。

先秦儒家的情本教育范式用审美性质的、隐喻的语言来完成其交流。譬喻的交流是先秦儒家教育的主要方式。譬喻往往尊重以往个人的和文化的成就,以及现在的创新。它既解释过去和现在之间的"同"和连续性,也揭示出它们的"异"和间断性。譬喻可以把过去的传统带进现时,同时也建立了一种形式的框架,以记录个人的独特性。比如,孔子可以不断地引用历史人物和历史事件,把它作为具体的、合理的、合乎道德的行为的例证,作为说明现时经验的根据。它不诉诸客观原则或绝对理念,而是用具体的模范,如原初的经验、历史、行动和情感,来唤起人们适宜的行为。正如郝大维等学者所言:"语言、'礼'和音乐之间的联系正是通过各种交流形式所具有的启发特点来实现的。交流模式并不是疏导感情的形式,而是通过协调之间产生感情以及各种感情间关系的操作活动。思维是通过这些交流模式来实现的。去思维就是去交流,去交流就是去思维。"①

然而,先秦儒家开创的这种"三教并举"的范式和格局,却在后来的发展中出现了严重失衡:首先,"礼"的地位日益显赫,最后成了中国文化毋庸置疑的根本特征,以至于后世用"礼教"代指儒家思想;其次是"诗",它的光芒亦逐渐掩蔽了"乐";最后,"乐教"之功越来越不被人提及,"诗教"被等同于文学教育,"礼教"沦落为封建专制的工具,并成为近现代批判的对象。于是我们偏离先秦儒家的教育思想越来越远。

---

① [美]郝大维,安乐哲.孔子哲学思微[M].南京:江苏人民出版社,2012:229.

结　语

　　本书扎根历史、依托文献，以"情本"为主线，对先秦儒家思想进行再解读，至此，梳理出先秦儒家情本思想体系。该体系表现为现世的宇宙观、系统的情感观、内生的主体观、整体的思想观。它以现实世界为立足点、以内在情感为出发点、以内生的主体为动力源，以整体性为思维模式，全方位阐释了先秦儒家情本思想。此情本思想同时具有率性、境遇、践履的特征。在此基础上，本书建构了先秦儒家情本教育范式。该范式以先秦儒家"兴于诗、立于礼、成于乐"九字真言为基本进路，对"诗""礼""乐"的内涵做了较为详尽的厘清与阐释。在"诗""礼""乐"的进路中，受教育者的情感与现实世界和时代境遇互动互融得以激发、生成、升华，由此，受教育者的人格也得到不断提升，并最终达到圆融自由的精神境界。此为中华文化独具特色的教育理念，深深地影响了中华民族的文明进程。"情"是先秦儒家教育的内容，也是一种方法、一种思维和理念。它以这种方法、思维和理念，思考人性、人生、伦理、教育，积淀形成中华文明的精神风貌。

　　回顾先秦儒家情本教育范式，语言（诗）、礼仪（礼）和音乐（乐）都是中介，学习者通过这些中介得以成长；这些中介不仅是组织、传递意义的结构，也是意义的源泉，兼具形式与内容的双重价值，而二者都具有审美意义。而内在理路的内涵之一的"情感"，是审美的根本要素。笔者以为，先秦儒家的教育思想本质上是审美主义的。这一点，我们的认识还不充分。

　　长期以来，包括教育学在内的国内人文社会科学，在追求源于西方的现代化的道路上，失去了民族性。在研究方法上，又被科学主义所裹挟，而失去了我们固有的浓厚的人文性。中国古代生活及其思想是教育研究的"富矿"。它不仅能给我们提供教育教学的方法，更能给我们提供关于人性的根本思考。时刻提醒我们，"人"是教育的根本。这里涉及哲学和教育的关系。本书研究的是中国古典教育，又何尝不是在探究古典思想。而有关教育的学问就是一种哲学。教育和哲学一样，都指向"观人文，化天下"，教育和哲学从来是一体的两面：一个是目的，一个是作为；行为是教育，精神是哲学。古今中外，大哲学家基本都是教育家，苏格拉底是，孔子也是。中国教育的发展，需要我们正视中国古典思想的真谛，中国古典思想的发展，也需要我们正视古人的教育活动。二者的融通，能让我们"回到事实本身"，回到历史本身，回到我们民族的思维方式本身。

本书还有一个问题需要继续探讨——转化。研究古人的思想是希望古为今用，先秦儒家情本教育思想如何指导今天的教育现实，转化为可实施的教育策略，仍然有待研究。考虑本研究课题的独立性，也限于时间、篇幅和学力，这一目标留待以后继续研究专论。

本课题的研究让笔者深切领略到中国古典思想包括教育思想的深邃，领略到古人的对人性洞察之透彻。笔者渐渐用"情"推开了中国古典思想的一扇大门。这将成为笔者后续研究的动力和方向。笔者将沿着"情本"这条线索，继续探寻中国古典思想之魅力。路漫漫其修远兮……

参 考 文 献

论著

[1] [奥] A.阿德勒.理解人性[M].陈刚,陈旭,译.贵阳：贵州人民出版社,1991.

[2] [德] 伊曼努尔·康德.道德形而上学原理[M].苗力田,译.上海：上海人民出版社,2012.

[3] [德] 雅斯贝尔斯.什么是教育[M].邹进,译.北京：生活·读书·新知三联书店,1991.

[4] [法] 米歇尔·福柯.自我技术（福柯文选 III）[M].汪民安,编.北京：北京大学出版社,2016.

[5] [法] 爱弥儿·涂尔干.宗教生活的基本形式[M].渠东,等,译.北京：商务印书馆,2011.

[6] [古希腊] 柏拉图.理想国[M].郭斌和,张竹明,译.北京：商务印书馆,2009.

[7] [古希腊] 柏拉图.斐多[M].杨绛,译.北京：生活·读书·新知三联书店,2015.

[8] [古希腊] 柏拉图.柏拉图文艺对话集[M].朱光潜,译.北京：商务印书馆,2013.

[9] [古希腊] 亚里士多德.诗学[M].罗念生,译.上海：上海人民出版社,2016.

[10] [古希腊] 亚里士多德.尼各马可伦理学[M].苗力田,译.北京：中国人民大学出版社,2003.

[11] [汉] 司马迁.史记[M].韩兆琦,评注.长沙：岳麓书社,2012.

[12] [汉] 许慎,[宋] 徐铉等校.说文解字[M].上海：上海古籍出版社,2007.

[13] [汉] 郑玄,[唐] 孔颖达.礼记正义[M].北京：北京大学出版社,1999.

[14] [美] 杜威.民主主义与教育[M].王承绪,译.北京：人民教育出版社,1990.

[15] [美] 郝大维,安乐哲.孔子哲学思微[M].南京：江苏人民出版社,2012.

[16] [美] 内尔·诺丁斯.学会关心——教育的另一种模式（第 2 版）[M].于天龙,译.北京：教育科学出版社,2011.

[17] [美] 托马斯·库恩.《科学革命的结构》[M].金吾伦,胡新和,译.北京：北京大学出版社,2003.

[18] [美] 托马斯·库恩.《必要的张力——科学的传统和变革论文选》[M].范岱年,纪树立,等,译.北京：北京大学出版社,2004.

[19] [美] 赫伯特·芬格莱特.孔子——即凡而圣[M].彭国翔,张华,译.南京：江苏人民出版

社,2010.

[20] [美] 余纪元.德性之境——孔子与亚里士多德的伦理学[M].林航,译.北京：中国人民大学出版社,2009.

[21] [美] 张光直.美术、神话与祭祀[M].郭净,译.沈阳：辽宁教育出版社.1988.

[22] [齐] 刘勰.文心雕龙[M].北京：人民文学出版社,1962.

[23] [清] 阮元刻.十三经注疏[M].北京：中华书局,1980.

[24] [清] 孙希旦.礼记集解[M].北京：中华书局,1989.

[25] [清] 孙诒让.周礼正义[M].北京：中华书局,1987.

[26] [宋] 程颢,程颐.二程集[M].北京：中华书局,2004.

[27] [宋] 卫湜,杨少涵校.中庸集说[M].桂林：漓江出版社,2011.

[28] [宋] 朱熹.四书章句集注[M].北京：中华书局,2014.

[29] [魏] 何晏,皇侃.论语集解义疏·卷四[M].北京：中华书局,1985.

[30] [英] 亚当·斯密.道德情操论[M].蒋自强,等,译.北京：商务印书馆,1997.

[31] [英] 大卫·休谟.论道德原理[M].周晓亮,译.南京：译林出版社,2010.

[32] 心理学百科全书[Z].杭州：浙江教育出版社,1995.

[33] 程树德.论语集释[M].北京：中华书局,2013.

[34] 陈壁生.国学与近代经学的解体[M].桂林：广西师范大学出版社,2010.

[35] 陈鼓应,赵建伟.周易今注今译[M].北京：商务印书馆,2016.

[36] 陈桂生.孔子授业研究[M].北京：教育科学出版社,2012.

[37] 陈来.仁学本体论[M].北京：生活·读书·新知三联书店,2015.

[38] 陈赟.中庸的思想[M].北京：生活·读书·新知三联书店,2007.

[39] 陈昭英.儒家美学与经典诠释[M].上海：华东师范大学出版社,2008.

[40] 成中英.新觉醒时代——论中国文化之再创造[M].北京：中央编译出版社,2014.

[41] 杜维明.《中庸》洞见(中英文对照本)[M].北京：人民出版社,2008.

[42] 冯契.冯契文集·第四卷[M].上海：华东师范大学出版社,2016.

[43] 冯契.冯契文集·第五卷[M].上海：华东师范大学出版社,2016.

[44] 冯友兰.新原道——中国哲学之精神[M].北京：生活·读书·新知三联书店,2007.

[45] 傅斯年.命古训辨证[M].桂林：广西师范大学出版社,2006.

[46] 傅雪松.时间美学导论[M].济南：山东人民出版社,2009.

[47] 干春松.制度儒学[M].上海：上海人民出版社,2006.

[48] 干春松.儒家、儒教与中国制度资源[M].南昌：江西人民出版社,2007.

[49] 龚长宇.道德社会学引论[M].北京：中国人民大学出版社,2012.

[50] 顾明远主编.教育大辞典[Z].上海：上海教育出版社,1997.

[51] 郭沫若.十批判书[M].北京：中国华侨出版社,2008.

[52] 郭沫若.青铜时代[M].北京：中国人民大学出版社,2005.

[53] 郭齐勇.儒家伦理争鸣集——以"亲亲互隐"为中心[M].武汉：湖北教育出版社,2004.

[54] 郭湛.主体性哲学——人的存在及其意义[M].北京：中国人民大学出版社,2001.

[55] 郭振香.先秦儒家情论研究[M].合肥：安徽大学出版社,2011.

[56] 何俊编.余英时学术思想文选[C].上海：上海古籍出版社,2010.

[57] 黄寿祺,张善文.周易译注[M].上海：上海古籍出版社,2007.

[58] 黄书光.中国中小学德育演进的文化审视[M].济南：山东教育出版社,2007.

[59] 黄易明.道始于情——先秦儒家情感论[M].上海：上海交通大学出版社,2009.

[60] 黄玉顺.中国正义论的重建：儒家制度伦理学的当代阐释[M].合肥：安徽人民出版社,2013.

[61] 黄钊.中国古代德育思想史论(上下)[M].北京：中国社会科学出版社,2011.

[62] 霍韬晦.新教育·新文化[M].北京：中国人民大学出版社,2010.

[63] 霍韬晦.国学与教育[M].香港：法住出版社,2017.

[64] 江文也.孔子的乐论[M].杨儒宾,译.上海：华东师范大学出版社,2008.

[65] 荆门市博物馆编.郭店楚墓竹简[Z].北京：文物出版社,1998.

[66] 贾馥茗.先秦教育史：中华文化与教育的源流[M].台北：五南图书出版公司,2001.

[67] 劳思光.新编中国哲学史[M].桂林：广西师范大学出版社,2005.

[68] 李德顺.价值论[M].北京：中国人民大学出版社,1988.

[69] 李建华.道德情感论：当代中国道德建设的一种视角[M].北京：北京大学出版社,2011.

[70] 李源澄.经学通论[M].上海：华东师范大学出版社,2010.

[71] 李泽厚.该中国哲学登场了？[M].上海：上海译文出版社,2011.

[72] 李泽厚.中国哲学如何登场？[M].上海：上海译文出版社,2012.

[73] 李泽厚.华夏美学·美学四讲[M].北京：生活·读书·新知三联书店,2008.

[74] 李泽厚.美学三书[M].天津：天津社会科学院出版社,2007.

[75] 李泽厚.论语今读[M].北京：生活·读书·新知三联书店,2008.

[76] 李泽厚.人类学历史本体论[M].青岛：青岛出版社,2016.

[77] 李泽厚.实用理性与乐感文化[M].北京：生活·读书·新知三联书店,2008.

[78] 李泽厚.由巫到礼　释礼归仁[M].北京：生活·读书·新知三联书店,2015.

[79] 李泽厚.中国古代思想诗论[M].天津：天津社会科学院出版社,2003.

[80] 李政涛.做有生命感的教育者[M].北京：北京师范大学出版社,2010.

[81] 刘次林.以学定教——德育教育的另一种思路[M].北京：科学教育出版社,2008.

[82] 刘士林.中国诗性文化[M].海口：海南出版社,2006.

［83］刘士林.中国诗学精神[M].海口：海南出版社,2006.

［84］刘士林.中国诗学原理[M].海口：海南出版社,2006.

［85］鲁洁编.德育社会学[M].福州：福建教育出版社,1998.

［86］马承源.上海博物馆藏战国楚竹书(一)[M].上海：上海古籍出版社,2001.

［87］马育良.中国性情论史[M].北京：人民出版社,2010.

［88］蒙培元.情感与理性[M].北京：中国社会科学出版社,2002.

［89］蒙培元.心理超越与境界[M].北京：人民出版社,1998.

［90］蒙培元.中国哲学主体性思维[M].北京：人民出版社,2005.

［91］南怀瑾.论语别裁(上下)[M].上海：复旦大学出版社,2005.

［92］南怀瑾.孟子与尽心篇[M].北京：东方出版社,2014.

［93］南怀瑾.原本大学微言(上下)[M].北京：东方出版社,2014.

［94］南怀瑾.话说中庸[M].北京：东方出版社,2015.

［95］欧阳祯人.先秦儒家性情思想研究[M].武汉：武汉大学出版社,2005.

［96］钱穆.中国历史研究法[M].北京：九州出版社,2012.

［97］钱穆.孔子与论语[M].北京：九州出版社,2011.

［98］钱穆.历史与文化论丛[M].北京：九州出版社,2011.

［99］钱善刚.本体之思与人的存在——李泽厚哲学思想研究[M].合肥：安徽大学出版社,2011.

［100］沈善洪,王凤贤.中国伦理思想史[M].北京：人民出版社,2006.

［101］施良方. 学习论[M].北京：人民教育出版社,2001.

［102］汤一介.瞩望新轴心时代——在新世纪的哲学思考[M].北京：中央编译出版社,2014.

［103］施良方. 学习论[M].北京：人民教育出版社,2001.

［104］万俊人.现代西方伦理学史[M].北京：人民大学出版社,2011.

［105］汪涛.中西诗学源头辨[M].北京：人民出版社,2009.

［106］汪凤炎.中国传统德育心理学思想及其现代意义[M].上海：上海教育出版社,2007.

［107］汪凤炎.中国文化心理学[M].广州：暨南大学出版社,2015.

［108］汪凤炎.中国心理学思想史[M].上海：上海教育出版社,2008.

［109］汪凤炎.中国养生心理学思想史[M].上海：上海教育出版社,2015.

［110］王海明.道德哲学原理十五讲[M].北京：北京大学出版社,2008.

［111］王小静.清末民初修身思想研究——以修身教科书为中心的考察[M].北京：人民出版社,2012.

［112］肖群忠.中国道德智慧十五讲[M].北京：北京大学出版社,2008.

［113］萧兵.孔子诗论的文化推绎[M].武汉：湖北人民出版社,2006.

[114] 徐复观.中国人性论史[M].上海：华东师范大学出版社,2005.

[115] 徐复观.中国艺术精神[M].北京：九州出版社,2014.

[116] 燕国材.中国心理学史[M].北京：开明出版社,2012.

[117] 杨伯峻.春秋左传注[M].北京：中华书局,2009.

[118] 杨国荣.善的历程：儒家价值体系研究[M].上海：上海人民出版社,2006.

[119] 叶朗.美学原理[M].北京：北京大学出版社,2009.

[120] 叶青春.儒家性情思想研究[M].成都：西南交通大学出版社,2011.

[121] 尹继佐,周山.中国学术思潮史(1—8卷)[M].上海：上海社会科学院出版社,2006.

[122] 何俊编.余英时学术思想文选[C].上海：上海古籍出版社,2010.

[123] 余英时.论天人之际——中国古代思想起源试探[M].北京：中华书局.2014.

[124] 俞宣孟.本体论研究[M].上海：上海人民出版社,2005.

[125] 张岱年.中国伦理思想研究[M].南京：江苏教育出版,2009.

[126] 张祥龙.从现象学到孔夫子[M].北京：商务印书馆,2001.

[127] 张祥龙.海德格尔思想与中国天道——终极视域的开启与交融[M].北京：生活·读
        书·新知三联书店,1996.

[128] 郑航.中国近代德育课程史[M].北京：人民教育出版社,2012.

[129] 朱光潜.诗论[M].北京：生活·读书·新知三联书店,1998.

[130] 朱光潜.西方美学史(上卷)[M].北京：人民文学出版社,1979.

[131] 朱小蔓.情感德育论[M].北京：人民教育出版社,2005.

[132] 宗白华.美学散步[M].上海：上海人民出版社,1981.

论文

[1] 包临轩,张奎志.论先秦哲学对人的认识[J].齐齐哈尔社会科学,1985,(4).

[2] 晁福林.先秦时期"德"观念的起源及其发展[J].中国社会科学,2005,(4).

[3] 陈继红.情感·人伦·秩序——解码先秦儒家情论中的秩序情结[J].哲学研究,2011,(12).

[4] 陈嘉明."现代性"与"现代化"[J].厦门大学学报(哲学社会科学版),2003,(5).

[5] 陈来.论儒家的实践智慧[J].中国哲学,2014,(8).

[6] 陈来.仁学本体论[J].中国社会科学,2014,(4).

[7] 陈利民.论中国古代儒家道德教育思想的现代价值[J].广西大学学报(哲学社会科学
        版),2004,(10).

[8] 陈一琴.经学思想的钳制与"缘情"思潮的反拨——儒家"诗言志"说辨析之二[J].福建师
        范大学学报(哲学社会科学版),1991,(4).

[9] 陈伟.郭店简书《人虽有性》校释[J].中国哲学史,2000,(4).

[10] 陈赟.儒家哲学中事物经验的模式[J].学习论坛,2006,(3).

[11] 邓旭阳.试论先秦儒家仁爱道德情感培养机制[J].东南大学学报,2012,(3).

[12] 邓晓芒.苏格拉底与孔子的言说方式比较[J].开放时代,2000,(3).

[13] 丁四新.论郭店楚简"情"的内涵[J].现代哲学,2003,(4).

[14] 杜艳华.现代性内涵与现代化问题[J].求索,2015,(5).

[15] 杜卫.论审美素养及其培养[J].教育研究,2014,(11).

[16] 樊浩.《论语》伦理道德思想的精神哲学诠释[J].中国社会科学,2013,(3).

[17] 龚道运.论孔子对情的体认[J].国际儒学研究(第十二辑),2002-12-1.

[18] 郭卫华.先秦时期的"情"义辨析——兼论"情"的文化意蕴[J].学术论坛,2007,(12).

[19] 郭沂.《性自命出》校释[J].管子学刊,2014,(4).

[20] 郭沂.德欲之争——早期儒家人性论的核心问题与发展脉络[J].孔子研究,2005,(5).

[21] 韩步江.实践的本体意义反思——以传统文化在马克思主义中国化中的作用之"谜"为例
[J].广西师范大学学报(哲学社会科学版),2013,(2).

[22] 贺卫东.先秦儒家《诗》教美育思想研究[D].陕西师范大学博士论文,2013-5.

[23] 胡伟希.第三种道德 ——人文性道德何以可能?[J].复旦学报,2009,(3).

[24] 黄济.万世师表——谈孔子的教师观[J].教育科学研究,2003,(1).

[25] 黄宗智.连接经验与理论:建立中国的现代学术[J].开放时代,2007,(4).

[26] 黄宗智.我们要做什么样的学术?[J].开放时代,2012,(1).

[27] 胡晓明.生生之证:中国诗学的时间感悟[J].探索与争鸣,1990,(5).

[28] 鞠玉翠.论"人作为目的"的教育理想[J].南京社会科学,2011,(2).

[29] 李保强,汤瑞丽.孔子的课程思想体系及其教育改革启导意义[J].教育科学研究,
2016,(1).

[30] 李海超.本真而不神秘:儒家本源体验的特质[J].中南大学学报(社会科学版),
2015,(12).

[31] 李建华.从道德理性走向道德情感——近代西方道德情感理论述评[J].中南工业大学学
报(社会科学版),2000,(6).

[32] 李建中.原始思维与中国古代文论的诗性特征[J].文艺研究,2002,(4).

[33] 李卯,张传燧."天命之谓性":《中庸》的生命思想及其教育哲学意蕴[J].湖南师范大学教
育科学学报,2016,(1).

[34] 李秋丽,王贻社.生存与境遇——论《周易》"时"的智慧[J].管子学刊,2003,(1).

[35] 李天虹.《性自命出》与传世先秦文献的"情"字解诂[J].中国哲学史,2001,(3).

[36] 李泽厚,杨国荣.伦理问题及其他——过程分析的视角[J].社会科学,2014,(9).

[37] 刘次林.从教育的矛盾性和目的性看教育的本质[J].株洲教育学院学报(综合版),

1998,(2).

[38] 刘次林.论主体性教育的实践品质:开放性和自主性[J].南京师范大学学报(社会科学版),1999,(3).

[39] 刘次林.知情统一的教育[J].中国教育学刊,1999,(1).

[40] 刘次林.自我扩展的德育[J].华东师范大学学报(教育科学版),2000,(9).

[41] 刘次林.学生作为教育主体[J].中国地质大学学报(社会科学版),2001,(3).

[42] 刘次林."礼之用,和为贵"——兼谈学校礼仪教育[J].教育科学研究,2008,(6).

[43] 刘丰,杨寄荣.先秦儒家情礼关系探论[J].社会科学辑刊,2002,(6).

[44] 刘家和.先秦儒家仁礼学说新探[J].孔子研究,1990,(4).

[45] 刘悦笛.儒家生活美学当中的"情":郭店楚简的启示[J].人文杂志,2009,(4).

[46] 刘旭东.现代性教学理论批判[J].高等教育研究,2007,(6).

[47] 刘士林.中国诗性文化的理论探索及其传承创新路径[J].河南大学学报,2011,(11).

[48] 刘延福.论荀子与儒家文质观的情感转向[J].江西社会科学,2013,(10).

[49] 刘延福.论荀子与儒家礼乐观的情感论转向[J].湖南师范大学社会科学学报,2014,(1).

[50] 刘学照.走出困境,把握机遇[N].光明日报,1997-04-22(5).

[51] 刘正伟.现代性:语文教育的百年价值诉求[J].教育研究,2008,(1).

[52] 鲁洁.论教育之适应与超越[J].教育研究,1996,(2).

[53] 卢家楣,等.我国当代青少年情感素质现状调查[J].心理学报,2009,(12).

[54] 吕宏波.康德"道德情感"理论的转变[J].唐都学刊,2007,(3).

[55] 马育良."出神入化":关于先秦儒家性情观之源流的思考[J].皖西学院学报,2001,(6).

[56] 蒙培元.人是情感的存在———儒家哲学再阐释[J].社会科学战线,2003,(2).

[57] 蒙培元.孔子的教育理念[J].天水师范学院学报,2006,(1).

[58] 蒙培元.中国哲学中的情感理性[J].哲学动态 2008,(3).

[59] 潘端伟.先秦儒家情感教育模式及其对社会主义核心价值观教育的启示[J].江西青年职业学院学报,2006,(1).

[60] 潘端伟.先秦儒家情本德育思想刍议[C].儒家文明与道德教育:中国教育学会德育学术委员会第26届年会论文集,2017.

[61] 潘端伟.中国现当代美学转型之路的独特探索[J].理论月刊,2018,(10).

[62] 潘端伟.中华美学精神的时空维度透视[J].上海视觉,2018,(12).

[63] 彭玲,刘泽民."兴于诗"与"诗可以兴"辨析[J].北京师范大学学报(社会科学版),2016,(1).

[64] 祁海文.郭店楚简与儒家礼乐教化美育观的发展[J].吉林师范大学学报(人文社会科学版),2004,(4).

[65] 沈长云.论殷周之际的社会变革——为王国维诞辰 120 周年及逝世 70 周年而作[J].历史研究,1997,(6).

[66] 沈嘉祺.论道德情感的生成与培育[D].华东师范大学博士论文,2006.

[67] 沈晓敏,有宝华.综合课程的范式解析[J].课程、教材、教法,2000,(10).

[68] 孙学功.道德情感研究综述[J].哲学动态,1998,(1).

[69] 谭德兴.论《孔子诗论》的情性观[J].武陵学刊,2011,(1).

[70] 王保国.孟子民本思想渊源考辨[J].郑州大学学报(哲学社会科学版),2006,(7).

[71] 王苍龙.重回道德主体:福柯与儒家现代价值[J].天府新论,2016,(3).

[72] 王利刚."兴",何所兴———《论语》文本中的"兴"义探析[J].北京师范大学学报(社会科学版),2012,(4).

[73] 王列盈.先秦"以乐育情"思想的人文教化意蕴[J].汕头大学学报(人文社会科学版),2013,(4).

[74] 王凌浩,李术红.先秦原创性教育思想研究[J].河北师范大学学报(教育科学版),2006,(5).

[75] 王文生.释"言"——"诗言志"诠之二:"言"是表现而不是模仿[J].文艺理论研究,2009,(5).

[76] 王文生.释"志"——"诗言志"诠之一[J].文艺理论研究,2009,(3).

[77] 王治东,成中英."本体诠释学"之本、体、用——成中英教授访谈录[J].南京林业大学学报(人文社会科学版)2011,(2).

[78] 汪凤炎."美德在践履"的思想及其对当代德育的启示[J].思想·理论·教育,2002,(1).

[79] 汪凤炎.关于中国古代的人贵论[J].心理学动态,1999,(1).

[80] 汪凤炎."德"的含义及其对当代中国德育的启示[J].华东师范大学学报(教育科学版),2006,(3).

[81] 汪凤炎,郑红.语义分析法:研究中国文化心理学的一种重要方法[J].南京师范大学学报(社会科学版),2010,(4).

[82] 吴子林."文以化成":存在境域的提升——孔子审美教育思想诠论[J].文艺理论研究,2011,(7).

[83] 谢立中."后现代性"及其相关概念辨析[J].社会科学研究,2001,(5).

[84] 谢立中."现代性"及其相关概念词义辨析[J].北京大学学报(哲学社会科学版),2001,(5).

[85] 谢立中.实证、诠释与话语:以现代化研究为例[J].社会,2008,(3).

[86] 谢荣华.中国古代哲学中的"本体"概念考辨[J].中国古代哲学史,2005,(1).

[87] 闫旭蕾.一种体化实践——身体社会学的视角[J].海南师范学院学报(社会科学版),2006,(2).

［88］尤西林."现代性"及其相关概念梳理[J].思想战线,2009,(5).

［89］叶澜.世纪初中国教育理论发展的断想[J].华东师范大学学报(教育科学版),2001,(1).

［90］叶起昌."本""体""本体"词源考[J].中国科技术语,2004,(4).

［91］尧新瑜.试论教育研究范式的转换[J].现代教育论丛,2003,(1).

［92］余开亮.孔子情感论与诗乐美学再阐释[J].中国人民大学学报,2009,(1).

［93］余群,陶水平.先秦诗乐之"成"释义——兼论孔子"成于乐"的文化蕴含和创新意义[J].学术交流,2014,(7).

［94］夏正江.试论经验的教育价值[J].教育发展研究,2014,(6).

［95］张岱年.中国哲学中的本体观念[J].安徽大学学报(哲学社会科学版),1983,(3).

［96］张节末.先秦的情感观念[J].文艺研究,1998,(7).

［97］张连良.中国哲学的本体观念及建立本体的方法[J].吉林大学社会科学学报,2000,(5).

［98］张咪咪.《论语》的道德情感教育研究[D].华中科技大学硕士论文,2012.

［99］张明."成于乐":孔子"仁"境的诗性呈现[J].中国文化研究,2009 年夏之卷.

［100］张世英."后现代主义"对"现代性"的批评与超越[J].北京大学学报(哲学社会科学版),2007,(1).

［101］张祥龙."性别"在中西哲学中的地位及其思想后果[J].江苏社会科学,2002,(6).

［102］张晓林.传统儒家实践主体论[J].兰州大学学报(社会科学版),1997,(3).

［103］张应强.中国教育研究的范式和范式转换——兼论教育研究的文化学范式[J].教育研究,2010,(10).

［104］赵馥洁.中国传统哲学的主体性思想[J].青海社会科学,1991,(6).

［105］赵建伟.郭店竹简《忠信之道》、《性自命出》校释[J].中国哲学史,1999,(2).

［106］赵薇,姜广辉.《周易》境遇学 SWOT 分析法论纲[J].周易研究,2011.2.

［107］赵法生.内圣外王之道的重构与儒家的现代转型[J].开放时代,2011,(6).

［108］郑信军等.道德情感的研究趋向:从分立到整合[J].心理学,2009,(32).

［109］钟华."成于乐"索解[J].天府新论,1998,(6).

［110］周凤五.上博《性情论》小笺[J].齐鲁学刊,2002,(4).

［111］周黄琴."情"与"理"的内在张力——从《论语》看孔子的"情""理"观[J].学术界,2011,(9).

［112］朱幼文.论儒家美育思想的深层内涵[J].教育评论,1990,(4).

后　　记

在浩如烟海的学术著作中,这本小书实在是微不足道。但于我,却是多年的心血,也是众多亲朋师友倾情帮助的见证。做研究、写论文的不易是大家公认的,完成一部专著,没有其他人的直接或间接的帮助是万万不可能的。研究著述绝不仅仅是一个人的战斗,没有导师刘次林教授,没有我们教育学原理点的陈永明教授、陈建华教授、夏正江教授的培养、教导,是不可能完成本书。没有父母、妻子等家人的体谅包容,没有大舅对我从小到大从没断过的耳提面命的鞭策,我的学业也很难走到今天。没有前辈学者们巨人的肩膀,我将无处涉足。

但,这样的致谢太单薄,单薄得承载不起这二十年的岁月。1997年,我考上大学走出了家门,离开了家乡。从此一路不返,寻寻觅觅二十年。我不敢说"上下求索二十年",那背后支撑的往往是崇高的理想和宏远。我谈不上。身为农家子弟,像所有在学业上奋斗的孩子一样,为了跳出农门,为了有份体面的工作,还为了有那么一点点的雄心壮志,努力、努力、再努力,奋斗、奋斗、再奋斗。二十年前那一走,我就知道,我不会再回去(当年按照政策,师范生毕业必须回原籍工作),我得继续往前走——硕士、博士,拼学历是我为数不多的可以选择的路。只是没想到,到了博士这一站,一路而来二十年。今年回忆特别多,从没有为过往这么惆怅过,即使赶写论文的压力那么大的时候,我还在敲打一些回忆的文字,包括这一篇后记。

从不觉得取得个博士学位,出版一本专著是多大的成绩。相反,始终感觉战战兢兢,生怕有限的学力和浅薄的研究成果无力承担这名头,愧对师门辱了母校。但作为一个没有更明确理想的应试教育的产物,只有把学业的提升作为自己主要的理想和目标,在这条主流价值的路径中寻求认可。我用了二十年的时间来到这个"顶"。回首过往,本科、硕士,都是在磕磕绊绊中走过。我天资不敏,家境一般,后天教育环境更一般,先天不良后天不足,我如何能走过来?我如何能坚持下来？除了自己的坚强、执着，还有什么？回想这一路，一个个身影不断浮现。有那么多老师、同学、朋友，在不同的阶段，陪伴过我，帮助过我，慰藉过我。我知道，没有他们，我很可能摔倒在哪一个坎上，再也起不来，也可能要多摔更多个跟头，才能走到今天。

请让我把二十年前的起点放在长江入海口北岸那个叫三里墩的地方吧——南通师专（后改为南通师院、今南通大学）。南通师专给我留下了永远也忘不了的记忆。那是个充满奋斗，也充满青春苦闷的年头。那里也有太多温暖的画面。恩师时金芳教授，在我考研前为我准备面包、鸡蛋、牛奶、烧鸡，嘱咐我那几天如何安排饮食的各种细节，谆谆如慈母；曾经的班主任许富宏教授，在我们刚进大学一脸迷茫时，鼓励我们要制定新的目标，再上路——考研；教文学史的张祝平教授，不惜以他年轻时爱情失败的心酸现身说法，鼓励我们要追求学术，继续深造，拓展人生；周扬教授、聂丽娜教授、吉定教授、王瑞清教授、季燕霞教授等等，都曾给我指导、帮助。还有更多给我们上过课，但并没有更多直接接触，却曾深深地鼓励过、影响过我的老师，如南通大学原副校长、楚辞研究专家周建忠教授。我时常翻阅您那篇写于 1997 年 11 月 14 日的学术回忆录——《二十年研究的回顾与反思》，以此来激励自己。如今我也走过二十年，却成绩寥寥，惭愧至极。

硕士进了上海师范大学之后，才找到点学术的感觉。师大的恩师们，如陶本一教授、李杏保教授，教我做人，教我做学问，引我上路，又推我前行。《语文报》创始人、语文教育专家陶本一教授的人品学界公认，他如夫子搬"仰之弥高，钻之弥坚"，让我见识到什么叫"人格魅力"，潜移默化地影响了我的言行。语文教育史专家李杏保教授代我们研究生课程时，其实已经退休。但他兢兢业业，对我们的教导从来都是孜孜不倦，有问必答，有求必应，不仅关心我们的学业，还关心我们的生活。先生们立身垂范、古道热肠，告诉我什么才是真正的"师"。硕士毕业已近十年，恩师们始终如父亲般关注我的每一个进步、每一份成绩。上海师大外语学院原院长、英语教育研究专家顾大僖教授及其夫人郁老师，二老和蔼仁厚，经常在工作、生活上帮助我，在学业上鼓励我。顾先生已于前年驾鹤西去，看不到我博士毕业那一天，此文谨记，以告先生在天之灵。

还有那些在我的求学路上的各位同学们、朋友们，是你们在我前途未卜、一路磕绊的时刻，安慰着我那个迷茫无措的灵魂。尤其是 2003—2004 年我在南通游荡的那一年……

我的成绩微不足道，不足为外人道，更不足为后人道。但我所经历的过程，却是我这个渺小的生命的实实在在的全部。这份实实在在,就是由这每一个阶段的每一个身影充实起来的。是你们使我生命变得厚重,是你们让我回想过去还能饱含泪水,这泪水说明我对生活依然充满热情。

感谢导师刘次林教授和他的外松内紧似无为而实大为的教导方式。先生宽厚随和,但在我们的学业上步步紧抓。先生辞去兼任的中学校长,专心治学与教学,定期开展读书汇报活动,让我们讨论交流,开阔思路,也时刻敲击着我们一不留神就懈怠的心。先生体谅我在职读博的不易,虽不强硬逼迫,但狠抓每一步进度的控制。尤其在选题上,先生的开放式教导,既给了我空间找寻自己兴趣所在,又时时把控给我引导。感谢南京师范大学朱曦教授,在了解了我的选题后,从南京特意带来手头上的相关资料供我参考。感谢刘门师兄弟姐妹们的陪伴,感谢2013级教原五壮士的友谊,那些我们共同学习、研讨的日子,是我们学术生涯中温馨的一抹色彩。感谢上海视觉艺术学院文化艺术研究院院长、著名文化学者刘传铭教授的提点和鼓励。还有众多的同事,如李明兄,在工作间隙,时不时地与我讨论选题与写作,不断为我打气鼓劲。也许学问的意义就在于让我们能通达内心最深最柔软最真的所在,让我们学会向生命中每一个曾经的抚慰——"致谢"。

可能由于家庭环境,也可能由于男人的自尊,更可能是青少年时期接受应试教育冰冷的分数冷却了我对生活的情趣,多年来很少对家人说句"情"话。近几年,父母一直无私地帮我照看孩子、料理家务,解除了我的后顾之忧;妻子工作的同时要照顾两个孩子,一个正需要教育,一个正需要哺育,尤其在孩子生病的时候,做父母的都知道心里那份焦灼。而我却经常彻夜不归待在办公室忙工作赶论文。还要感谢岳母大人,读完博士完成专著肯定得到了您所求的各路神仙、菩萨的保佑。本课题研究尚有不圆满之处,我将继续完善,以求不愧对师门、亲友。

最后,一个致歉——向我的女儿潘牧源、儿子潘居源。读博士时是女儿,写此书时是儿子,多少次在我狠心关门离家时,听到你们在门内撕心裂肺的哭喊:爸爸——你别走……

初稿2017年6月写于天山南麓库尔勒焉耆天塞酒庄,后有修改

2019.7